FOLIO BIOGRAPHIES

collection dirigée par

GÉRARD DE CORTANZE

Alexandra David-Néel

par

Jennifer Lesieur

Gallimard

Crédits photographiques :

Archives Maison Alexandra David-Néel/Ville de Digne-les-Bains.

Jennifer Lesieur est née en 1978. Journaliste, elle est l'auteur de la première biographie de Jack London en langue française (Tallandier), qui a remporté le prix Goncourt de la biographie en 2008. Elle a publié depuis des biographies de Patti Smith (Le Castor Astral, 2009) et d'Amelia Earhart (Grasset, 2010). Dans la collection Folio Biographies, elle est l'auteur de *Mishima* (2011).

« Je suis un phénomène et je détonne dans le monde civilisé. Toute petite j'étais déjà comme cela. J'ai de l'atavisme de nomade asiatique dans les veines, c'est certain[1]. »*

* Les notes bibliographiques sont regroupées en fin de volume p. 279.

Fugues d'enfance

Tous les enfants sont des explorateurs. Une petite fille échappe à la surveillance de ses grands-parents pour voir ce qui se cache derrière leur jardin. Elle a deux ans. Elle récidivera peu après, plus loin. Puis encore, et encore, de plus en plus loin. Au début, on la rattrapera par le nœud de sa robe. Après, elle sera hors de portée de tout être humain, enfin seule sur des sommets effleurant le ciel.

Le 24 octobre 1868 naît Louise Eugénie Alexandrine Marie David à Saint-Mandé, aujourd'hui 7, cours de Vincennes à Paris. Elle est en parfaite santé. Ses parents devraient être heureux, c'est leur premier enfant après quinze ans de mariage, presque un miracle. Mais Louis et Alexandrine David n'ont pas fait du bonheur leur préoccupation majeure. Dès qu'elle saura marcher, l'enfant s'échappera sans peine de leurs bras froids.

Le père a cinquante-trois ans. Tourangeau de naissance, huguenot de souche, Louis David a d'abord été instituteur comme son père, puis journaliste, et activiste par la force des choses. Lors du coup d'État du 2 décembre 1851, Louis Napoléon

Bonaparte renverse la démocratie parlementaire : c'est la fin de la IIe République. Bonaparte s'autoproclame empereur et devient Napoléon III. Le républicain David fait partie des insurgés. Contraint à l'exil, il part pour Louvain, en Belgique, tandis qu'un célèbre camarade de résistance, Victor Hugo, s'installe à Bruxelles. C'est à Louvain que Louis David rencontre Alexandrine Borghmans, née en Belgique de père inconnu, de grands-parents inconnus également puisque sa mère a été adoptée. Les pages vierges de sa généalogie ne l'empêchent pas de s'attribuer des ancêtres hollandais, norvégiens et sibériens... voire une lointaine ascendance mongole. Vrai ou non, Alexandra David-Néel revendiquera cet atavisme pour expliquer son lien physique avec l'Orient, le seul héritage de sa mère dont elle sera fière.

Car Alexandrine n'a pas l'esprit de révolte de Louis David dans le sang. C'est une jeune femme austère, catholique fervente, tendance bigote, qui grandit dans le commerce familial. Elle a vingt-deux ans quand ils se rencontrent, il en a trente-sept. La raison remplace la passion et ils se marient en 1853, conscients que leur union ne sera pas heureuse. Après de longues années d'ennui, Alexandrine tombe enceinte. Louis — qui ne voulait pas d'enfant — veut profiter d'une amnistie accordée à tous les réfugiés politiques pour retourner en France et que son enfant ait la nationalité française.

En 1868, les David emménagent à Saint-Mandé, à l'est de Paris. Alexandrine passe sa grossesse alitée, à lire des romans d'aventures, Fenimore Cooper… Elle est amèrement déçue quand elle donne naissance à une fille plutôt qu'un fils. Baptisée Louise Eugénie Alexandrine Marie, la petite décidera assez tôt de se renommer Alexandra, un nom qui lui sera propre et ne la reliera plus à sa mère. Comme celle-ci ne veut pas s'en occuper, elle est confiée très tôt à des nurses et des gouvernantes. La petite fille ne manque de rien, son père vit de modestes rentes, sa mère dispose de quelques revenus provenant de la mercerie familiale. Elle ne manque de rien, sauf de l'essentiel. Dans ce foyer, l'amour est absent. Louis et Alexandrine David ne se sont jamais aimés, ils n'aiment pas davantage leur enfant. Alexandrine ne manifeste ni tendresse ni intérêt. Louis ressent bien un peu d'affection, mais il préférera lui inculquer des idées libertaires que de la serrer dans ses bras.

Grandir ainsi a des conséquences. Bien trop vite, Alexandra comprend qu'elle n'est pas aimée. Elle en gardera une rancœur qui explique son goût pour la solitude et son choix de ne s'attacher à personne. Au fond d'elle-même, cette blessure initiale ne cicatrisera jamais.

Le 19 juillet 1870, la France entre en guerre contre la Prusse. La défaite est rapide et cuisante. C'est la fin du Second Empire, la République est proclamée le 4 septembre. Les Parisiens connaissent la famine durant l'hiver, qui conduit à une période de révolution ouvrière et prolétarienne contre le gouvernement : la Commune de Paris, qui s'étend du 18 mars 1871 à la « semaine sanglante » du 21 au 28 mai 1871, jour où 147 communards sont fusillés contre le mur des Fédérés, au pied du Père-Lachaise. Louis David emmène alors sa fille, qui n'a pas encore trois ans, voir les cadavres. Certains sont toujours au sol, d'autres entassés dans les tranchées où on va les enterrer. Ce n'est guère un spectacle pour une enfant, mais le révolté tient à montrer à sa fille la barbarie humaine telle qu'elle est pour éveiller sa conscience politique dès le plus jeune âge. L'image marque la petite « Nini », comme on la surnomme, même si elle n'en comprend pas la portée.

La famille passe l'été en Touraine chez la mère de Louis. Alors que personne ne la surveille, la gamine traverse le grand jardin et s'aventure près de la route. Si on ne l'avait pas rattrapée à temps, elle aurait traversé et continué pour voir ce qui échappe à son champ de vision. L'inconnu et l'interdit promettent bien des expéditions.

En 1873, Alexandrine donne naissance à un fils, pour lequel elle a de grandes espérances : qu'il devienne évêque ! Malheureusement, l'enfant meurt six mois plus tard. Endeuillée, lassée de son existence morne, Alexandrine demande à son mari de retourner en Belgique. Il accepte.

Cette année-là, Alexandra fait une nouvelle expérience de la liberté. Elle a cinq ans et se promène avec sa gouvernante dans le bois de Vincennes. Échappant à sa surveillance, elle part à la découverte des bois, avançant sans hâte ni crainte. Se perdre ne lui fait pas peur, il lui faut juste voir de plus près ce qui se cache derrière tel bosquet, telle clairière... Un gendarme l'aperçoit, la prend par la main de force et la confie à un poste de police. Sa gouvernante, furieuse, vient la récupérer. Outrée qu'on lui barre ainsi la route, la gamine explique qu'elle cherchait son arbre à elle. L'appel des lointains, commun à tous les explorateurs, est d'autant plus urgent chez elle qu'il s'agit d'échapper à un foyer triste et froid :

> Je suis née exploratrice [...], dès mon enfance, je me suis toujours continuellement échappée, anxieuse de découvrir ce qui existait au-delà des limites imposées à ma vue : la porte du jardin, le tournant de la route ou le mur formé par l'horizon, de même j'ai eu, tout enfant, la curiosité des croyances religieuses[1].

En cachette de son épouse, Louis convertit sa fille au protestantisme. Dommage qu'il n'ait pas demandé son avis à l'intéressée, car du haut de ses six ans, Alexandra aurait eu son mot à dire. Ce n'est pas une petite fille comme les autres, elle ne s'intéresse ni aux poupées ni aux jeux. Elle est curieuse... des religions. Et s'en fait déjà une idée toute personnelle. Elle n'est pas convaincue par le catholicisme et, n'en déplaise à son père, l'austérité du protestantisme la rebute. Le modèle de bigotisme rigoureux de sa mère, où tout plaisir est un péché, où l'épanouissement de soi n'est jamais pris en considération, n'est guère plus encourageant. Les bases d'un laïcisme forcené s'installent, qui ne l'empêchera pas d'avoir la plus grande admiration pour le Christ et de croire en quelque chose de supérieur, immatériel et inaccessible à l'esprit humain.

L'année suivante, la famille emménage en Belgique, à Ixelles, commune indépendante aujourd'hui intégrée à Bruxelles. La gamine oublie son ennui en se réfugiant dans les livres. Ses romans préférés sont ceux de Jules Verne : *Voyage au centre de la Terre*, *Les Enfants du capitaine Grant*, *Vingt Mille Lieues sous les mers*... Phileas Fogg et Passepartout sont ses premiers compagnons de route, et *L'Île mystérieuse*, qui vient de paraître, apporte de rares moments de lumière dans la vie d'Alexandra. Elle entend une voix bienfaisante sourdre de ces pages : « Ma résolution était prise... Comme eux, et mieux encore si possible, je voyagerais[2] ! » Elle poursuit la rêverie en se projetant dans les cartes colorées des atlas. Comme c'est une jeune fille de bonne famille, elle prend des leçons de piano ; élève sérieuse, elle apprend vite et bien. Tous les moyens sont bons pour s'échapper du quotidien. Elle s'ennuie à périr le reste du temps.

À dix ans, Alexandra est envoyée dans une pension calviniste. Précoce en tout, elle y connaît vite sa première dépression. Voyant ses joues se creuser et son regard s'éteindre, sa mère la conduit chez un médecin et trouve le bon remède en la plaçant au couvent catholique du Bois Fleuri. L'enfant retrouve ses joues et son rebondi naturel, plus que prévu puisqu'on y gave les enfants comme des oies toute la journée ! Ses parents la laissent parfois pendant plusieurs mois seule au couvent avant de lui rendre visite. Peu importe, ils ne lui manquent pas. Elle sait déjà se passer des autres :

Toute la vie sentimentale m'était si parfaitement indifférente. Je ne songeais guère à m'affliger de l'indifférence que me témoignait ma mère, je ne cherchais pas d'autre affection. [...] Moi, je n'ai rien eu, rien qu'un orgueil qui était mon refuge, qui me tenait lieu de tout[3].

Livrée à elle-même, elle se plonge sans retenue dans la théologie comparative. Elle n'est pas encore adolescente et se sent déjà l'âme d'un sage de l'Antiquité, dévolu à la réflexion silencieuse et solitaire. Ses premiers maîtres en philosophie sont Kierkegaard et Proudhon. Elle écoute avec détachement ses condisciples parler de robes, de bals, de miroitements fantasmés. Elle préfère la compagnie des arbres à toute autre. Alexandra est un vieux sage déguisé en fillette conventionnelle, dont seul le regard grave sur les photographies trahit la singularité.

À treize ans, elle commence à s'intéresser aux philosophies orientales, la spiritualité et l'orientalisme sont alors très en vogue. Une légende sur le Bouddha la captive : un bodhidarma, ancienne incarnation du prince Siddharta, se promène dans la jungle. Il découvre une tigresse allongée dans une clairière. D'abord effrayé, il s'aperçoit qu'elle meurt de faim. Touché, il lui offre son corps en pâture. Compassion, don de soi : ces deux notions clés du bouddhisme bouleversent Alexandra. Elle va approfondir dès lors cette religion qui n'en est pas une, sans dieu, ni dogme, ni craintes irraisonnées, dont le pragmatisme semble enfin répondre à ce qu'elle ressent. Résolue à suivre la « Voie du milieu », elle place dans sa chambre un bouddha de porcelaine chinoise aux côtés d'un crucifix et d'une Bible dont elle lit plusieurs versets chaque soir. Une phrase de l'Ecclésiaste se détache et devient sa ligne de conduite : « Marche comme ton cœur te mène et selon le regard de tes yeux[4]. »

Mais les maîtres à penser de son adolescence sont avant tout les stoïciens. Elle ne se sépare plus du *Manuel* d'Épictète, ce bréviaire du stoïcisme avec lequel elle apprend l'enseignement partagé par le bouddhisme : comment éviter la souffrance. Et pour ne pas souffrir, il ne faut s'attacher à rien. Ni à ses semblables, ni à la vie sociale, ni aux événements, bons comme mauvais, qui jalonnent nos vies… Un tel renoncement demande des années aux plus sages. Alexandra, elle, l'accepte immédiatement. L'absence d'amour familial, d'amitiés véritables, une enfance marquée par la tristesse et l'ennui, un mépris naturel des apparences ont formé un terrain favorable. Si triste que cela puisse paraître pour un regard extérieur, Alexandra va puiser chez les stoïciens une force intérieure qui lui fera rarement défaut. Fascinée par les ascètes, elle veut comme eux maîtriser le corps par l'esprit. Elle s'entraîne à supporter les privations en passant des journées à jeûner, en dormant sans matelas à même le sol. Cette discipline stricte se révélera bien utile lorsqu'elle voyagera dans un inconfort extrême…

De cet entraînement drastique, elle ne dit rien à personne : encore un précepte stoïcien à respecter ! Devant les autres, elle poursuit son éducation traditionnelle, non sans plaisir : à quinze ans, bonne pianiste, elle commence avec autant d'assiduité l'étude du chant. Encore une pratique qu'on encourage chez les jeunes filles dont l'avenir tout tracé se limite au mariage et aux enfants. Alexandra a bien du mal à concevoir qu'on attend d'elle qu'elle devienne une respectable femme au foyer. Si elle chante, c'est pour son seul plaisir personnel, et elle possède une jolie voix de soprano qui la distingue des autres élèves.

Heureusement, des opportunités vont dévier sa trajectoire à temps. Elle rencontre chez une amie une occultiste anglaise, Elisabeth Morgan, qui lui parle d'une société au nom chargé de mystères : la Gnose Suprême. Cette amie lui envoie peu après le journal de la société, rempli de symboles, de vocabulaire ésotérique, d'inscriptions en sanscrit. Tout ceci intrigue Alexandra, même si, selon elle, les auteurs de ces articles n'ont sûrement pas toute leur raison… Illuminés ou non, « le Destin les avait choisis pour jouer un rôle dans ma vie et pour m'introduire, en observatrice sympathisante mais lucide, dans cette cohue disparate des pèlerins qui voguent, sans boussole, sur l'océan périlleux des fantaisies et des songes[5] ».

Elle lit ces publications avec un intérêt croissant, approfondissant l'histoire des sectes gnostiques en prenant garde de rester en dehors de toute querelle de chapelles, car il y en a, dans ce monde d'ultrasensibles. Toutes les religions, toutes les croyances l'intéressent. Elle les étudie en comparatiste, s'interroge sur leur bien-fondé, leur sens, leur origine. Quand on est théologienne depuis l'âge de douze ans, on est coriace dans le débat. Au couvent du

Bois Fleuri, elle discute avec de jeunes pensionnaires plus âgées qu'elle à propos de mystères qui ne sont pas de son âge. Pas de son temps non plus puisqu'une seule religion prévaut dans son milieu, le christianisme, dont elle connaît évidemment toutes les branches. Son père l'a dispensée des offices religieux au couvent, à son grand soulagement puisqu'elle se sent bientôt plus mystique que croyante.

Les austérités de la vie monastique l'attirent pourtant. Une visite au carmel la dissuade d'embrasser cette vie de dialogue silencieux avec Dieu. Elle s'attendait à y voir des figures hiératiques, habitées, transfigurées de l'intérieur ; elle a trouvé des religieuses replètes aux joues rouges, cultivant leur potager comme de braves campagnardes. Et puis, comment imaginer se donner à Dieu quand on a déjà conscience de son immense orgueil ?

L'été de ses quinze ans, la famille David passe ses vacances au bord de la mer, à Ostende. Alexandra marche le long de la côte belge. Elle s'éloigne de plus en plus, et décide de ne pas faire demi-tour. Elle continue sans s'arrêter jusqu'en Hollande. Jusqu'où aller ? Elle veut embarquer, seule, pour l'Angleterre, du port de Flessingue. Ce n'est pas le chemin le plus court, et c'est bien ce qu'elle désire :

Où que j'aille, j'ai toujours choisi les itinéraires les plus longs, car j'aime voyager, regarder le pays, et par conséquent, pourquoi ne pas faire durer ce plaisir le plus longtemps possible ? Les « arrivées » me sont toujours pénibles, à moins qu'elles ne constituent qu'une simple halte, le prélude d'un nouveau départ[6]...

En attendant son bateau, Alexandra connaît son premier moment de grâce stoïcienne : anonyme parmi les autres, sans personne qui sache où elle se trouve, elle ressent soudain une impression de liberté absolue. Sa solitude la plonge dans une joie profonde. Pendant les sept heures que dure la traversée, elle attire l'attention des passagers qui se demandent ce que fait cette jeune fille seule, sans chaperon ! Arrivée en Angleterre, Alexandra veut aller à la rencontre des membres de la Gnose Suprême. Elle trouve sans mal Mrs Morgan mais celle-ci la persuade de rentrer chez elle : mineure, elle ne peut pas rester seule en Angleterre. L'adolescente rentre en France en se promettant de revenir et d'apprendre l'anglais entre-temps.

Le démon de la fugue l'a mordue, il se manifeste à nouveau quand elle a dix-sept ans. Sans prévenir personne, elle prend le train jusqu'en Suisse. Pour tout bagage, elle emporte un parapluie et un volume d'Épictète. Elle parcourt les Alpes, du passage de Saint-Gothard aux lacs italiens. Cette première randonnée un peu sportive lui sert de prélude à ses pérégrinations asiatiques : elle l'accomplit bravement malgré son manque total d'entraînement ! Le grand air, les cimes, les sentiers à suivre sans carte ni boussole la grisent tout à fait. Elle reste jusqu'à ce que sa bourse soit vide. Alors seulement elle télégraphie à sa mère pour qu'elle vienne la chercher. Alexandrine la rejoint à Milan, lèvres serrées mais sans rien dire : sa fille ne lui a jamais appartenu. Elles rentrent ensemble à Bruxelles, d'où Alexandra s'échappera encore pour partir en Espagne à vélo. Une Espagne encore bien éloignée de la destination touristique qu'elle est devenue...

Quand elle quitte enfin le couvent du Bois Fleuri, Alexandra est, selon la tradition, présentée à la cour de Belgique. Joliment parée, elle fait la révérence au roi Léopold II et à la reine Marie-Henriette. Au bal, quelques prétendants se pressent, qu'elle chasse poliment. Le mariage ? Ce n'est pas pour elle, ni aujourd'hui ni demain. Elle envisage de devenir médecin. Ce n'est pas une profession pour une femme, réplique sa mère qui veut la faire travailler dans une de ses manufactures de tissus. Elle espère ainsi la « fixer » un peu, sans se douter que cela ne fera qu'attiser son besoin d'escapades. Sa brève expérience de marchande est un fiasco total. Que va-t-elle faire de sa vie ? Épicure, Épictète et Sénèque qu'elle relit et annote lui servent de guides spirituels, mais quelle voie matérielle choisir pour gagner sa vie ? Un soir, elle assiste à un concert, et une idée lui vient : devenir chanteuse lyrique. Elle possède cette belle voix expressive qu'elle pourrait bien exploiter à son avantage et, malgré son mètre cinquante-six, elle voit bien qu'on la remarque. Elle entre au Conservatoire royal de musique de Bruxelles en avril 1886 pour laisser derrière elle tout ce qui la rebute — mariage, magasins, mère. Elle en sortira diplômée trois ans plus tard.

1888 : Alexandra a vingt ans, l'âge où une jeune fille ne peut que choisir le mariage ou le couvent. Elle tourne le dos à l'un et l'autre, décidée à continuer ses études et à voyager aussi souvent que possible. Une lettre d'Elisabeth Morgan tombe à point nommé : elle l'informe qu'on peut la loger au siège de la Gnose Suprême à Londres. Voilà une bonne occasion d'y parfaire son anglais scolaire, indispensable si elle se rend un jour en Inde, le pays du Bouddha… Ses parents ne s'y opposent pas, ils ne la pressent pas non plus de se marier. Un membre de la société l'attend à Victoria Station. La vice-présidente, Mrs Grant, l'accueille avec effusion, tout en châles, robe à froufrous, colliers et médaillons. On l'installe dans une chambre confortable. L'endroit est chaleureux, le couvert fourni : Alexandra ne pouvait espérer meilleure « université ». On la présente aux autres pensionnaires, aussi aimables que discrets. Au sein de la Gnose, chacun vaque à ses occupations en silence. À première vue, pas d'extatiques au regard fou ni de médiums de foire.

Alexandra trouve vite ses marques. Elle a beau préférer la solitude, elle sait socialiser quand il le faut. Elle s'intéresse poliment à ses nouveaux camarades, certains partagent ses centres d'intérêt, d'autres s'avèrent bien vite des charlatans, gentiment givrés ou embrumés par le haschich. Luxe suprême : on ne lui impose rien. Elle peut passer des heures dans la riche bibliothèque des lieux qui abrite une collection inestimable de traductions de textes anciens chinois et indiens, d'ouvrages traitant d'ésotérisme, de métaphysique, d'astrologie, d'alchimie. Elle lit et engrange mille savoirs, baignée dans une perpétuelle fumée d'encens et de tabac exotique. Elle retrouve la lumière du jour pour travailler son anglais avec une étudiante qui l'emmène dans les rues de Londres, voir les musées, les trésors du British Museum.

Un compatriote arrive un jour à la Gnose Suprême : Jacques Villemain, un jeune peintre fraîchement débarqué d'Écosse, élève aux Beaux-Arts. Amical et bien élevé, il a parfois un comportement curieux. Un soir qu'il montre ses toiles à Alexandra, elle tend le bras vers l'un de ses paysages. D'un cri, le jeune peintre la met en garde : elle pourrait entrer dans le tableau et ne plus en sortir ! Un tel miracle s'est déjà produit. Quand le jeune homme entrera en retraite spirituelle, il en ressortira affaibli, l'esprit ailleurs. « Dérangé », songe Alexandra, qui prend ses distances.

Mrs Morgan, qui joue volontiers les marraines spirituelles, n'est pas enfermée dans sa cage dorée et enfumée, elle fréquente beaucoup d'autres sociétés et cénacles philosophiques, sans essayer de convertir ses pensionnaires à l'un ou à l'autre. « Malgré sa réserve, ce fut pourtant elle qui m'amena à côtoyer, pendant des années, des mondes bizarres peuplés par les plus extravagants spécimens d'humanité que l'on puisse concevoir[7]. » Avec elle, Alexandra aurait pu faire un tour d'horizon de toutes sortes de rites, cultes et déités adorées à l'heure du thé. Mais elle refuse de s'éparpiller, elle ne va à la rencontre que des personnalités les plus importantes, ou celles dont l'influence pourra lui servir à l'avenir. C'est ainsi que Mrs Morgan lui présente Helena Petrovna Blavatsky, la cofondatrice de la Société théosophique.

Cette société mystico-religieuse a été fondée à New York en 1875 par deux passionnés de phénomènes occultes, le colonel Olcott et Helena Blavatsky. Issue de la noblesse russe, Blavatsky a quitté son mari pour voyager longuement autour du monde. Elle a fréquenté l'école d'Allan Kardec à Paris, travaillé comme médium au Caire avant d'en être expulsée pour fraude. Cette femme charismatique, un peu exaltée, prend soin de garder des zones d'ombre à sa vie. Elle prétend avoir vécu au Tibet, alors qu'elle n'y a jamais mis les pieds. Elle continue à jouer les intermédiaires entre les esprits et les hommes aux États-Unis où elle sympathise avec Olcott, brave homme facile à duper. Ils s'intéressent à la doctrine bouddhiste, qui commence à être connue. Ils veulent s'associer au mouvement spirite, en vain, et finissent par se retourner contre lui. Ils fondent alors la Société théosophique pour former un noyau de fraternité universelle de l'espèce humaine, sans distinction de race, de classe ni de sexe. La théosophie elle-même remonterait au IIIe siècle après J.-C., on attribue sa paternité au mystique allemand Jakob Böhme (1575-1624). C'était alors une philosophie religieuse avec des éléments mystiques, rejetant la révélation judéo-chrétienne et comprenant des éléments empruntés notamment au bouddhisme et à l'hindouisme. La théosophie, qui croit en la réincarnation, propose une vision mystique de la nature de Dieu et des lois de l'univers. La vraie connaissance ne vient pas de la raison ni des sens mais d'une communion directe de l'âme avec la réalité divine. En créant sa Société théosophique, Blavatsky veut donc retrouver la toute première religion de l'humanité, celle dont découleraient toutes les autres. Elle veut explorer les lois inexpliquées de la nature et les puissances méconnues de l'esprit humain. Et les révéler au monde entier.

On peut s'étonner qu'Alexandra ait pris au sérieux cette femme qui prétend avoir des liens télépathiques avec des moines tibétains et posséder leurs enseignements secrets... Elle fréquente pourtant les sessions de la Société, dont le siège se trouve justement à Londres, et où se pressent les mêmes personnes fragiles ou déséquilibrées en attente de miracles. Alexandra est un cas à part. Elle n'adhère pas à toutes les croyances de la Société, mais elle s'y fait de nombreux amis dont l'extravagance relative la réjouit, elle que les esprits pieux et les gens raisonnables font mourir d'ennui. Leur passion pour les sciences secrètes est tout aussi intéressante à observer que lesdites sciences... Parmi ces nouvelles connaissances se trouve Annie Besant, une forte personnalité comme elle, féministe militante, avocate des droits de la femme. En 1891, ce sera Annie Besant qui prendra la présidence de la Société théosophique après la mort de Blavatsky, qui finira sa vie attaquée de toutes parts après que ses mensonges ont été rendus publics. Malgré les luttes internes, la popularité de sa Société est réelle : en dix ans, elle compte plusieurs milliers de membres répartis dans une dizaine de pays. Et une antenne en Inde, comme Alexandra ne manque pas de le noter.

De ces rencontres, la jeune fille retire une connaissance approfondie des philosophies indiennes. Elle connaissait déjà la *Bhagavad-Gita**, elle découvre les *Veda*, corpus en sanscrit dans lequel sont transcrits les principes fondamentaux de l'hindouisme, composés entre le XVe et le Ve siècle avant J.-C., et les *Upanishad*, qui regroupent les commentaires des *Veda* et des réflexions philosophiques. Les traductions des œuvres en sanscrit sont encore limitées ; Alexandra aimerait pouvoir les lire dans le texte.

Le 24 octobre 1889, Alexandra a vingt et un ans, l'âge de la majorité :

> La loi me donne [...] la libre disposition de ma personne et de ce qui m'appartient. Il y aurait honte à moi de ne pas m'émanciper, aussi, et de rester sous la tutelle de mes passions et de mes habitudes[8].

Elle a fait le tour de Londres et de ses cercles mystiques. Elle veut retourner à Paris, poursuivre ses études et trouver un sens à sa vie. Elle dépend toujours de ses parents et n'a aucune envie de gagner sa vie avec un emploi ennuyeux. Elle est logée au siège parisien de la Société théosophique, boulevard Saint-Michel. L'appartement est bien moins grand, confortable et accueillant que le siège londonien. C'est le logement qu'un couple un peu ridicule, les Jourdan, partage avec quelques locataires farfelus

* Rédigée entre le Ve et le IIe siècle avant J.-C., la *Bhagavad-Gita*, ou « chant du Bienheureux », est considérée comme un des écrits fondamentaux de l'hindouisme et constitue une synthèse de la doctrine védique.

qu'Alexandra observe narquoisement. La pitance est maigre, le maître des lieux croit dur comme fer que les premiers Terriens descendent de la Lune. Son épouse, confite d'admiration, glisse à Alexandra qu'il a des pouvoirs surnaturels. La jeune fille réprime ses rires et s'échappe de ce petit théâtre de boulevard pour le Collège de France. Un passage obligé pour cette adoratrice du savoir oriental. Elle y apprend le sanscrit auprès des professeurs Édouard Foucaux et Sylvain Lévi, tout en suivant des classes de langues orientales à la Sorbonne et en étudiant le bouddhisme. Foucaux est un spécialiste du Tibet, c'est lui qui, le premier, parle de ce pays à Alexandra, dont le sérieux et l'intelligence attirent l'attention des professeurs. C'est une étudiante modèle, à ceci près qu'elle ne passera jamais d'examens et n'aura donc aucun diplôme. Elle ne veut pas devenir universitaire, son idée est ailleurs, elle se précise de jour en jour. Les merveilles du bouddhisme et de l'hindouisme sont encore réservées à un public restreint d'érudits, d'initiés, voire d'illuminés qui défigurent la doctrine originelle pour en faire un folklore pseudo-exotique. Il faudrait vulgariser ces mondes lointains par la géographie, qui peuvent être si proches de notre pensée. Alexandra se chargerait volontiers de cette mission.

À travers les livres, dans le secret et le silence des bibliothèques, sous l'œil bienveillant des statues, le bouddhisme l'a totalement envoûtée. Elle s'autoproclame première bouddhiste de Paris ! Le musée Guimet, qui vient d'être inauguré, devient son refuge, son temple : « Des vocations naissent... la mienne y est née[9]. » Dans la bibliothèque de ce musée consacré aux arts et aux religions d'Orient, elle se plonge dans les livres sacrés du bouddhisme tels que le *Dhammapada* ou le *Tripitaka*, qui fait onze fois le volume de la Bible. Elle veut tout savoir, connaître le contexte philosophique, les doctrines indiennes qui avaient cours du vivant de Siddharta. « Le musée Guimet renfermait entre ses murs plus de mystère, d'ésotérisme et de hauts secrets que toutes les sectes dispensatrices d'initiations imaginaires et puériles, qui attirent et dupent tant de naïfs[10]. »

Comme à chacune de ses visites, en sortant de la bibliothèque, elle s'incline devant la statue du Bouddha à la manière asiatique, mains jointes. La comtesse de Bréant, qui étudie la philosophie orientale, l'aperçoit et s'en amuse. Alexandra lui explique que son geste n'a rien d'une dévotion religieuse, c'est une simple marque de respect, une manière de saluer la doctrine qu'elle représente. Les deux « étudiantes » sympathisent, et la comtesse l'introduit bientôt dans les cercles occultes parisiens. Elles assistent ensemble à des conférences de la Société pythagoricienne, fondation culturelle où Alexandra rencontre beaucoup d'orientalistes. Le soir se partage entre des discussions interminables dans les cafés, ou bien à l'opéra où elles choisissent les intrigues ayant trait à l'Orient : *Madame Butterfly*, *Thaïs*, *Lakmé*...

Alexandra se tient rigoureusement à l'écart des cercles de spirites qui font tourner les tables et appellent les morts à communiquer. Pourtant, elle ne résiste pas à la curiosité d'assister à la séance d'une extravagante duchesse écossaise, autoproclamée légataire universelle de Marie Stuart, à laquelle elle voue un culte. La duchesse a convié quelques invités dans son superbe hôtel particulier parisien. Hélas, les célébrités défuntes invoquées — la fameuse reine d'Écosse en tête — ne se sont pas donné la peine de marteler la table. Quelques craquements de bois n'ont pas suffi à convaincre une Alexandra atterrée par autant de naïveté…

Croit-elle seulement en Dieu ? Sa foi est extrêmement complexe. Elle tente de la décrire dans son propre vade-mecum, commencé le 19 mai 1889, « sous la protection de Dieu. En communion d'esprit avec mon maître Jésus, Épictète et les philosophes stoïciens[11] ». Ce recueil d'aphorismes, de pensées et de réflexions, publié à titre posthume dans *La Lampe de sagesse*, montre un esprit déchiré entre l'aspiration à la perfection, à l'atteinte de l'absolu, et son impossibilité du fait de ses péchés, de son orgueil, de sa vanité. À vingt et un ans, Alexandra s'est déjà tracé une ligne de conduite à laquelle elle restera fidèle toute sa vie. Parfaitement lucide sur elle-même, sur ses défauts et faiblesses, elle n'en montre pas moins une volonté surnaturelle de s'élever. Par l'étude, par la compassion qui ne va pas toujours de soi, par un amour du prochain qui lui est encore moins naturel. Elle tient par-dessus tout à être une philosophe qui met en pratique ses principes, aussi archaïques puissent-ils paraître dans ces temps modernes. D'abord en paraphrasant Épictète : ne pas mettre en avant son érudition ni ses opinions, ne pas chercher l'admiration ou les honneurs, ne s'instruire que pour soi. Ignorer ce que les autres pensent de vous, pardonner l'insulte. Ne manifester ni joie ni tristesse, rester digne en toutes circonstances. Accepter sa place dans le monde et remplir son rôle au mieux. Son stoïcisme déjà strict se double de l'obéissance à la doctrine bouddhiste qui est de se libérer des passions. Il est poignant de lire les pensées d'une jeune fille de vingt et un ans à ce sujet, une jeune fille qui est déjà résolue à fermer son cœur :

> Croire au bonheur que peuvent donner les créatures, c'est folie. Croire à l'amitié, vouloir se confier à un ami, c'est s'exposer à rencontrer un traître, un railleur, ou, tout au moins, un indifférent. Croire à l'amour, aimer ! c'est offrir son cœur à la trahison, à l'infidélité qui le déchireront, au mépris qui le dédaignera, à la grossièreté qui en ternira la délicatesse. Croire à la justice, à la vérité, à une haute vertu chez les hommes, c'est leur demander la plupart du temps plus qu'ils ne peuvent donner. [...] Sachons renoncer sans lâcheté à une faiblesse qui cause notre malheur. Malheur à celui qui, dégagé de ses premières illusions, cherche à s'en refaire d'autres ; il passera sa vie dans la déception et les larmes. Soyons victorieux de nous ; étouffons jusqu'au désir d'un bonheur terrestre et nous trouverons le vrai bonheur dans l'étude, dans une conscience pure et dans l'union avec Dieu[12].

Le bonheur, elle résout de ne le chercher qu'en elle-même. Par l'étude, la prière quotidienne qu'elle remplacera par la méditation, par le contact régulier avec la nature. Ses prêtres seront les arbres, les montagnes, la mer. Elle croit au Christ, l'admire pour sa bonté et son aptitude au pardon, pour des qualités dont elle ne se sent pas digne. Ses accès de ferveur religieuse et ses exigences terribles envers elle-même n'éloignent ni le doute ni l'effroi. « Oui, j'ai prié en vain, et, parfois, je me demande si cette horrible doctrine que Calvin puisa dans l'Écriture n'est pas vraie ; s'il n'y en a pas qui sont prédestinés à l'éternelle torture, et si je n'en suis pas[13]. »

Les livres sont décidément plus fiables que les hommes. Elle revient sans cesse au Coran, au Talmud, aux philosophes de l'Antiquité. Le monde contemporain existe aussi pour elle, puisqu'elle s'intéresse de près à la politique. En esprit libre, elle suit à peu près toutes les idées radicales du moment, un sujet de discussion inépuisable avec son père. Faute de réelle tendresse paternelle, Louis David a une haute estime intellectuelle pour sa fille. Ce libre penseur lui parle depuis son plus jeune âge de justice sociale, d'égalité. Comme elle a non seulement compris ses combats mais se montre prête à les défendre activement, Louis David l'emmène un jour voir son ami et voisin d'Ixelles, Élisée Reclus. C'est le début d'une grande amitié entre la jeune philosophe et le géographe de cinquante-six ans.

Ils étaient faits pour se rencontrer : ce fils de pasteur calviniste abandonna ses études de théologie pour la géographie. Il traversa la France à pied avec son frère Élie, ce qui contribua à faire germer son idée de géographie sociale, à sa conviction que l'homme doit vivre selon son milieu. Lors du coup d'État du 2 décembre 1851, Élisée Reclus s'exila à Londres. Il vivra ensuite en Irlande et aux États-Unis. À La Nouvelle-Orléans, il prendra en haine l'esclavagisme. En Colombie (à l'époque, la Nouvelle-Grenade), il voudra lancer une plantation de café, mais de nombreuses difficultés l'empêcheront d'accomplir son projet.

Quand il rentre à Paris en 1857, il intègre la Société de géographie. Trois ans plus tard, il devient franc-maçon mais, l'état d'esprit de sa loge ne lui convenant pas, il la quitte au bout d'un an. Il commence à parcourir l'Europe pour rédiger des guides de voyage, adhère à l'Association internationale des travailleurs et rencontre Bakounine, duquel il devient très proche. Reclus entre ainsi dans l'anarchisme et s'engage véritablement en politique à partir de la guerre contre la Prusse en 1870. Enrôlé dans la Garde nationale, il est fait prisonnier et déporté en Nouvelle-Calédonie. C'est là qu'il commence ses livres les plus importants, dont *Histoire d'une montagne* et les premières pages de sa *Nouvelle Géographie universelle*. Écrivain prolifique, il n'a qu'un but : améliorer la condition humaine. De retour à Paris après son long exil, il fréquente les milieux intellectuels anarchistes où Alexandra trouve un écho à ses propres convictions. Elle aimerait que liberté, égalité et fraternité ne soient pas qu'une devise, mais une loi.

C'est à cette époque pourtant stimulante qu'Alexandra a sa première attaque de neurasthénie. Terme médical bien dans l'air du temps pour désigner la dépression. Quel que soit le mot, les effets sont les mêmes : douleur insondable, accablement sans cause tangible, noyant toute envie, toute énergie. Sans psychanalyste, Alexandra apprend à en identifier la cause. Elle souffre de ne pas aimer et de ne pas être aimée, de cette incapacité face à l'amour :

> Pour ranimer mon cœur desséché il ne faudrait, peut-être, qu'un mot de sympathie, mais, nul ne le dira et c'est pour jamais que tout amour est mort en mon âme déchirée. C'est mon corps qui va à leurs assemblées, et qui de leur vie [*sic*], mais mon cœur est enfoui dans un profond sépulcre, et la pierre est scellée ; et, jamais, ce Lazare ne trouvera de sauveur pour le ressusciter[14].

Elle a beau connaître tous les dieux de toutes les religions du monde, aucun n'est capable d'apaiser ses tourments. Ces litanies, pratiques, lectures et sermons apparaissent vides de substance à force d'être répétés. Elle envie aux autres la naïveté de leurs prières, la certitude de se croire entendus de Dieu ; elle-même trouve davantage de consolation en lisant les maîtres du détachement.

C'était une envie de longue date, c'est désormais une urgence : il lui faut partir. Le plus loin possible, dans le pays de ses premiers rêves d'Orient. En Inde.

Premier voyage en Inde

Dans l'esprit d'Alexandra, l'Inde n'est pas cette colonie appartenant à l'Empire britannique. La reine Victoria, dont elle a vu le portrait à Londres, n'est que la souveraine du Royaume-Uni, pas l'impératrice des Indes. Dans l'esprit d'Alexandra, l'Inde est le pays des brahmanes, des *Veda*, des innombrables dieux et déesses du panthéon hindou. Une idée romanesque qui s'est construite à travers ses études et ses longues heures de lecture au musée Guimet. La comtesse de Bréant, qui a déjà séjourné dans la Compagnie anglaise des Indes, lui a raconté son Asie, attisant le désir de la jeune orientaliste pour qui les livres ne suffisent plus. Comment parler de ce qu'on n'a jamais vu, comment approfondir la connaissance d'une philosophie si on n'a pas l'expérience de sa terre, de son climat, de ses hommes ? Seulement, partir en Inde demande plus de moyens que de prendre le bateau pour l'Angleterre. Alexandra n'a pas de revenus autres que ceux de son père conciliant. La providence s'en mêle : sa marraine décède, lui laissant un petit héritage. Sa mère, ignorant la nature de sa fille, lui conseille de l'investir dans un bureau de tabac ! La petite somme est vite entamée dans une agence de voyages. Alexandra part pour Marseille, porte de l'Orient. Elle a vingt-trois ans.

À peine embarquée, elle s'enferme dans sa cabine avec son rêve, refuse de rejoindre les autres passagers pour dîner. Quelle vulgarité de se mêler au troupeau frivole lorsqu'on effectue son premier pèlerinage… Elle fuit dès qu'une jeune fille de son âge s'apprête à l'aborder, fuit les conversations futiles, fuit bientôt le jour pour ne plus sortir que la nuit, lorsque le pont est désert et qu'il ne reste plus que les étoiles et la mer à contempler. Elle s'absorbe dans les *Upanishad* et la *Bhagavad-Gita*. Sa solitude la comble. Elle consent à descendre aux escales : Alexandrie, Port-Saïd et Aden. Au fil des jours, la chaleur se fait plus suffocante, l'air n'a pas la même saveur, il se charge de parfums inconnus. L'expérience commence. Elle s'attend à voir des paysages paradisiaques durant ses escales, elle observe surtout la saleté, les foules bruyantes, les traces lourdes de la mousson. Une réalité moins romantique à laquelle elle s'habitue très vite. Quinze jours passent ainsi. Puis les côtes de Ceylan, l'actuel Sri Lanka, apparaissent à l'horizon… Elle aborde l'Orient la tête vide et les sens en éveil.

À Colombo, les formalités d'entrée sont presque inexistantes. Alexandra prend une chambre dans l'hôtel le plus proche, se change selon les codes en vigueur pour toute femme occidentale : une robe blanche à manches longues, des gants blancs, un chapeau et une ombrelle. L'attirail est peu pratique pour grimper dans un rickshaw qui l'emmène vers les temples bouddhistes. Au cours des siècles, le bouddhisme s'est divisé en plusieurs écoles puis regroupé en trois doctrines : le « Grand Véhicule » (Mahayana), le « Petit Véhicule » (Hinayana) et le « Véhicule Tantrique » (Vajryana). Le bouddhisme considéré le plus authentique, celui du « Petit Véhicule », a été préservé à Ceylan, c'est par celui-ci qu'elle veut commencer son pèlerinage.

Son premier temple lui réserve un choc inattendu. À l'intérieur, un grand Bouddha couché lui inspire un mouvement de recul : il est recouvert d'une affreuse couche de peinture jaune vif laquée, du Ripolin. Le lendemain, elle visite le temple de Kelaniya, à quelques kilomètres de Colombo. Un grand temple entouré d'immeubles... et à l'intérieur, une statue jaune vif. La solennité, l'émotion attendues ne viennent pas. Il y a certainement bien d'autres temples bouddhistes, authentiques, laissés à l'épreuve naturelle du temps, mais le désir de voir l'Inde est plus fort. Elle se promet de remettre son exploration de Ceylan à plus tard.

Pour aller en Inde, une seule voie possible : traverser la baie de Tuticorin. Alexandra embarque un soir à bord d'un petit vapeur, « une coque de noix » peu engageante où « une cohue d'indigènes était empilée[1] » sur le pont. Des quatre passagers qui ont le luxe d'une cabine, trois sont des missionnaires. La traversée, dira-t-elle plus tard, restera son pire souvenir de voyage... Dès les premières minutes, une tempête se lève, le bateau tangue avec force. Impossible de servir un dîner : du thé et des toasts sont distribués, qu'Alexandra avale bravement tandis que les missionnaires partent cacher leur nausée. Elle finit à son tour par rentrer dans sa cabine en s'accrochant où elle peut. Une fois la porte fermée, elle voit avec horreur une foule de rats, d'araignées, de cafards chassés des cales par le roulis, parcourir le sol, grimper sur les meubles, s'accrocher au bas de sa robe... Elle retourne dans la salle à manger et entend des hurlements. L'équipage a enfermé les passagers du pont pour les empêcher de passer par-dessus bord. Comme ils se débattaient, paniqués, ils ont cloué la porte. Vermine, cris, houle en montagnes russes ont raison du calme d'Alexandra qui s'enferme pour de bon dans sa cabine. Le cauchemar dure jusqu'à l'arrivée à Tuticorin. Aucun port n'aura été plus ardemment attendu. Une fois qu'elle a posé le pied sur la terre ferme, l'éprouvante croisière quitte son esprit. Cette terre la bouleverse déjà.

Cette plage de sable, ce paysage quasi désertique baignant dans la clarté rosée du matin, c'était l'Inde de mes rêves que je venais d'atteindre[2].

Sans attendre, elle monte dans un train jusqu'à Madurai. Le but premier de son voyage est d'observer par elle-même comment les religions orientales se vivent au quotidien. Nourrie de théories, elle veut en voir la pratique. Les hindous adorent plusieurs dieux, mais il y a un principe suprême au-dessus d'eux, le brahman. Un principe qui n'existerait pas sans cette adoration : « Ce n'est, ai-je entendu déclarer par certains penseurs indiens, ni

Vishnou, ni Shiva, ni aucune autre déité trônant dans un monde céleste. C'est une force subtile engendrée par les sentiments et par les pensées des fidèles eux-mêmes. Non point, précisément, la force produite par un adorateur isolé, mais celle qui est engendrée par la collectivité de ceux-ci[3]. » Autrement dit, dans l'hindouisme, l'existence des dieux ne dépend que des humains…

Beaucoup de temples sont interdits aux femmes, *a fortiori* aux femmes blanches. Cela n'intimide pas Alexandra, qui n'est pas venue de si loin pour faire du tourisme d'agrément. Elle tient à pénétrer dans ces sanctuaires, se laisser imprégner par l'énergie qui s'en dégage, faite de particules de dévotion ou de crainte laissées par des milliers de fidèles.

> Tout un monde d'idées, de perceptions insolites y sollicitaient impérieusement l'attention ; il en émanait de la terreur et, par-delà celle-ci, une sorte de béatitude narquoise, indicible, qui ensorcelait. Je subissais le charme, je le savourais sans pourtant laisser entamer ma lucidité ; plus d'un étranger a perdu la sienne au contact de la magie de l'Inde[4].

Le temple de Madurai lui laisse une impression bien plus forte que le Bouddha canari de Ceylan. Dans la pénombre, des hordes de créatures, hommes, dieux et bêtes, paraissent la suivre des yeux. Les statues sont propres à effrayer les non-initiés face à ces têtes grimaçantes et ces déités à plusieurs bras, d'une terrible beauté dans le silence profond. Alexandra reviendra souvent à Madurai, elle assistera à des processions, des rites et des fêtes, le plus souvent invitée par des amis lettrés. Car elle ne tarde pas à s'en faire : l'anglais, langue officielle de l'Inde britannique, facilite les échanges. Elle est reçue par des brahmines, la caste la plus haute selon le système antique que même l'indépendance, en 1947, échouera à faire abolir. On naît dans une caste donnée et on la garde toute sa vie ; son degré dans l'échelle dépend des actes commis dans ses vies antérieures — le karma. Beaucoup d'entre ces lettrés ont fait leurs études en Angleterre, parfois à Oxford. Alexandra, qui n'a pas pour habitude de marquer plus de respect pour un maharadjah que pour un chauffeur, réprouve le système des castes. Elle rapporte certaines situations cocasses dans ses livres, dont *L'Inde où j'ai vécu* : il suffit qu'un intouchable pose les yeux sur un plat pour qu'un brahmine refuse de le manger. Elle constate pourtant que les brahmines, disséminés dans toutes les échelles sociales, ne diffèrent pas des non-brahmines. Sauf, peut-être, dans l'Inde méridionale, où leur naissance leur sert de raison d'être, et où ils se laissent adorer comme des vaches.

Mystère des temples, injustice criante, raffinement de l'art et misère quotidienne, tout est prétexte à étonnement. Une grande part de ce « tout » scandalise Alexandra, comme ces gourous idiots qui humilient leurs disciples, ou ces mariages forcés entre des fillettes et des vieillards. Rien, cependant, n'amoindrira son amour pour ce pays. Attentive à ses transformations futures, elle gardera toujours pour l'Inde une tendresse mêlée d'inquiétude.

Encore une fois, c'est la Société théosophique qui lui fournit le logement idéal. Son siège international est basé à Adyar, près de Madras. L'endroit rappelle une retraite pour écrivains où le travail quotidien serait entrecoupé de longues promenades sous les banians. Alexandra décide de s'y installer un moment pour poursuivre son étude du sanscrit :

Adyar, avec environ cent cinquante hectares agréablement situés entre une rivière et l'océan, et comprenant de nombreuses villas, des bosquets, des avenues, une merveilleuse bibliothèque, est tout autre chose qu'un phalanstère. C'est un club confortable réservé aux membres de la Société théosophique. Ceux-ci n'y occupent point une position de « disciple », ils vivent chacun à sa guise et suivant leurs moyens, en professant n'importe quelle philosophie ou religion, en ayant leurs domestiques particuliers et leur cuisine privée s'il ne leur plaît pas de prendre leurs repas au restaurant situé dans le domaine. L'expérience assez longue, que j'ai faite de vivre à Adyar, m'a laissé le plus agréable des souvenirs[5].

Quand elle quitte cette studieuse oasis, elle consent à suivre le circuit touristique traditionnel jusqu'à Bénarès. En chemin, elle découvre l'autre visage de l'Inde, affamé, creusé et désolé. Elle qui était venue voir l'Inde des sages et des sortilèges voit de ses yeux celle de la famine, des épidémies et de la sécheresse. Alexandra s'indigne devant l'inertie du gouvernement. La croissance démographique explose : elle pressent le désastre lorsque le pays atteindra un milliard d'habitants. Mais le bien-être du peuple n'est pas la priorité de l'Empire britannique. Il entretient au contraire les préjugés et les coutumes cruelles pour mieux le garder sous son joug, au lieu de l'éclairer et d'entreprendre des réformes. Parmi ces coutumes, Alexandra apprend avec stupéfaction celle du « satî » ; des femmes se sont volontairement jetées dans le bûcher où brûle leur mari, une veuve étant un poids inutile à la société. Une pratique interdite au XXe siècle, mais que semblent regretter quelques conservateurs fervents...

Les bûchers funéraires qui bordent le Gange, à Bénarès, lui inspirent des impressions plus philosophiques. Peu d'Occidentaux ont pu contempler les crémations, ou même ces hommes et ces femmes agonisant à moitié immergés dans le fleuve sacré : on dit que quiconque périt dans le Gange sera purifié. Submergée de parfums suaves — encens, fleurs — et d'odeurs insoutenables — les cadavres carbonisés, ceux qui se putréfient sur les bords du fleuve —, elle absorbe tout ce que Bénarès a de puissant et de terrible.

Elle y séjourne plusieurs mois. Swâmi Bashkarânanda, un ascète qui vit nu dans un jardin de roses, l'initie à la philosophie védanta comme si elle était sa semblable. Impressionné par sa connaissance de l'hindouisme, il l'invite à étudier le yoga avec lui. Elle lui décrit les monastères et les couvents en Occident ; il lui parle de l'idéal de renoncement : sannyâsa. À vingt-cinq ans, Alexandra est prête à devenir sannyâsin, une renonçante, pour vivre dans la contemplation et le dénuement. L'ascète lui remet à son départ une écharpe orange, signe d'élection. Et lui murmure à l'oreille l'autre devise qui guidera sa vie bouddhiste : « L'impermanence est la loi universelle[6]. »

Elle poursuit son pèlerinage à Bodhgaya, là où

Siddharta Gautama atteignit le nirvana et devint le Bouddha, « l'Éveillé ». Elle se rend ensuite à Calcutta, capitale de l'empire des Indes, d'où elle prend un autre train jusqu'au mont Kanchenjunga, dont les cinq pics couverts de neige surplombent la frontière entre Népal et Sikkim. Elle se trouve aux portes de l'Himalaya. Il y a là des temples lamaïstes, où Alexandra va s'initier au bouddhisme tibétain. Le bouddhisme originel a été introduit au Tibet au VIIIe siècle par un yogui, Padmasambhâva, avant de prendre son essor au siècle suivant et de devenir religion d'État. Jusque-là, la religion bön était la religion dominante. Une seconde diffusion du bouddhisme à la fin du Xe siècle stabilisera le Tibet autour de ses écoles et monastères, et la religion sera au cœur du peuple, jusque dans sa politique. N'est-ce pas un moine, le dalaï-lama, qui reste le chef du gouvernement tibétain depuis le XVIe siècle ?

Avec les siècles, le bouddhisme se mêlera de bön, de chamanisme, de magie… Le merveilleux imprègne toute chose au Tibet, et des pouvoirs surnaturels sont prêtés à certains religieux. Le tantrisme, venu de l'hindouisme, s'y développe, avec ses rites centrés sur le yoga, les gourous, les textes sacrés appelés tantra, leurs enseignements secrets… Et certains rites sexuels réservés aux disciples les plus avancés, qui ont donné lieu à des fantasmes occidentaux bien éloignés de la réalité. Le bouddhisme tibétain est donc très différent de celui qu'Alexandra connaît. Elle va d'étonnement en étonnement. Sa curiosité n'a pas de limites mais l'argent, cette plaie, vient à manquer. La mort dans l'âme, elle doit rentrer en Belgique.

Une chanteuse anarchiste

Alexandra revient à Bruxelles bien décidée à gagner sa vie. Elle ne supporte plus de dépendre de ses parents et n'a pas l'intention de reprendre un commerce pour y flétrir derrière un comptoir. Elle n'a pas travaillé sa voix de soprano colorature depuis longtemps, mais le talent compense parfois l'expérience ; elle veut tenter une carrière de chanteuse professionnelle. L'art lyrique, les tournées, les imprévus, ce ne serait peut-être pas une mauvaise vie, après tout. Sa mère, pour une fois, l'encourage. Elle commence par donner quelques récitals à Bruxelles, où on lui fait bon accueil. C'est décidé, elle retourne s'installer à Paris.

Apprendre des rôles d'amoureuses éplorées ne lui fait pas oublier ses rébellions pour autant. Elle écrit tout un traité politique, *Pour la vie*, où elle expose ses idées anarchistes, dont la défense ardente du droit individuel. Élisée Reclus l'aidera à le publier cinq ans plus tard, en 1898, dans une collection au nom inspirant, La Bibliothèque des Temps nouveaux. Il rédige une amicale préface qui commence par ces mots : « Ceci est un livre fier, écrit par une femme plus fière encore[1]. » Le texte lui-même attaque d'emblée :

> L'obéissance c'est la mort. Chaque instant dans lequel l'homme se soumet à une volonté étrangère est un instant retranché de sa vie[2].

Alexandra commence par s'en prendre aux chefs religieux qui commandent la façon de vivre des hommes, dans la crainte, la soumission, la culpabilité, le renoncement aux plaisirs et à la vie même, sous prétexte de mériter le paradis après la mort. Absurde, dit-elle : pourquoi attendre d'être mort pour vivre enfin ? Audacieuse déclaration athéiste à une époque où l'on ne demande aux femmes que de devenir des épouses dévotes. Le patriotisme n'est guère plus une vertu à encourager, puisqu'il mène les hommes à s'entre-tuer. « Il en sera ainsi tant que l'homme cherchera sa règle de conduite en dehors de la science, seule capable de l'éclairer sur ses réels intérêts : seule autorité qu'il y ait à connaître[3]. »

Son cri de combat s'étend au principe d'autorité : il faut se débarrasser des contraintes imposées par l'extérieur (religieuses, sociétales) pour vivre pleinement sa vie. Alexandra refuse les hiérarchies, elle appelle à la libre expérience, fustige la contradiction entre des obligations qui n'ont aucune base raisonnée et la liberté :

> Qu'ai-je à faire de mots, de droits ou de devoir ? Les besoins de ma vie me sont transmis par le désir qu'exprime mon organisme et cela qu'il veut, c'est cela que je veux[4].

Elle encourage la recherche du bonheur personnel ici et maintenant, pas dans une hypothétique vie après la mort. Avec sa petite expérience de renonçante, elle va jusqu'à revendiquer le droit de tout un chacun de quitter le modèle social si celui-ci ne lui convient plus, et donne aux enfants le droit de quitter leurs parents pour les mêmes raisons ! Seule la science est glorieuse, celle qui crée des machines pour alléger le travail de l'ouvrier, améliorer son quotidien, et qui trouve des remèdes aux maladies.

Trop en avance sur son temps, mal diffusé et desservi par l'anonymat de son auteur, l'opuscule n'aura qu'un succès confidentiel. Il sera tout de même traduit en quatre langues et diffusé jusqu'en Argentine. Alexandra le retrouvera bien plus tard, pendant les événements de Mai 68. La vive centenaire regrettera alors de n'être pas allée plus loin : « — Que c'est mauvais ! Oh, que c'est mauvais ! Si je l'écrivais aujourd'hui, tu verrais ce qu'ils prendraient... Tous[5] ! »

Alexandra a la plume facile, surtout quand il s'agit d'écrire sur des sujets qui lui tiennent à cœur. Elle signe plusieurs textes pour des magazines, le plus souvent politiques. Elle contribue à la revue de la Société théosophique, et donne à des publications généralistes ses premiers textes sur le bouddhisme : « Notes sur le bouddhisme » paraît le 18 avril 1895 dans un hebdomadaire belge, *L'Étoile socialiste*. Elle les signe d'un pseudonyme, Mitra, du nom d'un dieu indien. Ses textes sont appréciés par son cercle parisien mais ne risquent pas d'être pris au sérieux dans un monde dominé par les « penseurs » masculins. Être femme est un handicap ; être célibataire en est un autre. C'est à cette époque (1893) qu'elle adhère à la franc-maçonnerie, probablement parrainée par son père, au Rite écossais international, qui accepte les femmes. Elle atteindra le 30e degré sur 33*.

Construire une carrière lyrique est plus compliqué que prévu. Elle fait le tour des directeurs musicaux parisiens pour trouver un contrat. Les engagements sont difficiles à décrocher, elle a vingt-six ans, un âge déjà avancé pour une chanteuse débutante, et la carrière d'une soprano est courte. Les auditions se succèdent, elle donne quelques récitals sous le pseudonyme d'Alexandra Myrial. Elle chante des airs de Gounod, Bizet, Puccini et Massenet. Ce dernier vient la voir sur scène, il apprécie son talent et sa personnalité. Ils échangeront quelques lettres aimables. Enfin, à l'automne 1895, on lui propose un poste de première cantatrice à l'Opéra-Comique. Avec à la clé une tournée… en Indochine.

Sur le vapeur qui la ramène en Asie, Alexandra s'isole. Autour d'elle, des couples se forment parmi les chanteurs de la troupe. Elle les regarde avec pitié ou indifférence : les choses du cœur, les sensualités n'ont décidément aucun attrait pour elle.

* Dans le Rite écossais, les hauts grades sont organisés dans un système de progression qui marque les seuils de perfectionnement franchis par le maître maçon. Le 30e est celui de « Chevalier Kadosh » et le 33e celui de « Souverain inspecteur général ».

Toute l'année 1896 se passe d'une scène à l'autre, à Hanoi et à Haiphong, où Alexandra Myrial est en tête d'affiche des productions de *La Traviata, Carmen, Manon, Lakmé*... Son travail sur *Mireille* lui permet de correspondre un temps avec Frédéric Mistral. Elle a une préférence pour *Thaïs* de Massenet, compositeur qu'elle estime. Malgré son peu d'empathie pour toutes ces héroïnes consumées par la passion, destinées à mourir d'amour, elle joue bien la comédie et récolte un beau succès. Elle en rend régulièrement compte à son père, qui se réjouit de sa réussite artistique. Mais cette activité où l'on prétend être ce que l'on n'est pas n'est pour elle rien d'autre qu'un gagne-pain.

La vie de chanteuse permet toutefois des instants de liberté dont Alexandra profite pour étudier le bouddhisme local dans le sud de la Chine. L'esprit de troupe la lasse vite, avec ses flirts, ses ruptures théâtrales, ses jalousies et ses rivalités bien éloignées de ses propres aspirations. Son expérience lui fournit la matière d'un roman sur lequel elle travaillera jusqu'en 1902, *Le Grand Art*. À travers le personnage de Cécile, elle raconte à la première personne ce qu'est la vie d'une actrice, en jetant un regard impitoyable sur le monde du théâtre. Alexandra essaiera de faire publier ce roman à clés, refusé par les quelques maisons d'édition qu'elle a contactées. *Le Grand Art* restera à l'état de manuscrit inédit, l'auteur l'ayant finalement jugé trop autobiographique.

Alexandra revient à Paris en 1897. Confortée par le succès de ses prestations asiatiques, elle veut devenir première chanteuse à l'Opéra de Paris. La concurrence est plus rude, et elle ne trouve aucun emploi qui soit aussi bien payé qu'en Orient. Elle finit par repartir pour une nouvelle tournée, dans le sud de la France, qui l'occupera pendant les deux années à venir. Elle arrive ainsi à trente ans, ayant dépassé depuis longtemps l'âge moyen du mariage, sans adresse ni emploi fixes, sans idées précises quant à l'avenir. Mais elle est libre, elle lit voracement les philosophes et garde dans un coin de sa tête un lien invisible avec l'Asie, des images puissantes qu'elle convoque comme un talisman. Quelque chose s'est passé là-bas, elle le sait, et l'avenir se chargera de lui montrer le chemin du retour.

C'est dans cette grande disponibilité d'esprit qu'elle rencontre Jean Haustont lors d'une soirée à la Société théosophique. Pianiste et compositeur, il est né à Bruxelles mais vit depuis toujours à Paris. Des points communs peu ordinaires rapprochent Alexandra de ce jeune homme doux et réservé. Il est passionné d'orientalisme et fréquente, lui aussi, les cercles intellectuels anarchistes d'Élisée Reclus. Un couple se forme. Fidèles à leur piètre opinion du mariage, ils vivent en union libre, et tant pis pour le qu'en-dira-t-on. Paritaires jusqu'au bout, ils emménagent rue Nicolo, à Passy, sous le nom de M. et Mme Myrial ! Leur union est aussi créatrice : ils écrivent ensemble un drame lyrique en un acte, *Lidia*. Elle signe le livret, lui la musique, mais ils ne trouvent personne pour créer l'ouvrage sur scène. Ils goûtent ensemble une vie de bohème d'où la misère est absente, et que l'on peut qualifier d'heureuse.

À l'automne 1899, on propose à Alexandra de chanter à l'opéra d'Athènes pendant trois mois. Enfin un voyage pour rompre la routine. Jean Haustont aussi est appelé ailleurs. Il se retrouvera à enseigner la musique en Chine, où il passera le reste de sa vie sans qu'ils se revoient. Alexandra n'évoquera plus Haustont, mais elle marquera toujours le jour de son anniversaire dans ses inséparables agendas.

Après la Grèce, elle continue de voyager seule : de Biarritz, elle parcourt le Pays basque espagnol, visite Irún, Alameda. De retour à Paris, elle publie des articles philosophiques et féministes, où elle se préoccupe d'équilibre social, sujet peu courant pour une femme à l'époque. Faisant fi des conventions, elle rue dans les brancards avec de plus en plus d'aplomb. Dans « Autorité paternelle », paru dans *La Fronde* du 28 août 1900, elle n'hésite pas à s'en prendre à la plus intouchable des institutions : la famille !

Sans préambules superflus, je dirai tout de suite que l'autorité paternelle me semble une conception héritée des barbares, un vrai non-sens à notre époque[6].

Plus original encore, elle évoque les droits des enfants. Si leurs parents ne leur conviennent pas, ils devraient avoir le droit de les quitter et demander une mise sous tutelle de leur plein gré... Elle dénonce aussi les maisons de correction, qui ne servent qu'à former et nourrir de futurs délinquants.

À son chevet trône un livre qui a nourri ces prises de position aussi osées qu'avancées : *L'Unique et sa propriété* de Max Stirner, qu'elle s'approprie au même titre que la *Bhagavad-Gita*, Épictète ou le *Dhammapada*. Son contenu épouse à merveille sa philosophie individualiste, que l'on retrouve décidément dans des pays et des époques on ne peut plus éloignés les uns des autres. Stirner est considéré comme l'un des pères de l'anarchisme individualiste. « Rien n'est pour moi au-dessus de moi[7] », clame ce Bavarois radical en récusant tous les systèmes dans son livre publié en 1844 : la société, les lois, les religions, et Hegel au passage. Il oppose l'individu unique aux doctrines qui l'environnent et l'asservissent à son corps défendant. Un pareil brûlot lui valut de nombreux détracteurs, dont Marx et Engels, mais plaira à Nietzsche et, plus près de nous, aux situationnistes. Alexandra puise chez ce révolté une certitude réjouissante : la désobéissance est une juste et bonne voie à suivre.

À Tunis, un certain Philippe Néel

Été 1900. Malgré les premières altérations de sa voix, Alexandra est invitée à chanter en Tunisie, alors sous protectorat français, à l'opéra municipal de Tunis. En septembre, après avoir rempli son contrat de chanteuse, on lui propose de prendre la direction musicale du casino de la capitale. Voilà une bonne opportunité de rester dans cet univers artistique qu'elle apprécie au fond, sans plus se soucier de sa voix déclinante. Le casino est alors très fréquenté par les expatriés français. C'est un milieu masculin où l'on vient tromper son ennui en buvant, en misant toute sa paie, en écoutant les chanteuses de passage. Alexandra s'y plie, entonnant arias et ballades de café. Parmi les habitués se trouve un distingué ingénieur de trente-neuf ans. Philippe Néel entre en scène.

Né à Alès en 1861, Néel est le fils d'un missionnaire d'origine anglaise et d'une fille de pasteur, qui auront dix enfants. Devenu ingénieur, il a été muté en Tunisie pour travailler à la Compagnie française des chemins de fer d'Afrique du Nord, qui étend son réseau ferroviaire. Il a déjà supervisé la construction du chemin allant de Bône, en Algérie, à Guelma, en Tunisie. C'est un célibataire qui porte beau, regard fier et moustache retroussée, la mise soignée. Sûr de lui, tout lui réussit ; il possède une villa près de la mer et un yacht, baptisé *L'Hirondelle*, lieu idéal où conter fleurette à ses nombreuses maîtresses. Ce grand séducteur est aussi individualiste et épris de liberté qu'Alexandra. Tous deux vont pourtant se trouver et se plaire.

Ils ne se rencontrent pas au casino, mais dans le sud de l'Algérie, où Alexandra fait des recherches pour un article sur les musulmans. Le 15 septembre, elle écrit dans son agenda qu'elle a passé la nuit à bord de *L'Hirondelle*. Elle n'a toujours pas l'intention de se marier, encore moins de fonder un foyer. Pourtant, elle décide de rester à Tunis auprès de cet homme avec lequel elle n'a rien en commun : la philosophie l'ennuie et il préfère entre tous les plaisirs de la chair. Son instinct la pousse pourtant vers son intelligence, sa franchise, son œil amusé. Elle surnomme Philippe « Alouch », qui veut dire mouton en arabe, parce qu'il est frisé ; le petit nom deviendra ensuite « Mouchy » dans sa correspondance. Et elle se plaît à Tunis, elle aime entendre le muezzin au soleil couchant, lire le Coran et méditer sur les beautés de l'Islam. Sa carrière de chanteuse s'éteint doucement sous le soleil de cet autre Orient. Elle continue d'écrire des articles engagés, toujours sous le nom d'Alexandra Myrial, et fait de brefs séjours à Paris et à Bruxelles, puisqu'elle écrit aussi pour le journal belge *Le Soir*. En France, elle tient à entretenir le contact avec des journaux comme

L'Aurore et *La Fronde*, ou des revues comme le prestigieux *Mercure de France* qui publiera deux de ses articles orientalistes, « Religions et superstitions coréennes » en février 1904 et « Le clergé tibétain et ses doctrines » en juin 1904. Des textes qui attestent ses vastes connaissances sur le sujet, alors qu'elle n'a encore jamais mis les pieds ni en Corée ni au Tibet.

Promue directrice artistique du casino, Alexandra se plie sans mal aux mondanités inhérentes à sa nouvelle fonction tout en continuant ses recherches spirituelles. Elle vient d'adhérer à l'ordre de la Rose-Croix, mouvement philosophique non religieux œuvrant pour l'harmonie individuelle et la fraternité. La fraternité lui convient mieux que cette vie quasi conjugale qu'elle mène entre la maison de Philippe et sa propriété à La Goulette, près de Tunis. Elle s'en échappe dès qu'elle peut, ravie de pouvoir accompagner une équipe de botanistes allemands en expédition scientifique dans le sud du désert tunisien. Elle les laisse à leurs plantes pour s'intéresser aux Bédouins et méditer seule dans les dunes.

Enfin, au bout de quelques années à se fuir et à se rejoindre, l'impensable se produit : Néel écrit à Louis David pour lui demander la main de sa fille. Il lui a fallu presque quatre ans d'acharnement pour venir à bout des réticences — pour ne pas dire du rejet absolu — d'Alexandra vis-à-vis du mariage. C'est un véritable bouleversement intérieur pour elle. Elle ne sera d'ailleurs jamais sûre d'avoir fait le bon choix ! Le brave père en reste stupéfait, lui qui croyait que sa « Nini » de trente-six ans avait fait une croix pour de bon sur la vie de famille, et qu'elle ne renoncerait jamais à son indépendance ni à sa liberté. Mais puisqu'elle semble le vouloir, il ne s'y opposera pas. Du moins sera-t-elle tranquille sur le plan social : son statut de célibataire ne lui fermera pas de portes quels que soient ses projets d'avenir. Et il connaît assez bien sa fille pour savoir qu'elle ne s'engage pas pour autant dans une petite vie sage de femme au foyer.

Le 4 août 1904, Philippe Néel et Alexandra David se marient au consulat français de Tunis. Une cérémonie civile, sous la séparation de biens. Elle possède alors 77 696 francs-or en portefeuille d'actions, une belle somme dont elle peut disposer sans l'autorisation de son mari. Ils passent leur lune de miel en France, dans la ville thermale de Plombières, où ils restent une semaine… avant de se séparer. Momentanément : Philippe rentre à Tunis tandis qu'Alexandra va à Paris faire la tournée de ses éditeurs, sacrifier aux mondanités pour être sûre de continuer à être publiée. Cet automne-là, elle rencontre Colette et Willy dans les salons de l'épouse du directeur du *Mercure de France*. Elle écrit à Philippe la première de ses lettres le 11 août ; elle continuera de lui écrire jusqu'à la mort de celui-ci, en 1941.

Restée seule à Paris, la dépression l'envahit :

> Je suis perdue au milieu de la foule étrangère qui va, vient, s'empresse vers des buts que je ne comprends point, poussée par des mobiles qui me répugnent. De quelle planète suis-je donc ?… pas de celle-ci, assurément, j'y suis trop mal à l'aise[1] !

Dans ses lettres à fleur de peau, elle raconte à Philippe à quel point elle se sent misérable, épuisée au physique comme au moral. Quel genre de femme a-t-il épousée, elle se le demande encore…

> Je te l'avais bien dit d'avance : je ne suis pas jolie, je ne suis pas gaie, je ne suis pas une femme, l'on ne saurait s'amuser auprès de moi... Pourquoi as-tu persisté, t'es-tu entêté[2] ?

Elle croit toujours à un bonheur possible entre eux, ou s'en persuade, à condition que la confiance s'établisse, et qu'elle trouve une activité intellectuelle qui puisse la combler et chasser ses accès d'abattement féroce. Avec des mots parfois contradictoires, propres à son esprit dénué de sentimentalisme, elle constate :

> Nous avons fait un singulier mariage, nous nous sommes épousés plus par méchanceté que par tendresse. Ce fut une folie, sans doute, mais elle est faite. La vraie sagesse serait d'organiser, maintenant, notre vie en conséquence, telle qu'elle peut convenir à des êtres de notre tempérament. Tu n'es pas le compagnon que j'aurais rêvé, je suis encore moins, peut-être, la femme qu'il t'aurait fallu[3]...

Sur ces derniers points, du moins, on peut lui donner tort. Quel autre mari que Philippe aurait supporté — et encouragé — les vagabondages de son épouse ? Puisqu'il lui demande son avis sur leur prochaine demeure conjugale, elle lui décrit son idéal, plus pragmatique que romantique : deux maisons séparées, avec un jardin. « Quelle sage conception pour des tempéraments indépendants et combien elle donne de charme à la vie commune qui devient une source de joie, de plaisir, d'aide mutuelle, un repos et un réconfort de tous les instants en dépouillant ce que la présence continue et forcée l'un près de l'autre emprunte du bagne et de la chaîne[4]. » Cet arrangement est peu commun. En d'autres termes, elle ne refuserait pas une garçonnière rien que pour elle.

Avancer d'un pas pour reculer d'un bond, chacun pour soi et ne se rencontrer que si on le souhaite réellement : le modèle parental n'est pas pour rien dans les réticences d'Alexandra :

> Mon ami, si tu savais la terreur que j'ai d'une existence comme celle de mes parents : deux statues qui sont restées plus de cinquante ans en face l'une de l'autre aussi étrangères maintenant que le premier jour de leur rencontre, toujours fermées l'une à l'autre, sans aucun lien d'esprit et de cœur[5].

Le 24 octobre, jour de son anniversaire, elle s'aperçoit que ses parents ont oublié de le lui souhaiter. Dans son état dépressif, elle en déduit qu'ils ont tout à fait oublié leur fille encombrante qui n'a jamais rien voulu faire comme les autres : « Triste, triste tout cela, mon ami ; pas gaie ma fête, jamais gaie, du reste, aussi loin que je remonte dans le passé, quel vide autour de moi[6] ! » Pour se sortir de ces sentiments pesants, elle songe à écrire un livre de vulgarisation sur la philosophie hindoue.

Des nouvelles finissent par arriver de sa famille. En guise de vœux d'anniversaire, elle apprend que

Louis David est mourant et elle doit revenir en urgence à Bruxelles. Elle assiste aux derniers moments de son père dans une atmosphère de profonde tristesse qui achève de détraquer son état nerveux. « Tout le passé triste revit pour moi entre les meubles familiers témoins de ma misérable jeunesse et l'avenir que je vois trop semblable au passé, apportant la même contrainte, la même désolation, me navre d'autant plus[7]. » Elle fait le bilan de sa vie : il est désespéré. Elle regrette d'avoir été faible au moment de faire des choix importants, définitifs, elle croit qu'il est désormais trop tard pour s'épanouir :

> L'avenir pour moi, c'est l'affreux regret de ma vie émiettée gâchée par des chemins qui n'étaient pas ceux de mon désir, de mon libre choix[8]...

Louis David meurt le 20 décembre, à l'âge de quatre-vingt-neuf ans. Il est enterré à Uccle. Alexandra va s'installer chez Élisée Reclus, ne pouvant supporter sa mère, plus aigrie et méchante que jamais, avec ses soixante-douze ans si lourds à porter. Quand elle retourne à Tunis, elle mesure le soulagement de changer de cieux, de troquer le triste soleil froid contre les rayons ardents du Maghreb. Elle s'installe pour de bon dans la belle villa de Philippe : elle y trouve son piano, un salon confortable décoré dans un mélange de styles arabe et occidental, un jardin ombragé de palmiers. Ils aiment recevoir, les dîners sont fréquents, animés. La vie conjugale, qui n'a jamais été évidente pour Alexandra, va tourner au vinaigre quand elle trouvera des lettres et des photographies d'anciennes maîtresses dans un tiroir du bureau de Philippe, alors qu'il lui avait juré s'en être débarrassé. Il semblerait d'ailleurs que l'une d'elles soit toujours présente dans la vie de son mari. La crise de jalousie est épouvantable. Elle se prolongera dans des lettres écrites bien des années après. Plus que tout, cette partisane farouche de l'honnêteté qu'est Alexandra reproche à son mari de lui avoir menti. Philippe promet une nouvelle fois de se débarrasser de ces preuves de son passé amoureux. Mais la confiance est rompue, et les efforts pour vivre à deux exigent d'elle des efforts surhumains.

Sociable mais solitaire, elle n'a ni amis proches ni famille auprès de qui s'épancher, à supposer qu'elle soit de nature à s'épancher. De retour à Bruxelles en août 1905, elle constate que ses liens avec sa mère sont plus distendus que jamais, alors que la mort de Louis aurait pu les rapprocher :

Je lui suis plus étrangère que jamais et de mon côté je sens que le peu d'attachement que j'avais pu conserver pour elle s'est éteint devant son indifférence méchante. Tout en moi lui déplaît, comme tout lui déplaisait en mon père. Je lui ressemble tant[9] !

Elle fait savoir à Philippe que la maternité n'a jamais arrangé d'union mal assortie. Qu'il en soit assuré, ils n'auront jamais d'enfants :

Mon pauvre très cher, croyez bien qu'il y a beaucoup de sagesse, beaucoup de prévoyance dans ma volonté de n'être pas mère[10].

Elle prend comme prétexte qu'un enfant se retrouverait au centre de sa vie et qu'elle reporterait sur lui tout ce qu'elle n'a pas vécu. Tous ces voyages, toutes ces aventures dont elle a nourri son imagination, qu'elle s'était promis de vivre un jour... Pauvre Philippe, qui espérait une vie tranquille comme il en a toujours connu — mais elle l'avait bien prévenu.

Élisée Reclus disparaît à son tour en août 1905. Alexandra apaise son chagrin en écrivant un grand nombre d'articles pointus, comme « De l'origine des mythes et de leurs influences sur les institutions sociales » dans la revue belge *L'Idée libre*, en 1901, en donnant des conférences variées dans les grandes villes d'Europe sur le bouddhisme, le yoga, le sionisme en Palestine, le féminisme... Elle fait relier certains textes en plaquette, comme ce très sérieux *De l'importance des influences ambiantes au point de vue philosophique* pour la Société d'ethnographie. Elle écrit aussi bien sur les philosophies japonaises que chinoises et signe de son nom de jeune fille, Alexandra David.

En 1906, elle séjourne chez une amie à Londres pour perfectionner son anglais, indispensable si elle veut écrire les ouvrages de vulgarisation orientalistes qu'elle a toujours en tête. Ce projet lui redonne une lueur d'espoir, un but enfin tangible. Philippe doit le sentir ; alors qu'ils parlent toujours, dans leur correspondance, des difficultés de leur mariage, il prononce la phrase tant attendue :

Veux-tu essayer de quelque lointain voyage ?

Son ciel s'éclaircit tout à fait :

Te doutais-tu en écrivant cela que tu écrivais la phrase la plus propre à me toucher parce qu'il me semble qu'il y a de ta part une intention tout spécialement bienveillante de m'offrir celles des choses du monde qui me tient le plus à cœur[11].

Elle accepte… mais pas pour le moment, des engagements importants l'attendent, sans compter un reste de lassitude morale dont elle veut d'abord se débarrasser.

Exaspérée par l'apathie de son hôtesse, elle quitte l'Angleterre, séjourne à Salève, puis en Suisse, à Genève et à Montreux, où le grand air et, surtout, le retour à la solitude la réconcilient un peu avec elle-même. Grâce à ce regain d'énergie, elle travaille à un livret d'opéra, à des nouvelles. Elle participe à un congrès féministe en Italie, dont l'amateurisme l'agace. Elle y aurait rencontré un jeune militant nommé Mussolini. Pas pressée de rentrer, elle se promène en Italie, visite la Sicile puis Malte, sans ressentir de coup de foudre particulier pour ces pays trop hédonistes. Elle retrouve la Méditerranée comme une vision familière, celle de la route qui la ramène chez elle, à Tunis.

En 1907 paraît son article « Le mariage, profession pour les femmes » dans le magazine *La Société nouvelle*. Qu'elle soit elle-même mariée ne l'empêche pas de dresser un constat cynique, lucide, du mariage qu'elle tient comme le seul moyen offert aux femmes de gagner leur pain. Pour que les femmes accèdent enfin à la liberté de mener leur vie comme elles l'entendent, un seul moyen existe : qu'elles deviennent financièrement indépendantes.

Fascinée par la majesté aride des dunes, Alexandra retourne dès qu'elle peut dans le désert tunisien d'où elle ramène une nouvelle, « Devant la face d'Allah », pour *Le Soir*. Elle travaille sans relâche, en plus des innombrables lettres qu'elle écrit, dans un même style brillant et énergique. L'épistolière est aussi douée pour s'autoanalyser que pour décrire ce qui l'entoure. Pendant sept ans, elle courra ainsi d'un endroit à l'autre, incapable de rester femme au foyer, au grand dam de Philippe. Les relations des deux époux sont souvent tendues. Leur affection mutuelle est profonde, mais Alexandra a des réactions et des mots parfois très durs. La jalousie et la possession sont deux poisons dénoncés par le bouddhisme... Des sources de souffrance dont il faut se débarrasser pour espérer atteindre l'Éveil.

L'Éveil, la paix, rien de plus difficile à atteindre... Plutôt que de chercher refuge auprès des épicuriens ou des philosophes plus proches dans le temps, Alexandra reste en compagnie de sages parfois obscurs. Elle écrit des études complémentaires sur deux philosophes chinois qui rejoignent sa pensée : bien que peu de données biographiques nous soient parvenues, on peut situer Meh-ti et Yang-tchou au Ve siècle avant J.-C. Vieilles de vingt-cinq siècles, ces sagesses pratiques sont, chacune à leur manière, proches de ses convictions. Elle les juge parfaitement adaptées à notre époque et en propose une traduction de fragments tirés d'une édition du XVIIIe siècle.

Leur différence de langage fait presque oublier leur but commun : le bonheur de chacun.

« Le philosophe Meh-ti et l'idée de solidarité » (1907), repris sous le titre « Mo Tse, l'amour universel » dans le recueil *En Chine* en 1970, évoque l'amour universel. Un amour à entendre par une forme de pragmatisme visant à vivre solidaires, non par un appel à la charité aveugle. L'entraide forme une société harmonieuse ; à l'époque, les sages avaient leur mot à dire quand le gouvernement leur semblait prendre de mauvaises directions. Peu importe que la main se tende de bon cœur ou non... Une formule résume la doctrine de Meh-ti, et on peut comprendre pourquoi Alexandra a pu s'y reconnaître :

> Agissez envers votre prochain *comme* si vous l'aimiez. Faites cela pour votre mutuel avantage[12].

« Yang-tchou, l'individualisme intégral » est l'antithèse du précédent. « Je serais tentée d'appliquer à Yang-tchou la dénomination d'anarchiste[13] », prévient-elle :

> Nul n'éprouva avec plus d'intensité que lui, l'horreur de la contrainte, des mœurs factices, des codes imposant aux individus une attitude en contradiction flagrante avec les injonctions impératives de la nature en eux. Pas de commandement ! Vis ta vie ! Vis ton instinct ! Laisse ton organisme s'épanouir et évoluer selon la loi intime de ses éléments constitutifs. Sois toi-même ! Tel est le langage de Yang-tchou[14].

De quoi effrayer ses premiers traducteurs occidentaux, même s'il l'affirme avec simplicité. Pour lui, étant donné qu'il n'y a probablement rien après la mort, il faut vivre sa vie présente, intensément, en accord avec sa nature et non avec les principes étroits des moralistes. Il est en cela proche de deux autres maîtres d'Alexandra : Épicure et Max Stirner. Égoïsme, oui, mais nécessaire à l'expansion de la liberté individuelle. Et l'homme qui s'épanouit ainsi contribue à une société plus juste et plus équilibrée. « [...] une telle leçon de virile et intelligente énergie sera plus que jamais, sans doute, utile et bienfaisante[15] ».

Sa boulimie de travail n'empêche pas de nouvelles attaques de neurasthénie. Alexandra ne se sent plus à sa place. Elle devient insomniaque et hypersensible. Elle écrit de Paris le 30 octobre 1907 :

> Toute cause, même de plaisir, retentit en moi, comme une douleur. Je ne peux plus jouir de rien, je souffre de tout. [...] Vivre ! Je n'ai eu que ce mot-là aux lèvres, que ce désir dans le cœur et les jours ont passé et les heures ont coulé, si rapides, si vides, si gaspillées, et les minutes continuent à s'égrener plus précipitées encore... à quoi faire[16] ?

Comme l'exercice en plein air l'apaise, elle part pour une courte escapade dans les Alpes. En 1908, elle voyage avec Philippe : Vichy, le Mont-Saint-Michel, jusqu'à Jersey où elle rencontre sa belle-famille. Puis ils se séparent à nouveau : lui rentre à Tunis pendant qu'elle cherche à Paris un éditeur pour publier son étude sur Yang-tchou.

Le bouddhisme pour tous

Demeurer plus de trois mois en un seul endroit est un supplice pour Alexandra. Elle a besoin de changer d'air, besoin qui va en s'intensifiant :

> La passion des voyages, l'espèce d'obligation religieuse qu'ils constituent pour moi, me pousseraient à saisir la plus minime occasion d'aventure exotique[1].

En l'occurrence, l'aventure se trouve au Royaume-Uni, où elle retourne en 1910. Elle donne des conférences à la London Buddhist Society, puis en Écosse, à Édimbourg, dont elle supporte mal le climat humide. Le bouddhisme est l'une de ses seules consolations aux heures où un grand vide noir l'envahit. Comme il n'existe pas d'ouvrage de vulgarisation sur le sujet, elle en écrit un, *Le Modernisme bouddhiste et le Bouddhisme du Bouddha*, aujourd'hui connu sous le titre *Le Bouddhisme du Bouddha*. Elle a compris que si elle tenait à devenir une orientaliste reconnue sans passer par l'université, elle devait trouver un créneau inédit, combler un manque. Bien que les sagesses orientales commencent à être en vogue en France, celui qui veut s'initier au bouddhisme risque de se perdre parmi les ouvrages pointus des bibliothèques spécialisées. Ou, comme dans la France d'aujourd'hui, mal comprendre une pensée trop vite réduite à quelques clichés, à un Bouddha souriant béatement devant des bâtons d'encens.

Les innombrables heures de recherches, de lectures et de discussions avec son ancien professeur Sylvain Lévi ont donné à Alexandra une solide connaissance du bouddhisme. C'est une synthèse accessible à tous qu'elle a en tête en commençant la rédaction de son livre en 1911. Son constat de l'ignorance de ses contemporains vis-à-vis du sujet est aussi comique qu'édifiant :

> Si la guerre russo-japonaise nous a forcés, par l'évidence brutale, à reconnaître que les Jaunes ne sont pas absolument les ridicules magots d'étagère que nous nous étions imaginés jusque-là, d'un autre côté, nous demeurons aussi irréductibles que par le passé, dans nos fausses conceptions touchant les théories religieuses ou les doctrines philosophiques de l'Inde et de l'Extrême-Orient. Tout cela, pensons-nous, est nul ou absurde : les Hindous adorent les vaches, les Chinois font tinter des clochettes et brûlent des bâtons odoriférants devant des idoles ventrues, les Thibétains tournent les manivelles des moulins à prières[2].

Alors, pourquoi se pencher sur ces soi-disant simagrées exotiques ? Parce qu'elle est persuadée que cette pensée peut non seulement intéresser ses contemporains, mais aussi les éclairer et les mener au progrès.

Sagesse, philosophie, religion : le bouddhisme est à la fois un peu et rien de tout cela. Il échappe aux définitions mais pas à la belle histoire des commencements. La légende remonte à 563 avant J.-C., au nord de l'Inde, dans la petite ville de Kapilavasthu. La princesse Mayâ donna naissance sous un arbre à un garçon qui sortit de son flanc, Siddharta Gautama. La princesse mourut huit jours après, et le garçon fut élevé par la sœur de celle-ci, Mahâpajâpati. Il grandit dans l'opulence, entouré de tous les plaisirs, ignorant des misères qui se trouvaient cachées derrière les hauts murs de son palais. Son père, le puissant Suddhodana, fit en sorte qu'il vécût comme son rang l'exigeait. Mais au fond de lui, Siddharta n'était pas heureux ; il pressentait le néant derrière ces apparences de richesse. Adulte, il conquit sa future épouse lors d'un concours d'archerie. Il aimait sa femme et leur fils, Râhula, mais il n'arrivait toujours pas à trouver l'épanouissement.

Il s'échappa un jour du palais et vit de ses yeux les malheurs dont il avait toujours été préservé. Bouleversé, il découvrit qu'il est impossible d'échapper à la souffrance. La maladie, la disparition de nos proches, notre propre mort sont les seules certitudes de l'existence. Comment, dès lors, trouver la paix ? À vingt-neuf ans, Siddharta résolut de quitter sa cage dorée. Il jeta un dernier regard à sa femme et à son fils endormi et s'enfuit vêtu en mendiant pour trouver la solution qui mettrait fin à la souffrance des hommes.

Il apprit auprès des maîtres religieux, qui échouaient sous toute leur belle rhétorique à lui montrer ce qu'il cherchait. Il entra dans une sévère ascèse ; le jeûne le mena à la syncope, aux portes de la mort. Siddharta comprit que la mortification corporelle n'aidait en rien l'esprit à s'agrandir, au contraire, et que la tempérance prévalait ; c'est la voie du milieu, qui bannit tout excès. Il se retira donc au pied de l'arbre de la Bôhdi et entra dans une méditation de plus en plus profonde. C'est là que Siddharta atteint l'Éveil, le nirvana, la compréhension ultime de toutes choses. À trente-cinq ans, il devint le Bouddha, qui signifie « l'Éveillé ». Il se mit en route pour prêcher aux autres son savoir.

Sa première leçon eut lieu près de Bénarès, dans le parc des Gazelles, où il retrouva ses anciens disciples. Il leur révéla les Quatre Vérités, qui sont la base de la pensée bouddhiste. La Première Vérité, c'est que la vie est faite de souffrance. Il est impossible d'échapper à la douleur, quelle qu'elle soit. Nous sommes tous soumis à la maladie, la solitude, la peur, la colère, la déception, la mort, sans exception. Le savoir, ce n'est pas être pessimiste : c'est être lucide, et donc déjà sur la voie.

Deuxième Vérité : la cause de la souffrance se trouve dans le désir. Vouloir quelque chose et échouer à l'obtenir rend malheureux, déçu, frustré. L'obtenir ne garantit pas non plus le bonheur : on finit par s'y habituer, on désire autre chose, et cela sans fin. Au lieu de lutter en permanence pour obtenir toujours plus, il faut apprendre à désirer de moins en moins, et à faire la différence entre ce que nous voulons et ce dont nous avons réellement besoin.

Troisième Vérité : on peut mettre fin à la souffrance et atteindre le bonheur. Cette Vérité rassurante enseigne que lorsqu'on se débarrasse de ses désirs parasites, que l'on se contente de ce que l'on possède et de ce que la vie nous offre, en endurant patiemment les problèmes quotidiens sans peur ni colère, alors nous devenons libres et heureux. Nous pouvons nous dédier aux autres et à leur bien-être. Cet état de grâce mène au nirvana. Cette notion de nirvana échappe à la définition : loin de la transe extatique véhiculée par les hippies, elle désigne avant tout une libération individuelle et totale de l'esprit.

Quatrième Vérité : « C'est ce noble sentier à huit embranchements qui s'appellent : croyances droites, volonté droite, parole droite, action droite, moyens d'existence droits, efforts droits, attention droite, médiation droite[3]. » Un bouddhiste doit pratiquer ces huit sentiers qui couvrent tous les aspects de la vie, pour mettre fin à la souffrance.

Pendant quarante-cinq ans, le Bouddha voyagea dans tout le nord de l'Inde pour diffuser sa parole, le Dharma (la Loi). Sa bonté, sa compassion et sa patience lui attirèrent une large audience. Sa parole n'a jamais cherché à s'imposer par la force ni par la violence et, comparé à l'hindouisme des puissants brahmanes, le bouddhisme peut être vu comme un refuge pour les faibles, les pauvres et les intouchables. Le Bouddha ne reconnaissait d'ailleurs pas les castes qui organisaient si injustement la société de son pays. On oubliait que le Bouddha était lui-même issu d'une famille noble. À l'âge de quatre-vingt-un ans, épuisé, il s'allongea pour ne plus se relever. Il donna encore quelques audiences, entra en méditation et disparut — sans se réincarner puisqu'il avait atteint la fin du samsara. Ses disciples, de plus en plus nombreux, se chargèrent de répéter son enseignement oralement. Il faudra attendre longtemps pour qu'il soit consigné par écrit : la mémoire était alors considérée plus fiable et moins fragile qu'un livre.

Selon la tradition, le Bouddha est né, a atteint l'Éveil et s'est éteint la nuit de pleine lune de Vesakha, le second mois de l'an indien qui correspond à la période d'avril à mai du calendrier occidental. C'est le seul jour de l'année que les bouddhistes du monde entier célèbrent.

Le Bouddha n'est donc pas un dieu. Le bouddhisme n'explique pas la création du monde, il ne s'appuie pas sur une révélation surnaturelle. Il n'exige ni rite ni adoration de sa figure tutélaire, même si les temples, les statues et les offrandes existent, où il est plus question de montrer son respect pour le fondateur du bouddhisme que de rendre un culte à sa personnalité. Le sourire de la statue invite à se montrer bienveillant envers autrui ; l'encens encourage la vertu ; la flamme rappelle la lumière de la connaissance et les fleurs, qui finissent par faner, l'impermanence. La méditation remplace la prière. C'est une pensée à mettre en application dans sa vie quotidienne, pragmatique et poétique, qui vise à mieux se connaître soi-même.

Alexandra a toujours eu en horreur l'attitude passive de ses compatriotes qui s'en remettent à Dieu ; elle n'a pas manqué de le répéter dans ses diatribes contre les bigots. Elle a trouvé dans le bouddhisme la confirmation de ce qu'elle a toujours pensé : nous sommes seuls responsables de nos actes, aucune loi divine n'y prédispose.

> Le Salut spirituel, moral, social, est œuvre personnelle, [...] il n'est point de sauveurs, en aucun domaine, [...] l'homme est seul en face de la douleur [...] que, par ses seules forces, il doit et il peut la vaincre[4].

Le bouddhisme s'appuie, en revanche, sur la réincarnation. L'esprit ne peut connaître le repos car il est condamné à un cycle permanent de renaissances : le samsara. Tous nos actes (karma), bons comme mauvais, auront une conséquence sur notre vie future. Un homme qui a vécu dans le péché a de fortes chances de renaître dans le corps d'un animal ou d'un homme de basse caste. Un autre qui a vécu dans la vertu peut renaître dans une caste supérieure. Mais pour mettre fin au cycle, il n'y a qu'un moyen : l'Éveil. Le Bouddha n'est pas le seul à y être parvenu, de nombreux disciples ont fini par le connaître à leur tour.

Qu'Alexandra soit une bouddhiste sincère — la première de Paris, avait-elle coutume de dire — ne fait aucun doute. Même si certains traits de son caractère sont *a priori* en contradiction avec les principes du bouddhisme : monstre d'orgueil et d'égoïsme, impatiente avec ceux qu'elle jugeait intellectuellement inférieurs à elle, incapable d'aimer son prochain, préférant le savoir au sentiment... Sa bonté est réelle, il faut juste la débusquer derrière sa brusque franchise ! Le côté misogyne du bouddhisme originel ne l'a pas non plus heurtée, aussi féministe soit-elle. Le Bouddha tenait les femmes pour des créatures dangereuses et a refusé que sa propre tante, qui l'a pourtant élevé avec amour, rejoigne le Sangha, la communauté de ses disciples. Il faudra l'intervention de son plus fidèle suiveur, Ananda, pour qu'elle ait le droit de les accompagner. Sa femme et son fils, qu'il avait retrouvés après l'Éveil comme il le souhaitait, embrassèrent ensuite la vie religieuse. Les nonnes bouddhistes forment toujours un ordre minoritaire par rapport aux moines.

Le bouddhisme est une religion sur mesure pour Alexandra :

> [Le bouddhisme] ne donne point d'aliment à la sentimentalité, à la religiosité, il ne parle pas au cœur, suivant le sens ordinaire de ce terme. Il ne veut pas de nos émotions, de nos effusions, il les décourage, les écarte comme des faiblesses nuisibles et vaines. Son enseignement ne s'adresse qu'à la raison, ses pratiques pieuses sont l'étude et la méditation et son Salut est affaire strictement intellectuelle. [...] les théories bouddhistes suppriment précisément tout ce qui constitue la vie et l'attrait des religions populaires : le décor, la mise en scène et le côté sentimental[5].

Le salut par la connaissance ; la tempérance en toute chose ; ne compter ni sur les hommes ni sur les dieux ; n'espérer aucun paradis après la mort, « l'acceptation fière de notre solitude dans la lutte contre l'universelle douleur[6] ». Puisqu'il fait partie de sa nature profonde, Alexandra suivra sans mal ce code moral ainsi que certaines conditions comme fuir la débauche et l'alcool. Elle sera végétarienne bien que le bouddhisme n'interdise pas formellement de manger de la viande : seule la droiture du comportement est importante. Elle méditera chaque jour. Et suivra à la lettre ce conseil du Dhammapada : « Soyez à vous-même votre propre flambeau et votre propre refuge. Ne vous confiez à aucun refuge en dehors de vous. Attachez-vous fortement à la vérité. Qu'elle soit votre flambeau et votre refuge[7]... »

Son livre montre l'étendue considérable de ses connaissances sur le bouddhisme, alors qu'elle a passé relativement peu de temps en Asie. Son projet de départ, une synthèse, s'est élargi en une étude détaillée, parfois trop. Elle cite de très longs extraits de textes anciens qui paraphrasent son propos. Enfin, elle conclut son ouvrage par les problèmes qui se posent dans le bouddhisme de son temps, et par une collection de belles maximes tirées des textes bouddhistes.

Conséquence d'un tel travail, le souvenir de l'Inde se fait plus vif. L'appel de l'Orient la reprend, presque vingt ans après son premier séjour. Cela devient une idée fixe : retourner en Inde, étudier le bouddhisme à sa source. Ses relations avec Philippe sont plus tendues que jamais, leur vie commune est devenue impossible, bien qu'il la connaisse parfaitement et qu'il la traite mieux qu'un mari ordinaire. Il lui réitère alors sa proposition de lui offrir un long voyage. Il espère qu'à son retour elle se pliera enfin à un mode de vie plus traditionnel. Elle accepte.

L'Inde, pour ne plus en revenir

9 août 1911 : Alexandra embarque à bord d'un vapeur à Bizerte, au nord de la Tunisie. Philippe l'accompagne jusqu'au quai. Elle est subventionnée pour dix-huit mois et pense le retrouver dans un an à peu près. Ils ne se reverront pas avant quatorze ans. Accoudée sur le pont, elle regarde son mari devenir un point à l'horizon. Puis elle entre dans sa cabine… et s'évanouit. Elle se réveille le lendemain avec l'impression de naviguer dans un autre monde. Le bateau est d'une saleté repoussante, la croisière sera longue et pénible, mais qu'importe, elle navigue vers Ceylan.

Juste avant de partir, elle a détruit un grand nombre de papiers et d'effets personnels, à la grande surprise de Philippe qui se demandait ce qu'elle pouvait bien avoir à cacher. La raison, elle la lui avouera plus tard : elle tenait à se débarrasser des vestiges de son passé, à l'aube d'une nouvelle vie qu'elle aborde sans attaches ni regard en arrière. « C'était l'équivalent du symbolique drap mortuaire que l'on étend, dans les couvents catholiques, sur le novice qui embrasse la vie religieuse[1]. » À quarante-trois ans, c'est une renaissance…

Alexandra écrit à son mari dès le lendemain de leur séparation. Ses lettres constitueront un journal de voyage irremplaçable, elles fourniront la matière à ses livres futurs et permettront de la suivre au plus près dans ses multiples déplacements. Elle écrit très régulièrement, dans toutes les conditions, et l'on peut s'émerveiller que ces lettres soient presque toutes parvenues à leur destinataire, malgré les distances, les guerres et la rareté des bureaux de poste dans certaines régions.

C'est une initiée qui revient à Ceylan. Cette fois, elle prend son temps pour visiter des temples et s'initier au pâli chez les théosophes. Elle est là pour renouveler son bagage d'orientaliste, en ramener des ouvrages vivants. Elle en a trop vu, de ces comptes rendus secs de spécialistes confinés dans leurs bibliothèques occidentales. Même le succès d'Henri Bergson l'irrite :

> Ce qu'il dit est pourtant bien pâle, bien nuageux et, excuse ma témérité, je crois avoir beaucoup plus et beaucoup mieux à dire que lui. Pour cela il faut de l'énergie, du travail, une documentation qui ne laisse pas de prise à la critique. Il faut que, lorsque je serai critiquée par des savants de cabinet, le public puisse penser : oui, ces gens-là sont d'éminents érudits, mais elle, a vécu parmi les choses dont elle parle, elle les a touchées et vues vivre[2] !

Au bout de trois mois aussi apaisants qu'enrichissants, elle repart pour l'Inde, dans un vapeur plus confortable que la coquille de noix d'autrefois.

Elle arrive à Tuticorin en pleine mousson et s'aperçoit vite que le pays a changé en vingt ans. Elle aussi.

À Madurai, elle assiste à une procession où une vingtaine d'hommes presque nus, couverts de cendres, portent un palanquin, éclairés par des torches, suivis de mugissements de trompettes. La procession est aussi terrifiante que les messes catholiques sont calmes. L'envoûtement s'empare à nouveau d'Alexandra. « Ah ! comment décrire cette vision, le frisson qu'elle vous fait courir par les moelles ! [...] À de longues années d'intervalle, je retrouve la même impression accrue en intensité[3]. » Elle reste un temps auprès de Dravidiens qui l'aident à approfondir sa connaissance de l'hindouisme. Ils vénèrent Trimurti, Vishnou et Shiva, le bouddhisme étant depuis longtemps devenu minoritaire dans son pays d'origine.

Les torrents incessants de pluie transforment les rues en ruisseaux de boue. Alors qu'elle a horreur de la chaleur, Alexandra regrette presque le soleil écrasant de ses souvenirs.

De Trichinopoly, qui lui ferait plutôt songer à la Bretagne, elle clame :

Où est mon Inde d'antan, ardente, calcinée, avec son ciel vert terrible et ses routes où la poussière tourbillonnait en poudre d'or dans les brefs et rougeoyants crépuscules[4] !

Même les dieux n'ont plus si fière allure sous la lumière grise des nuages bas. « L'Orient sans soleil n'est qu'un monceau d'immondices[5] », lâche-t-elle tout bonnement.

En novembre 1911, elle retourne à Adyar, dans les quartiers de la Société théosophique. Elle loge dans « une grande villa qui me rappelle les Trianons avec ses colonnades à la Louis XVI. Dedans aussi, c'est Versailles : des chambres blanches, en rotonde, boiseries blanches, portes vitrées à petits carreaux[6]. » Elle a l'électricité, une salle de bains, du mobilier confortable à l'exception d'un lit sommaire. Elle le prend avec philosophie, habituée à dormir à la dure depuis l'adolescence. Et puis, c'est le même lit que celui des sages d'ici...

L'endroit est fréquenté par quelques savants, professeurs ou simples amateurs venus de loin, comme elle : « D'autres visiteurs, moins doctes mais charmants, apparaissaient parfois, tels des oiseaux de passage arrivant de divers coins du monde, s'attardaient pendant quelques jours, ou pendant quelques semaines, dans notre oasis et leurs bavardages variés et bigarrés illustraient de façon intéressante la prodigieuse fertilité de l'esprit humain en matière de contes bleus et de programmes d'aventures spirituelles[7]. »

Elle prend le train pour Pondichéry, « une ville morte qui a été "quelque chose" et s'en souvient, roidie dans sa dignité, propre, irréprochable, cachant sous des badigeons impeccables les lézardes des vieilles murailles[8]. » Elle y rencontre Sri Aurobindo Gosh, un ancien activiste qui a milité pour l'indépendance de l'Inde, devenu chef spirituel. Les autorités britanniques le suspectent de poursuivre ses activités antigouvernementales, et comme Alexandra a elle-même un passé de « contestataire », les Britanniques la soupçonnent d'être une espionne française. Les officiels de Madras la tiennent à l'œil, ce qui ne semble pas la gêner dans ses mouvements. Elle est enchantée de sa rencontre avec le philosophe, qu'elle perçoit comme un mystique raisonnable, comparé aux mystiques factices ou fous qu'elle a pu croiser. Gosh « pense avec tant de netteté, il y a une telle lucidité dans son raisonnement, un tel rayonnement dans son regard qu'il vous laisse l'impression d'avoir contemplé le génie de l'Inde tel qu'on le rêve après la lecture des plus hautes pages de la philosophie hindoue[9] ».

En matière de rayonnement, Alexandra peut se targuer d'en imposer à tous ses interlocuteurs. Une femme blanche, voyageant seule, refusant les courbettes et lisant le sanscrit dans le texte a de quoi étonner en Inde. Partout, elle est prise en considération par les hindous, surtout par la majorité anglophone. Elle connaît un moyen imparable d'amorcer la conversation avec ses voisins de compartiment dans les trains : sortir la *Bhagavad-Gita* de son sac. Elle tombe souvent sur des brahmanes qui lui font rencontrer des philosophes ou des gens lettrés, toujours disposés à discuter avec elle. Assis par terre en tailleur, dans les parfums de l'encens et du jasmin, ils parlent longuement des *Veda*. Alexandra pose des questions précises, elle surprend ses interlocuteurs par son vocabulaire pointu. Mis en confiance, ils lui révèlent certains rites secrets ayant trait au yoga ou au tantrisme. Sa réputation commence à circuler parmi les religieux hindous ; des adorateurs de Vishnou l'invitent à se joindre à eux pour devenir yogi. Ce qui impliquerait de méditer nue sous un arbre pour atteindre l'illumination... Elle décline poliment leur proposition en réprimant un fou rire. L'invitation ne manque pas de l'honorer cependant :

> S'ils jugent que je suis apte à recevoir des propositions du genre de celle que je viens de te narrer et qu'ils peuvent s'adresser à moi comme à une personne capable, non seulement de les entendre, mais de devenir un prédicateur autorisé de la doctrine védantiste, cela prouve que j'ai saisi l'esprit, réellement difficile à comprendre en sa subtilité, de cette doctrine[10].

Ces sources inestimables, elle les collecte et les retranscrit pour une future étude sur le Védanta, tout en continuant de visiter les environs. Consciente d'évoluer dans un univers éloigné du monde ordinaire, elle est gagnée par un mélange de béatitude et d'indifférence aux choses terrestres. Sa place est ici. Elle fait des progrès en langues orientales, mais aussi en photographie. Elle se procure le premier des quelques appareils qu'elle emmènera partout avec elle, malgré leur taille encombrante ; elle ramènera ainsi un grand nombre d'images saisissantes de ses voyages.

Alexandra part ensuite pour Calcutta, où elle est logée dans la pension d'une Britannique. Le retour à la civilisation ne l'enchante pas. Il faut « luncher » avec les uns, prendre le thé avec les autres, soigner ses toilettes pour ne pas déparer parmi les élégantes *ladies*, soudain moins raffinées quand elles parlent avec dédain des *natives*, terme péjoratif désignant les hindous. Les Britanniques se posent en conquérants. Avec le brouillard, les épiceries anglaises qui bordent les rues, Alexandra se croit à Londres et s'ennuie ferme. Elle fourmille de projets :

Je voudrais publier d'abord un volume sur le Védanta, ainsi que c'était mon intention, puis une étude sur le yoguisme [*sic*]. Et je voudrais encore écrire quelque chose sur les leaders religieux de l'Inde contemporaine, Vivekananda et autres, enfin une étude sur les Brahmo réformistes. Je nage parmi tout cela à Calcutta[11].

Elle n'écrira aucun de ces livres mais son savoir protéiforme trouvera à s'épanouir dans d'autres textes.

Elle constate quotidiennement la dureté du système des castes, où les intouchables sont réduits au rang d'animaux. Alexandra déplore ce système discriminatoire et le fait savoir. Si l'Inde est dans la misère, c'est à cause de cette mentalité qui méconnaît l'humanité. Elle brandit le dharma comme moyen de contrer ce système ; les brahmanes manquent de compassion et de charité, vertus cardinales du bouddhisme. Elle peste contre les boys qui acceptent de nettoyer ses chaussures mais pas de balayer sa chambre, et contre les autres restrictions propres à chaque caste… Ce qui ne l'empêche pas de se passionner pour les aspects les plus cruels des croyances hindoues. Grâce à sir John Woodruffe, juge à la cour et hindouiste fervent, elle assiste à des rituels fermés aux profanes, regarde de tous ses yeux sans s'émouvoir des plus surprenants, voire révulsants :

> T'ai-je dit que j'avais été avec une amie française au temple célèbre de Kâli sur le Gange. Nous avons retroussé nos jupes jusqu'aux mollets et littéralement pataugé dans les mares de sang des sacrifices. Quel immonde charnier[12] !

Aux yeux d'un Occidental, la violence de l'Inde peut soit rebuter, soit confiner au sublime. Le culte de Kâli, femme de Shiva, dieu de la destruction — et de la création —, est aussi féroce que la déesse elle-même. Kâli est représentée grimaçante, un collier de têtes humaines autour du cou, tenant une tête tranchée d'une main et une épée de l'autre. Les dévots ont coutume de tuer des animaux pour asperger son effigie de sang. Une secte adoratrice de Kâli lui a sacrifié des hommes autrefois, en les étranglant ; les Britanniques ont combattu ces sacrifices dès 1848, mais il leur faudra un bon demi-siècle pour en venir à bout. Ce culte sanglant a attiré quelques Occidentaux, dont Carl Gustav Jung. Même si Alexandra préfère tout voir par elle-même, certaines pratiques lui resteront fermées, comme ce rite morbide du shaktisme, culte de Shakti, où le fidèle s'allonge sur un cadavre en attendant que des oracles sortent de sa bouche…

L'Inde, pays des dieux et des temples, a presque oublié le bouddhisme. Mais la complexité vertigineuse de l'hindouisme nourrit amplement les journées d'étude d'Alexandra. « Je ne suis pas allée dans l'Inde en touriste ; tout au long des nombreuses années que j'y ai passées je me suis cantonnée dans une unique recherche : l'étude des aspects profonds de la mentalité religieuse des Indiens[13]. »

Elle possède un don utile dans un pays si méfiant des étrangers, où les femmes n'ont pas une place enviable : savoir s'imposer sans froisser. Elle parvient, par son comportement mesuré, son sincère intérêt pour l'Inde et son hygiène de vie stricte, à s'attirer le respect des Indiens. Son statut revendiqué de bouddhiste la met d'ailleurs à l'écart des contraintes de castes. Son immersion est aussi facilitée par sa nationalité française, « neutre » dans un contexte politique parfois tendu. Elle-même tient à un minimum de confort occidental : son boy doit balayer son logis tous les jours, faire bouillir son eau, renoncer à ramener de la bouse de vache comme engrais ou remède. Elle ne se prive pas pour railler les faux gourous — une majorité — et les brahmanes imbus d'eux-mêmes. Mais jamais elle ne porte de jugement sur le peuple indien, jamais elle ne méprise plus humble qu'elle, nulle part. Enfin, elle ne tarde pas à porter la robe orange réservée aux religieux, qui lui garantit la tranquillité tout en lui donnant une assurance supplémentaire.

Mais la qualité la plus utile d'Alexandra dans ses voyages reste son culot, cet aplomb naturel qui lui permet d'accomplir de petits exploits pour une étrangère. Assister à des rites religieux secrets en fait partie. Certaines représentations l'étonnent par leur lubricité. Il existe des rites tantriques qui se concluent par une union sexuelle entre les couples mariés participants. Il arrive aussi que des charlatans en profitent pour abuser de cette pratique, sans viser l'extase religieuse... Fidèle à son rôle d'« orientaliste-reporter[14] », Alexandra a tenu à assister à ce rite, bien cachée, par trois fois, dont une au Népal. Sans se montrer ni choquée ni condescendante :

> J'aime trop l'Inde, grande en dépit de ses égarements, pour ne pas dresser en face de ceux-ci l'image des nôtres, bien propres à nous inspirer la réserve qui convient dans nos jugements[15].

Autres catégories à subir son regard impitoyable : les sadhous, bhikkhous (moines-mendiants) et sannyasins, qui rejettent le monde matériel, les structures sociales, jusqu'aux lois religieuses. Parmi ces « cinq millions de saints professionnels[16] », on lui apprend que « quatre-vingt-dix pour cent sont de véritables chenapans[17] ». Mystiques, illuminés, ascètes, vagabonds défilent sous ses yeux, vivant de mendicité et d'admiration béate. Certains se plient à des tortures corporelles pour approcher le pouvoir des dieux, voire surpasser ceux-ci. Près de Madras, on lui montre un sadhou qui passe son existence à méditer nu, assis en tailleur. À Bénarès, un autre reste debout, jour et nuit. Quand il disparaît soudain, Alexandra ironise : « Il sera allé se reposer en jouant ailleurs le sadhou qui demeure toujours assis. » Alexandra n'est jamais à court de plaisanteries, aussi irrespectueuses puissent-elles paraître. Son honnêteté fait qu'elle ne peut s'empêcher de pointer le ridicule là où elle le trouve. Et elle le trouvera souvent ! Emmenant une amie voir un fakir sur son lit de clous, elles arrivent sur un lieu vide. Comme le fakir ne se décide pas à revenir, Alexandra s'allonge elle-même sur les pointes acérées, sous les yeux horrifiés de son amie. S'intéresser de longue date aux yogis lui a appris quelques techniques secrètes. Passe alors un groupe de touristes, éberlués devant cette femme blanche en curieuse posture. Alexandra les salue en souriant, avant de se relever tranquillement.

Impitoyable pour les gourous, elle n'en reconnaît que peu de respectables, comme le charismatique Aurobindo Gosh qu'elle a rencontré à Pondichéry. « Mais si Shri Aurobindo est devenu le plus grand des gourous indiens du type intellectuel, admiré et vénéré par l'élite de ses compatriotes, il n'était alors qu'un homme politique combattant les Anglais et réfugié en territoire français[18]. »

Alors qu'elle est censée rentrer à Tunis, elle confie à son mari qu'elle a des impressions étranges, avec des voix qui résonnent dans sa tête. L'université sanscrite de Hardwar lui propose alors de venir y séjourner ; le principal mettra tous les professeurs à sa disposition. L'un d'eux viendra la voir quatre fois par semaine pour lui enseigner les livres philosophiques, *Vedanta* et *Upanishad*. Il n'est plus question de retour, ni d'hallucinations auditives.

Mon cher ami, ainsi que tu vois, la philosophie a, chez moi, décidément tout envahi. La maladie était menaçante depuis longtemps, aujourd'hui la contagion a fait son œuvre et les philosophiques microbes chantent leur définitive victoire[19].

Des propositions se mettent à affluer de toutes parts pour des séjours d'études. Ses lettres montrent l'attrait des propositions, elle aimerait connaître suffisamment le sanscrit pour être autonome dans ses recherches. Mais un mari l'attend en Occident, elle a beau dire, les liens perdurent. Avec un regret qui pointe entre les lignes, elle remercie encore Philippe de la laisser poursuivre son voyage. Elle serait si déçue de devoir l'interrompre maintenant, au moment où les portes s'ouvrent toutes grandes devant elle. Et puis, elle aimerait aller en Birmanie, et au Japon, autre terre bouddhiste... Ce qui impliquerait des mois supplémentaires d'absence. Philippe s'inquiète : ses études pourraient la tenir en Asie pour le restant de sa vie ! Elle l'assure songer encore à un hypothétique retour, sans pour autant pouvoir donner de date.

Mais il y a autre chose que la volonté de vouloir se défendre contre les spécialistes. Ces sommités ne manqueront pas de guetter au tournant cette effrontée qui se permet d'empiéter sur leurs terres, et qui se dit bouddhiste ! Il y a autre chose, un appel indéfinissable, une course à l'inconnu plus forte que n'importe quelle volonté. Alexandra le compare à l'appel religieux, à ce qui a poussé, il y a si longtemps, le prince Siddharta Gautama à quitter sa femme et son fils bien-aimés pour chercher la vérité de l'existence. La vérité, pour accéder à une paix que le monde matériel ne peut donner. Pour l'heure, elle passe ses journées à observer des fêtes hindoues et à remplir ses obligations sociales vis-à-vis de ses compatriotes. Deux mondes qui ne se rencontrent pas. Anglais et Indiens se méprisent mutuellement. Alexandra feint de ne pas entendre les épouses de fonctionnaires britanniques parler des Indiens comme s'il s'agissait d'animaux domestiques. Elle verra malheureusement monter la xénophobie au fur et à mesure de son séjour en Asie.

Pour échapper à la chaleur de Calcutta, elle décide de se rendre au Sikkim, une région autonome, montagneuse, au nord de l'Inde et à la frontière du Tibet. Elle est tentée de franchir cette frontière pour visiter le Tibet, alors fermé aux étrangers. La seule présence de brigands chinois rendrait l'aventure impossible. Quant à Lhassa, il n'y faut pas songer du tout : la plupart des Tibétains eux-mêmes n'y entreront jamais.

En Himalaya

Le chemin de fer Darjeeling-Himalaya promet un voyage panoramique qui compense la dureté des banquettes. Alexandra contemple pour la première fois les montagnes du Sikkim, et les cinq pics majestueux du Kanchenjunga, le plus haut sommet d'Inde avec ses 8 586 mètres d'altitude. Au-delà, les cimes du Tibet rappellent pourquoi ce pays est surnommé le « Toit du monde ». Elle poursuit sa route à dos de poney, sur une selle moyenâgeuse, le long des crêtes, des gorges et des plantations de thé. Les beautés du paysage accaparent son attention. La géographie change du tout au tout.

Plus rien de l'Inde, ni de la végétation, ni la saveur de l'air, ni la couleur dont s'enveloppent les choses. C'est Asie mongolique, Asie jaune. Ce serait identique, ou bien près, en Transbaïkalie, en Mandchourie. Même nature pleine de réticences, perpétuel voile, derrière lequel se devine, se presse autre chose que ce qui se laisse voir[1]...

À Kalimpong, elle loge dans un « dak », sorte de bungalow rudimentaire à la vue imprenable. Est présent un membre de la famille royale du Sikkim, fils du maharadjah Kumar : le prince héritier Sidkéong Tulkou. Le jeune homme avait entendu parler de cette orientaliste occidentale qui commençait à se tailler une petite réputation, et tenait à faire sa connaissance. La sympathie naît bientôt entre le prince de trente-trois ans qui a étudié à Oxford et l'étrangère de quarante-trois ans. Elle est séduite par son intelligence et sa belle apparence, il est impressionné par sa volonté et sa culture orientale. Ensemble, ils passent des heures à discuter de Milarepa, poète, magicien et yogi tibétain qui vécut entre 1040 et 1123. Pour débattre encore plus profondément du bouddhisme, le prince invite des lamas à se joindre à eux. Certains portent des bonnets jaunes, d'autres rouges. Alexandra connaît bien la différence. La secte des bonnets rouges a été créée à partir du tantrisme et de bön, la religion ancienne qui prévalait au Tibet avant l'introduction du bouddhisme au VIIIe siècle. Cette branche du lamaïsme permet à ses moines de se marier, contrairement aux règles des religieux bouddhistes. Choqué par ces entorses, un moine venu de Chine, Tsong Khapa (1357-1419), fonda en réaction la secte des geloug-pa, les « vertueux », aussi nommés bonnets jaunes. Il établit des règles plus sévères de discipline monastique, concentrées sur l'étude et la chasteté. C'est aujourd'hui la branche la plus importante du lamaïsme, celle à laquelle sont rattachés le panchen-lama et le dalaï-lama. Sidkéong, lui, est à la tête de la lignée Kagyü, secte bouddhique prédominante au Sikkim. Alexandra devient sa confidente, il lui offre des bijoux dont elle ne se séparera jamais, bien qu'elle n'attache aucune importance aux choses matérielles.

Alors qu'elle était à Darjeeling, Alexandra avait demandé une audience à Thubten Gyatso, le treizième dalaï-lama, qui gouverne le Tibet depuis 1895. C'est un politicien d'envergure, un bon stratège qui assure l'indépendance du Tibet face à des menaces étrangères de plus en plus fortes. Il a mis en place un certain nombre de réformes, à commencer par l'abolition de la peine de mort en 1898. Quand les Britanniques ont envoyé leurs soldats au Tibet en 1904, pour obtenir de force des accords commerciaux, le dalaï-lama s'est réfugié en Mongolie puis à Pékin, où il a réaffirmé l'indépendance du Tibet devant l'impératrice Cixi. Il est revenu à Lhassa en 1909, a vu son pays envahi par les Chinois l'année suivante et s'est enfui... en Inde britannique ! En 1911, la chute de la dynastie des Qing lui a permis de rompre les liens avec la Chine. Quand Alexandra lui demande audience en 1912, il est alors en exil temporaire à Kalimpong, sous la protection du gouvernement britannique. Contre toute attente — le dalaï-lama refuse par principe toute rencontre avec des femmes étrangères —, il accepte de recevoir Alexandra.

Le 15 avril, elle se prépare à l'audience. Elle a prévenu qu'elle ne s'agenouillerait pas devant le souverain comme le veut l'étiquette, tout « pape jaune[2] » qu'il soit ! Elle revêt sa robe de religieuse en guise d'avertissement supplémentaire : elle ne veut pas le rencontrer comme une touriste, mais comme une philosophe en quête d'éclaircissements. La rencontre est courtoise. Elle se passerait d'égal à égal si, sous son naturel gai, le lama n'était pas pénétré de sa propre importance, rendue toute relative par l'occupation chinoise de son pays. La rencontre dure trois quarts d'heure, dans une salle sans meubles, sous les yeux de serviteurs un rien crasseux. Le dalaï-lama est impressionné par la connaissance du bouddhisme d'Alexandra. Il lui propose de l'interroger à nouveau par écrit, il lui répondra alors plus longuement. Avant de partir, il lui donne un curieux conseil : apprendre le tibétain. Est-ce un encouragement implicite, une permission d'entrer à Lhassa, la capitale interdite aux étrangers ? C'est ce qu'elle en déduit...

Alexandra retrouve avec soulagement Sidkéong, qu'elle juge plus fin et plus intelligent que le dalaï-lama. Il faut dire que ses voyages en Europe ont donné au jeune homme un esprit plus ouvert que celui de ses compatriotes. Volontaire, il se montre aussi désireux qu'elle de réformer le bouddhisme dans son petit État, pour le débarrasser de ses superstitions et rétablir la doctrine originelle.

De son côté, notre « orientaliste-reporter » prend des photographies partout. Sa liberté de mouvements est cependant limitée : « Je n'irai pas au-delà de la frontière marquant la limite de la domination britannique, l'agent politique ne m'a pas absolument refusé la permission, mais il m'a dit qu'il ne tenait pas à me la donner et que, même, il devait réfléchir et ne pensait guère que sa décision puisse être affirmative[3]. » L'agent en question est sir Charles Bell, le représentant officiel britannique en Himalaya. Le bon sens, plus que l'interdiction dont elle aurait plutôt tendance à se moquer, lui dicte la prudence. Les combats sont fréquents entre Chinois et Tibétains dans ces régions.

Sidkéong l'invite dans sa capitale, Gangtok, avec son ami Kazi Dawasandup. Ensemble, ils partent à cheval pour un voyage de trois jours. La randonnée en elle-même, souvent périlleuse, enchante Alexandra. Elle est persuadée qu'elle vit là des jours exceptionnels vu son âge, et qu'elle n'aura plus jamais l'occasion de crapahuter ainsi, ballottée à dos de cheval, dormant dans des campements de fortune. Elle a tout de même un boy à son service, pas très efficace mais indispensable, et elle ne se déplace plus sans son tub, une baignoire portative dont elle se sert chaque matin à l'aube. Ils parviennent à Gangtok le 22 avril, au bout d'une route moins enchanteresse que celle du début, pleine de cailloux glissants et de sangsues. Elle a croisé un yack qui lui a rappelé les temps préhistoriques, traversé un orage qui a manqué de renverser son poney dans un ravin. Alexandra reste étonnée de son calme. « Où est ma nervosité d'antan ? Est-ce l'usure ou la sagesse qui rend mes nerfs si paisibles[4] ? » Une fois n'est pas coutume, elle accueille avec joie l'hospitalité d'une dame anglaise et son thé brûlant. La communauté britannique de Gangtok est bien plus sympathique que celles qu'elle a pu croiser jusque-là.

Le petit trio repart sans tarder vers le nord du Sikkim, et la randonnée prend des allures d'expédition de haute montagne :

Je pars après-demain, par la route du Tibet pour aller camper le premier jour à plus de trois mille mètres d'altitude, le second à quatre mille cinq cents mètres et le troisième un peu plus haut. J'emmène peu de porteurs et peu de bagages, on dit que la route est difficile par endroits[5].

Elle ne mange pas à sa faim, l'eau potable se fait rare, les nuits sont courtes et mauvaises, des accès de fièvre viennent parfois la surprendre le soir… et elle se retrouve à nouveau pleine d'énergie chaque matin. C'est une force de la nature que la rudesse croissante n'effraie pas. Elle passe la nuit dans une baraque de planches branlantes : un petit autel et des bâtons d'encens suffisent à la rendre accueillante, et à lui faire aimer l'environnement tout entier :

Des génies chuchotant entrent, portés sur un bout de nuage qui pénètre par la croisée, tout le monde étrange des légendes himalayennes vous entoure, il y a des couleurs singulières sur les montagnes, les arbres vêtus de draperies moussues font des gestes étrangers, on est au seuil de « quelque chose » et cela est attirant et vertigineux comme les abîmes bordant les sentiers que l'on suit. […] J'ai pas mal voyagé mais je n'ai rien vu de semblable aux paysages de ces hautes régions[6].

Les Himalayas entrent dans son âme profonde. Et ce n'est qu'un prélude au Tibet :

Je suis emportée par quelque chose… par quelque chose qui est fait de la force de mes désirs concentrés, accumulés pendant tant d'années. Je vis des heures que je sais ne jamais devoir revivre, des heures studieuses où l'étude est autre chose que la lecture de textes morts, où elle est chose vivante, prenante, grisante infiniment[7].

Comment revoir encore des villes, s'asseoir encore auprès des mortels affairés, agités, quand on a vécu, ici, ces heures éloquemment silencieuses[8]...

Elle se prépare à attaquer une dernière excursion à 5 000 mètres d'altitude, sans perdre de vue ses textes. Elle envisage d'envoyer sa rencontre avec le dalaï-lama au *Mercure de France* et d'« écrire une brochure, à l'usage des bouddhistes, que l'on va publier en traduction tibétaine[9] ». Elle croise le gomchen (grand ermite) de Lachen, qu'elle reverra par la suite et qui aura une grande influence sur sa vie. Une sorte de « saint qui vit la moitié de l'année hors de son couvent, seul dans une grotte, à l'abri d'un rocher dans des endroits écartés, seul, méditant, à l'exemple des grands yoguis dont parlent l'histoire et les légendes. Les gens du pays lui prêtent des pouvoirs merveilleux, entre autres le classique pouvoir de voler à travers l'espace ». Son apparence est impressionnante : grand, mince, avec une natte descendant jusqu'aux talons, d'énormes boucles d'oreilles turquoise, le regard étincelant. Selon les villageois, il peut faire des miracles, léviter, commander aux démons... Un révérend joue pour eux les interprètes, mais il est extérieur à leur monde et peine à rendre les subtilités de leur pensée. Impossible d'aller au fond de la raison orientale ainsi, bien qu'ils aient compris qu'ils partageaient la même tournure d'âme.

Sidkéong veut rendre visite à son frère au-delà des routes tibétaines. Bien qu'il lui soit toujours interdit de franchir la frontière, Alexandra décide de le suivre pour faire la tournée des monastères bouddhistes (à l'époque, on en compte soixante-sept), tout en sachant qu'elle renonce ainsi à la proposition de l'université sanscrite. Grand bien lui en prendra, elle sera à bonne école en pleine nature puisque la « tournée » durera deux ans. Sur les plateaux enneigés, à plus de 5 000 mètres, soumis à des variations brutales de température, ce sera un « conte de fées. Il sera un peu grelottant et transi, je le crains. Je manque de l'équipement nécessaire à ces hautes altitudes, mais qu'importe, j'ai toute la bravoure et les poumons robustes qu'il faut[10] ».

Elle visite les gompas, monastères tibétains, seule ou accompagnée. Lorsque le prince l'escorte, c'est tout un cérémonial d'apparat, de prosternations et de rituels qu'Alexandra observe de tous ses yeux, sans se départir de son ironie quand le moment s'y prête. On partage le thé, que les Tibétains préparent avec du beurre et du sel, une mixture imbuvable pour les palais occidentaux… sauf le sien. On pose les marmites sur le meilleur combustible du pays : la bouse de yack. Une fois seulement Alexandra croit sa dernière heure sonnée. Elle arrive à son étape bien avant ses porteurs, et doit les attendre plusieurs heures dans la tempête glacée. Après une mauvaise nuit, elle se réveille dans sa tente couverte de neige, persuadée d'avoir attrapé une pneumonie. La philosophe se dit que ce serait une belle mort, dans cet environnement… Son incroyable résistance finit par reprendre le dessus. Si elle ne tombe jamais gravement malade, le froid, le soleil et la réverbération lui brûlent terriblement le visage. La peau de ses joues se mue en plaies qu'elle soigne avec « des couches de glycine et de poudre d'amidon[11] ».

Et puis, un jour de juin 1912…

> Je jetai un premier coup d'œil sur le Thibet [*sic*] proprement dit. La lente montée vers les hauts cols fut un enchantement puis, soudain, m'apparut l'immensité formidable des plateaux thibétains limités au lointain par une sorte de mirage estompé montrant un chaos de cimes mauves et orange coiffées de chapeaux neigeux. Quelle vision inoubliable ! Elle devait me retenir, pour toujours, sous son charme[12].

L'escapade himalayenne prend fin sans qu'elle ait pu se rendre jusqu'au cœur du Tibet. Quitter ces montagnes roses et bleues l'attriste profondément :

> Pour l'instant je reste ensorcelée, j'ai été au bord d'un mystère… Oh ! Cette dernière chaîne de l'Himalaya, le dernier col très large qui s'inclinait vers une pente descendant à la steppe immense, déserte, où s'érige, sentinelle puérile mais émouvante, le fortin de la première ville tibétaine… Moi, je serais restée là des jours… des mois peut-être et parfois la folle envie me prend de louer des yacks, d'emmener deux ou trois serviteurs tibétains plus robustes que les miens et de remonter là-haut pour revoir… voir mieux, davantage, cela que je ne reverrai jamais. […] Oui, je vais en rêver longtemps… toute ma vie, et un lien restera entre moi et cette contrée des nuages et des neiges[13].

Avant de partir, elle donne un sermon au temple du monastère de Gangtok, devant de jeunes lamas étudiant la philosophie religieuse. « Je suis évidemment l'unique Européenne qui ait prêché en de tels lieux[14]. » Elle explique en substance que les différentes écoles du bouddhisme ne sont que des classifications, l'important est de se pénétrer de l'enseignement originel du Bouddha. Sur le chemin du retour, elle croise à nouveau le dalaï-lama. Il réitère sa proposition de correspondance, par l'entremise de Charles Bell. Comme le veut le rituel, il lui offre en partant une écharpe de soie blanche. Marque de respect qu'elle apprécie, malgré l'odeur épouvantable qui se dégage de l'écharpe… Ce dalaï-lama la laisse perplexe. D'un côté, Thubten Gyatso veut ouvrir le Tibet au monde pour progresser, mais il se heurte au conservatisme du clergé et des grandes familles. De l'autre, Alexandra ne le trouve pas aussi bienveillant et généreux que l'exige son statut quasi divin. Il a pourtant des prémonitions troublantes : il mourra en 1933 en laissant un testament prophétique, où il met en garde contre les destructions massives des communistes. Alexandra suit néanmoins son conseil et se lance avec passion dans l'étude du tibétain.

À Gangtok, la fréquentation forcée des Anglais lui devient insupportable. Elle se sent tellement plus à son aise avec le maharadjah et son fils Sidkéong, bons et généreux envers elle. Alexandra a pour eux autant d'estime que d'affection, tandis que les Anglais tiennent à montrer leur supériorité de Blancs, idiots et suffisants. Alexandra se tient poliment à distance ; elle n'a pas le sentiment d'appartenir à ce peuple arrogant.

Moi, j'ai conservé ancrés et indéracinables les principes de mon aristocratique couvent belge : l'amour, le besoin devrais-je dire, de la tenue en paroles et en gestes. La vie de sannyâsin que j'ai menée depuis des mois et spécialement ici, dans les Himalayas, a contribué à me rendre plus étrangère aux conversations banales dont la bêtise confine vite à la grossièreté de sentiments[15]...

Les petites occupations bourgeoises des dames l'irritent ; elle se réfugie en pensée vers les sombres musiques des monastères dans les hauts plateaux. Et philosophe à longueur de lettres à son mari, bien qu'elle sache qu'il ne s'intéresse pas à ce genre de choses, lui qui aime tant les bons restaurants et la compagnie des femmes.

S'il savait à quel point ses excursions religieuses à elle sont supérieures en émotions fortes ! Des heures de marche sans pause jusqu'à des monastères perdus dans les nuages, peuplés de lamas vêtus de grenat et d'orange, encerclés par les montagnes écrasantes et bousculés par les vents frais. On lui permet d'assister à des rites lamaïques secrets ; on pratique là une magie dont la réputation a dépassé les frontières... Le lamaïsme peut être aussi macabre que le culte de Kâli : il y est question de morts vivants, de squelettes. La noirceur des tableaux contraste avec le naturel gai des lamas. Sidkéong est le premier à raconter des plaisanteries lors de petites réceptions où tous, altesses, boys et sannyâsin blanche, reprennent des forces pour la marche suivante.

Je mange, je bois, je parle comme si j'étais, moi aussi, un prince des Himalayas avec une peau sombre et des habits éclatants. Mais je ne suis qu'un coucou d'Europe dans ce nid, un coucou étranger en sarrau bleu marine, en casque colonial, à côté de ce maharadjah colibri.

Elle prend conscience de l'absurdité de cette idée bien ancrée qui prône la supériorité de la race blanche sur les autres :

Assurément, je suis comme les autres de notre race attachée à notre civilisation, mais à courir le monde autrement qu'en touriste Cook, la belle assurance que l'on a de sa supériorité s'effrite un peu. Après tout qui donc a raison, ces villageois joviaux et leur seigneur d'opérette ou bien nous, avec notre prolétariat usinier et nos honorables des parlements[16] ?

Elle s'incline volontiers, mains jointes, devant les divinités hindoues. Par courtoisie envers ses hôtes, par respect pour les idées plus que par croyance, et pour jubiler devant les mines scandalisées des bons chrétiens qui l'accompagnent… Elle trouve les lamas intellectuellement supérieurs aux missionnaires. Elle ne leur reproche que leur saleté, elle qui se tient à une hygiène stricte qui lui évitera bien des maladies.

À l'automne, il lui faut repartir. « […] J'ai le cœur quelque peu serré de quitter ce seuil du Tibet… Une attraction puissante m'attirait vers ce pays étrange et désolé. J'ai laissé quelque chose de moi là-haut, sur la route de Khampa-Dzong[17]. » Avant de quitter le Sikkim, le maharadjah offre à Alexandra un cadeau inattendu : une statuette en bronze représentant le Bouddha, d'une valeur inestimable. Vieille de plusieurs siècles, pieusement conservée dans un monastère, elle serait dotée de pouvoirs. Alexandra, émue, se promet de la renvoyer dans son pays d'origine après sa mort. Ses volontés seront respectées, bien qu'elle n'ait rien prévu des aventures que ce retour allait entraîner.

Intermède népalais

En novembre 1912, Alexandra arrive à Katmandou, au Népal. L'atmosphère est plus tendue qu'au Sikkim. Le Népal est un pays fermé et isolé, aussi bien dans ses frontières que dans son régime politique. Ce petit État enserré entre le Tibet et l'Inde a été libéré de la tutelle britannique, il est désormais gouverné par un Premier ministre, le maharadjah étant considéré « comme un personnage trop sacré pour s'occuper des affaires de l'État, en fait pour s'occuper d'aucune affaire[1] » ! Le Népal, inquiet de voir ses immenses voisins se faire envahir et coloniser, est devenu méfiant envers les étrangers. Alexandra est donc flanquée d'une escorte encombrante de soldats britanniques à l'esprit étroit. Comment espérer nouer un vrai contact avec la population locale ? Ses « protecteurs » chassent les Népalais avec leurs cannes sur son passage. Scandalisée, elle regrette l'hospitalité joyeuse des Tibétains qui la considéraient comme une des leurs. Elle trouve les visages d'ici fermés, mauvais. Mais elle veut aller à leur rencontre.

Elle se demande si ce pays suivra l'Inde dans sa

modernisation ou restera attaché à ses traditions. Elle est accompagnée de Passang, son boy depuis quelques années déjà, d'un cuisinier et d'un balayeur. Elle a revêtu sa robe orange de religieuse pour assurer sa tranquillité pendant le voyage, juchée sur une petite chaise à porteurs. En sachant d'expérience que bien que son itinéraire soit planifié, tout est imprévisible en Orient.

Un départ est toujours une promesse d'aventure et comme tel j'accueille celui-ci qui doit me conduire en un pays où je n'avais jamais projeté d'aller. Une fois de plus, le destin malicieux s'était inopinément chargé de m'amener où il voulait[2].

La première région traversée est basse, humide, à l'ombre des Himalayas, pleine d'animaux sauvages. La malaria est un autre danger, qu'on ne peut prévenir qu'avec de la quinine. Ils gagnent la montagne et ses forêts denses qui émerveillent Alexandra pendant que ses porteurs souffrent mille morts sur les sentiers difficiles… Les tigres rôdent, mais on dit qu'ils n'attaquent pas les sannyâsins, les renonçants comme Alexandra ! Si l'un d'eux se présente, les porteurs comptent sur elle pour parlementer avec le fauve. Ce qu'elle ferait bien volontiers :

Serait-ce là une marque d'extraordinaire bravoure ? Pas du tout. Il n'y aurait là qu'un acte dicté par la raison. Le sang-froid est la meilleure sauvegarde en toutes occasions et, heureusement pour moi, les bonnes fées m'en ont abondamment douée[3].

Plus pénibles sont les rencontres avec des Népalais hostiles à la présence d'une étrangère sur leurs terres. La conduite de bien des Occidentaux par le passé a de quoi expliquer leur rancune ; Alexandra remarque que les plus xénophobes sont souvent ceux qui ont fait leurs études en Europe. Elle aimerait s'arrêter pour entrer dans les temples, mais ça lui est rigoureusement interdit, et il lui arrive parfois de respecter certains interdits. Heureusement, il reste la contemplation des cols, pics et glaciers qui sont la seule véritable demeure des dieux — chaque pic est lié à un dieu. Le Népal est aussi un pays de magie, magie noire dont elle retrouvera des aspects au Tibet. La violence ambiante se ressent aussi sur les autels où gisent les traces sanglantes de sacrifices d'animaux. Les prêtres pincent l'artère des pauvres bêtes pour en faire gicler le sang sur les idoles, avant de les laisser agoniser. Alexandra observe sans sourciller, frémissant intérieurement. Près de là se trouve le lieu de la légende qui l'a tant marquée enfant, bien avant qu'elle ait entendu parler de bouddhisme. Celle de l'une des incarnations antérieures du Bouddha historique qui donna son corps en pâture à une tigresse mourant de faim. Le pèlerinage d'Alexandra doit passer par là. L'exactitude des faits importe peu. L'important, c'est de sentir les parfums, goûter le climat, fouler les terres qui ont pu donner naissance à ces philosophies si proches de son esprit à elle, née sous des latitudes tellement opposées. Des paysages qui n'ont pas tant changé malgré le passage des siècles. Étudier ces concepts dans le milieu même qui les a vus naître vaudra toujours mieux que cinquante ans d'études des mêmes préceptes dans une bibliothèque parisienne ! Son pèlerinage, Alexandra le voit aussi comme un parcours aventureux. Si seulement Philippe veut bien consentir à lui envoyer de l'argent… Le mari abandonné, devenu fidèle épistolier, est désormais le banquier personnel d'Alexandra. Sur demande, il lui envoie des mandats tirés de ses revenus à elle, sans lesquels elle ne pourrait pas poursuivre son voyage.

Elle enfourche un placide poney et part en excursion. Le pèlerinage sera attristé par divers incidents : on a brûlé de jeunes arbres pour faire de la place pour son campement ; son équipage bat les paysans qui n'ont pas apporté assez de provisions ; on lui offre des poules alors qu'elle est végétarienne ! Elle regrette fort les arbres calcinés, n'admet pas qu'on batte quelqu'un et refuse de faire tuer des animaux pour elle… Elle libère les poules, dont ses serviteurs ne feront qu'une bouchée. Il en est ainsi : les « pèlerinages sentimentaux » sont « en général décevants ; les idées que l'on associe avec eux se trouvent presque toujours heurtées sur les lieux, par des rencontres inadéquates et choquantes. Il est sage de se borner aux pèlerinages en esprit[4] ». Mieux vaut rester à contempler les montagnes, la vue sur l'Everest qui ne peut jamais décevoir.

Son balayeur intouchable lui demande son aide pour améliorer sa condition qu'il ne supporte plus. Elle lui donne un conseil plein de bon sens : abandonner l'hindouisme et ses castes et se convertir à l'islam. Ce serait simple si les hindous ne croyaient pas en leurs dieux et au châtiment qui les attendrait s'ils venaient à les trahir. Ils croient que s'ils sont nés dans une basse caste, c'est en punition de mauvaises existences passées. Comme rien n'est permanent, il leur faut accepter cette condition et agir pour le mieux, dans la piété et la résignation, pour renaître après leur mort dans une caste plus haute. Son balayeur n'est pas de ces résignés. Pourquoi pas le christianisme ? Les raisons d'Alexandra, qui ne hiérarchise pas les religions, sont purement pragmatiques. Comme il sait coudre, il pourrait trouver un emploi auprès d'un tailleur musulman qu'elle connaît. Et il en sera ainsi… Bien plus tard, elle pourra serrer la main d'Ibrahim, son nouveau nom, pour lui faire ses adieux, « en lui disant que le Prophète (sur lui soit la paix) était un très grand homme, ce qui ne fait pas de doute, et que l'islam est une grande religion, ce qui est également vrai[5] ».

Elle se rend ensuite à Roumindéi dans son lit à porteurs et établit son camp au milieu de manguiers. L'exotisme poussé à son paroxysme : on met à sa disposition cinq éléphants.

On eût dit une illustration dans un livre de Jules Verne, ces illustrations qui me fascinaient quand j'étais petite fille. Bienheureux ceux qui réalisent leurs rêves ; cela aussi est une béatitude, et non la moindre[6].

À l'endroit où se trouvait Kapilavasthou, la ville où le Bouddha a passé sa jeunesse, elle contemple les montagnes qu'il a lui-même regardées. Le maharadjah local l'aide à se déplacer partout où le Bouddha historique serait passé. Les campements la ravissent, avec leurs tentes plantées dans la jungle, leurs bruissements nocturnes, leur soleil aveuglant, leurs habitants à la fois proches et différents de ceux de l'Inde. C'est l'aventure comme elle l'a toujours rêvée, avec un supplément spirituel. L'aventure des légendes qu'elle a lues et entendues, au point de devenir elle-même légende. Alors qu'elle campe dans la jungle, elle se met à l'écart pour méditer, seule dans la nature pleine d'odeurs et de bruits envoûtants. Concentrée sur sa respiration, elle perçoit des pas feutrés sur les feuilles. Elle ouvre les yeux : un tigre la fixe à quelques pas. Que faire ? Prendre la fuite et se faire dévorer ? Rester immobile… et se faire dévorer ? Forte de ses années de pratique de maîtrise de soi, Alexandra reste calme. N'a-t-elle pas assimilé depuis longtemps l'impermanence des choses ? Elle reprend donc tranquillement sa méditation. Le tigre passe comme dans un rêve. Lorsqu'elle ouvre les yeux, elle est à nouveau seule dans les bruissements de la jungle.

À Hardwar, où vivent de nombreux sadhous et sannyâsins, elle peut discuter de philosophie et de religion avec des religieux plus ou moins pompeux. On lui raconte un miracle qui s'est produit non loin de là. Personne n'arrivait à éteindre une lampe placée devant une statue de Bouddha ; lampe et statue ont été jetées dans un puits. En se penchant au-dessus du puits, on peut toujours voir la lueur briller au fond de l'eau. Alexandra veut voir par elle-même ce prodige. Elle doit promettre une belle somme à un serviteur effrayé pour qu'il consente à l'y conduire : on dit aussi que le puits avale ceux qui s'en approchent trop près ! Elle se rend dans le lieu dit, marche dans une rivière noire, avec de l'eau jusqu'aux mollets... Et aperçoit une lumière vaciller au fond. Miracle ? Elle cherche une explication rationnelle à ce phénomène et n'en trouve aucune. Elle doit bien avouer que les miracles sont chose commune dans les Himalayas.

Son pèlerinage prend fin ; elle regarde le pays comme si c'était la dernière fois, priant intérieurement pour revenir un jour. L'avant-dernier camp est dressé près d'un affluent qui aurait été créé par une flèche lancée par le Bouddha. Padmasambhâva, le fondateur du bouddhisme au Tibet au VIIIe siècle, n'a-t-il pas lui-même tranché des montagnes du Sikkim à coups de sabre ? Pour son dernier soir sur la frontière où Népal et Inde se confondent, Alexandra assiste à une crémation. Un spectacle presque familier, auquel il est impossible de s'habituer. Elle retourne à Bénarès en mars 1913.

Bien installée, elle reprend ses études de sanscrit et du Védanta. Vêtue d'une robe safran, elle reçoit un doctorat honorifique de philosophie de l'université du sanscrit. Une grande réception est donnée en son honneur. On lui rappelle ce qu'elle sait déjà, à quel point la situation est exceptionnelle : des orthodoxes hindous qui portent aux nues une bouddhiste étrangère ! Et qui leur tient des conférences ! En d'autres temps, on aurait assassiné pareille audacieuse.

Les lettres de Philippe se font plus pressantes que d'ordinaire. Alexandra y oppose une résistance mêlée de résignation : non, elle ne veut pas rentrer tout de suite. Elle se sent enfin en paix, et cette sérénité durement acquise ne peut s'épanouir qu'ici, loin des agitations superficielles du monde moderne. Et de lui répéter à quel point il est bon, ce mari qui lui permet de vivre son rêve égoïste, elle en a bien conscience et sa reconnaissance est sans bornes... Bien sûr, elle pense encore avec tendresse à leur belle maison tunisienne, à leur jardin odorant et à leurs repas fins dans des assiettes élégantes. Mais ce n'était que vernis ; sous ses dentelles claires, l'orange oriental était plus vif. Cette robe religieuse, c'est son refuge, son rempart face à la souffrance venue d'autrui, de ce monde qui n'est que rêve. Si elle progresse en sanscrit et en rites religieux, elle avance aussi surtout en sagesse.

Une sagesse qui n'entame pas sa lucidité : elle s'amuse plus que jamais de ces dignes hauts fonctionnaires britanniques qui se laissent aller, la nuit venue, au culte spectaculaire de déités hindoues, psalmodiant à moitié nus, le front couvert de cendres, ou de ces sérieux pandits qui viennent lui demander de jeter un sort à leur ennemi... La voilà précédée d'une réputation de magicienne, évolution naturelle de sa réputation d'érudite qui va jusqu'au Tibet, ce qui n'est pas pour lui déplaire.

Les jours studieux passent, agrémentés de promenades à dos d'éléphant et de spectacles monumentaux. Jusqu'à ce qu'une épidémie de choléra se déclare le long du Gange ; on propose alors à

Alexandra de loger au monastère royal du Sikkim. Elle refait ses bagages, y accroche son tub portatif et repart pour Gangtok en décembre 1913. Cette fois, elle aimerait gagner le Bhoutan, mais le pays est très fermé et elle n'a pas reçu l'autorisation nécessaire. Contrainte à l'immobilité, elle en profite pour se mettre sérieusement au tibétain. Son niveau de sanscrit est à présent assez bon pour qu'elle puisse continuer seule son apprentissage. Des ankyloses passagères viennent lui rappeler qu'elle sera certainement heureuse de travailler ces deux langues quand elle sera condamnée au fauteuil... En attendant ces jours plus lointains qu'elle ne le croit, la voici à nouveau aux portes du Tibet. Faute de Bhoutan, elle a le Japon en ligne de mire pour finir son étude comparative du Bouddhisme du nord et du Védanta.

Des moines du Sikkim offrent à Alexandra une robe de lamani, femme lama. La tenue, qui a l'avantage de tenir chaud, est faite de feutre rouge sombre, d'un col de soie bleue et de poignets jaunes, accompagnée d'un chapeau de soie dorée et d'une haute paire de bottes brodées. Par ce don, les lamas l'acceptent officiellement comme coreligionnaire. Les autorités britanniques ont beau lui en interdire l'accès, elle se rend à Chörten Nyima, un monastère isolé parmi les nids d'aigle. Les légendes rapportent que des écrits secrets de Padmasambhâva y sont cachés. Celui que les Tibétains appellent Guru Rinpoché et qu'ils considèrent comme le second Bouddha aurait composé le *Bardo Thödol*, le livre des morts tibétain. Il aurait enterré des textes au Tibet et dans les pays limitrophes pour que les générations futures les trouvent et découvrent la pensée de l'époque à l'état brut. Alexandra est hébergée dans une gompa par quatre nonnes. Sa pratique du tibétain en bénéficie et elle reçoit de nouveaux enseignements bouddhistes. Pour payer son déplacement à cheval, elle propose de donner quelques leçons sur Padmasambhâva aux étudiants lamas. L'expédition, sportive, la remplit d'énergie, et les étudiants l'écoutent avec grande attention.

Le 10 février 1914, le père de Sidkéong meurt. Malgré une querelle familiale — le vieux souverain voulait voir le fils de sa seconde épouse lui succéder —, c'est au jeune ami d'Alexandra de devenir maharadjah du Sikkim. On veut lui arranger un mariage avec une jeune princesse birmane, moderne et indépendante, dont il ne veut pas car son cœur est pris ailleurs. Sidkéong, désespéré, demande conseil à un oracle. Le voyant entre en transe et livre une prophétie : le prince n'aura pas à se soucier de son mariage. Le propre des prophéties étant l'obscurité, il n'en saura pas plus.

Alexandra visite d'autres monastères, croise des yogis qui semblent venir d'autres planètes, assiste à des fêtes religieuses tout en sons et en couleurs. Elle est tentée par une retraite solitaire dans une hutte escarpée, comme les yogis, pour quelques semaines. Ces derniers sont d'étranges créatures, capables, dit-on, de faire sécher des draps mouillés posés sur eux. Intriguée par ces prodiges, elle s'exerce elle-même et arrive à produire un semblant de fraîcheur ou de chaleur interne en fonction de la température… Puisqu'elle est habituée aux soupes innommables qu'on lui sert habituellement, devoir se nourrir de thé et de farine d'orge ne lui fait pas peur. La solitude et les bêtes sauvages non plus. La seule inquiétude serait de manquer d'eau pour son bain ! Les lamas, soucieux de lui rendre service et un peu curieux de voir si cette dame n'est pas une sannyâsin d'opérette, se chargent de lui faire construire une hutte.

Pendant ce temps, Philippe lui écrit qu'il a vendu sa villa de Tunis. Il est muté à Bône, en Algérie, mais il omet de lui indiquer sa nouvelle adresse. La nouvelle la rend mélancolique : elle comprend qu'il ne l'ait pas consultée, elle qui devient, mois après mois, un vague souvenir dans l'esprit de son mari. Elle lui manque toujours, mais il lui parle moins souvent de son retour. Revenir à Tunis ou à Bône, l'effet serait le même : elle redeviendrait une dame, étouffant sous les inutiles contraintes sociales, envahie par les chimères qui l'ont conduite à la dépression.

S'asseoir et méditer pendant des heures, manger n'importe quel brouet et vivre dans une hutte de bambous, c'est possible dans les Himalayas, dans l'Inde, mais non à Chaville, à Boulogne ou même à Bône. […] Je suis bien près de croire que le tenter relèverait plutôt de l'asile d'aliénés que de la suprême sagesse. Et c'est pour cela, je ne le cache pas, que l'idée du retour à la vie occidentale m'angoisse[7].

D'autant plus que l'expérience de la vie d'ascète va enfin se présenter à elle. Le 5 mai 1914, elle avoue :

J'ai reçu une invitation singulière, celle d'un célèbre yogui tibétain qui me convie à l'aller visiter et à passer quelque temps auprès de lui, tandis qu'il résidera dans une caverne perchée dans les nuages, à la frontière du Tibet. [...] Son idée est de m'apprendre quelque chose touchant les mystérieuses doctrines et pratiques du tantrisme tibétain dont il est un adepte[8].

Il s'agit du gomchen de Lachen. Comment refuser ? C'est la première fois qu'une Européenne reçoit une telle invitation.

Pendant l'été, elle retourne au palais de Gangtok pour toucher les fonds que Philippe lui a envoyés. Ils arrivent en même temps qu'une mauvaise nouvelle : la guerre est déclarée en Europe. Même loin de la France, Alexandra est bouleversée. Elle pressent une guerre longue, vainement meurtrière, inévitable aussi, l'ennemi allemand était seulement en sommeil depuis la guerre franco-prussienne. En Inde, les maharadjahs donnent de fortes sommes pour aider les Anglais au combat. Quand la Belgique est envahie, Alexandra est encore plus meurtrie, elle a gardé une grande affection pour ce pays malgré l'enfance malheureuse qu'elle y a passée. Sa mère est toujours là-bas, trop âgée pour se déplacer, voire pour comprendre ce qui se produit... Ce n'est pas le moment de rentrer, au cas où Alexandra en aurait eu l'intention. Elle décide de se rendre à Lachen et de rejoindre le fascinant ermite.

Une caverne à 3 900 mètres d'altitude

Mi-novembre 1914, Alexandra, le gomchen et leur suite partent passer l'hiver à Lachen. Quand elle se déplace, c'est avec plusieurs caisses, peu d'effets personnels superflus mais une grande bibliothèque d'ouvrages philosophiques dont elle ne peut se passer. Douze yacks portent leurs tentes et bagages. La route est une longue expédition de haute montagne, il leur faut franchir des cols à plus de 5 000 mètres d'altitude qui coupent la respiration, subir des tempêtes et des nuits sous la tente où les températures sont rarement positives. Le matin, une lourde neige fait ployer la paroi des tentes de coton. La santé de fer d'Alexandra vacille légèrement : elle attrape froid, endure la fièvre et des douleurs aux oreilles qui auraient fait rebrousser chemin à n'importe quel grimpeur amateur d'aujourd'hui. Le mal disparaît peu à peu. La vaillante orientaliste ne s'est pas plainte un instant, elle rêve devant le paysage qui défile au rythme du pas lent des yacks, admire ses variations de lumière. La majesté de la nature qui l'entoure n'a d'égale que la misère dans laquelle vivent ses habitants. Quand elle arrive au monastère décati de Chörten Nyima, des nonnes en haillons lui proposent « les meilleurs trous, qualifiés de chambres, de leur cité en ruine[1] ». Elle préfère ne pas s'éloigner de ses serviteurs et rester dans sa tente. En comparaison, la cabane de planches dans laquelle elle fait sa prochaine étape lui semblera un palais. Et la caverne suivante sera presque douillette ; en tout cas, elle y aura chaud. L'air est plus sec, le froid plus vif. Alexandra prend le temps de méditer, la main droite reposant sur la gauche, des mains parcourues de crevasses. Avec un seul repas quotidien, souvent limité à du thé beurré et à une poignée de tsampa (la farine d'orge grillé, l'aliment de base des Tibétains, que l'on mélange avec de l'eau pour obtenir le « pain » tibétain), ses réserves ont fondu. Sa petite silhouette d'ordinaire replète s'est transformée, et malgré les carences et les blessures dues au froid, elle est plus alerte que jamais. Après tout, les premières femmes alpinistes ont accompli des exploits en corset et en jupe longue…

Lachen est un petit monastère dans les hautes montagnes frontalières du Tibet, à 4 500 mètres d'altitude. Alexandra aménage sa propre grotte juste en dessous de celle du gomchen, plus petite et moins confortable. Elle a un nouveau serviteur, un garçon de quatorze ans à lunettes rondes cerclées d'acier, qui étudie pour devenir lama. Son nom religieux est Nindji Gyatso, qui veut dire « Océan de compassion », mais on l'appelle Aphur Yongden. Né en 1899 dans le Sikkim, sous protectorat britannique depuis 1890, il est à la fois tibétain *et* sujet de la reine. À son identité originale s'ajoute qu'il est le petit-fils d'un magicien capable de faire tomber la pluie, et que lui-même a été reconnu comme la réincarnation d'un ancien chef, le bodhisattva Tékongtog. Qu'est-ce qui a fait que ces deux-là se sont reconnus ? Yongden et Alexandra ne se quitteront plus pendant quarante ans. Il sera son serviteur, son collaborateur, son complice et son ange gardien. Plus tard, elle en fera son fils adoptif.

L'ermitage himalayen durera deux ans. Alexandra rend régulièrement visite au gomchen pour discuter de bouddhisme avec lui. Ils ont conclu un marché : il la fera progresser en tibétain et elle lui apprend l'anglais en retour. De lui, elle tire un enseignement oral inestimable, celui du bouddhisme tantrique. Cette branche à la réputation sulfureuse est basée sur les tantras, textes médiévaux en sanscrit, qui donnent des indications pour la méditation, les rituels et la vie dans son ensemble. Certains adeptes célèbrent le corps, les figures géométriques et la sexualité comme moyen de transcendance, d'où des interprétations fantasmatiques en Occident. Ici aussi, le tantrisme fait peur aux non-initiés. Le tantra, plus haute forme spirituelle du tantrisme tibétain, convoque toutes les énergies au lieu de les annihiler. Les rituels tantriques visent l'illumination en convoquant les chants, la musique, au-delà du simple plaisir esthétique. Après la méditation, le yogi visualise mentalement l'image d'une déité, avec des mudras (gestes des mains) et des chants de textes sacrés, dont les mantras, formules dont la répétition doit avoir un effet magique. Le mantra le plus célèbre répète à l'infini « *Aum Mani Padme Hum** », les chants peuvent durer plusieurs heures, comme le gyushung a cappella, ou le sadhana qui s'accompagne du tintement des cymbales et de la basse continue des radongs, les longues trompes tibétaines. Les voix de basse des moines, entraînées dès l'enfance, donnent un air d'outre-tombe à ces longues litanies.

En fait de pouvoirs magiques, le gomchen use plutôt de la télépathie ; Alexandra s'y essaiera à son tour et sera témoin de phénomènes particuliers qu'elle rapportera dans le livre *Mystiques et magiciens du Tibet*. Elle se familiarise aussi avec les us et coutumes tibétains, le climat et la géographie particulière de cette région du monde.

Une ombre vient noircir ce tableau aux cieux limpides : le 6 décembre 1914, Sidkéong Tulkou meurt à trente-sept ans. Les causes de ce décès soudain resteront mystérieuses, il a pu être empoisonné pour raisons politiques. Mais la prophétie a dit vrai : il n'a pas eu à se soucier de son mariage arrangé, puisqu'il est mort avant. La nouvelle atteint durement Alexandra. Elle reverra souvent en pensée le visage joyeux, plein de vie, de son compagnon disparu trop tôt. C'est son premier deuil difficile, elle a peine à imaginer qu'elle puisse retourner dans le Sikkim sans le revoir. Alors qu'il était si désireux de réformer le bouddhisme dans ses terres, cet espoir disparaît avec lui. L'absurdité de l'existence s'impose à Alexandra comme jamais. À quoi

* Généralement traduit par « Salut à toi, Joyau dans le Lotus ».

sert de s'agiter, de poursuivre des buts impossibles, d'entretenir ses désirs pour n'en satisfaire qu'une maigre partie, alors que nous finirons tous à l'état de cendres ?

Alexandra se replonge dans l'étude. Ses progrès d'orientaliste sont incomparables, elle aurait bien des choses à apprendre à ses professeurs du Collège de France.

> J'ai plus appris ici en quinze jours qu'en un an à Gangtok. Cette rude vie me plaît. [...] Le bouddhisme ne renonce qu'à ce à quoi il ne tient plus parce qu'il en a mesuré le vide, le néant. Mon lama-yogui, ici, professe des doctrines terrifiantes et Max Stirner, Nietzsche, l'Ecclésiaste et tutti quanti sont, devant lui, de simple *babies* sortant du jardin d'enfants[2].

Même les soupes faisandées qu'il offre parfois à son élève n'entament pas son enthousiasme. Elle subit ses indigestions avec stoïcisme et retourne à ses chers textes en pâli, en sanscrit et en tibétain.

Elle construit un petit chörten, monument bouddhiste, avec des pierres, lit la vie du poète Milarepa, apprend à manier le tambourin avec lequel les lamas accompagnent leurs mantras. Elle part camper quelques jours aux alentours, revient dans sa grotte, reçoit la visite de quelques voisins lamas. Elle prend des photographies saisissantes de Tibétains, leurs visages sombres se détachant de costumes flamboyants. Malgré la fragilité des appareils qu'elle trimbale dans ses bagages, la précarité des développements et la lumière aveuglante de ces altitudes, elle rapportera un grand nombre d'images de très belle qualité en Europe. Elles lui prouveront qu'elle n'avait pas rêvé ces paysages, ces hommes et ces femmes aux traits stupéfiants, aux parures uniques.

Finalement si, tout cela est du domaine du rêve. Un rêve renouvelé jour après jour, improbable et merveilleux, dont elle goûte l'étrangeté avec une joie étonnée.

N'est-ce pas un rêve pour une Parisienne d'être ici sur cette pente de montagne escarpée, nichant son lit de camp sous une voûte de rochers et d'avoir pour unique compagnie celle d'un être qui passe aux yeux des villageois de la région pour un prodigieux sorcier, qui a passé plus de vingt ans de sa vie seul dans des endroits déserts, qui a vécu dans des cimetières, mangé du cadavre, que sais-je[3] ?

Les nouvelles de la guerre n'arrivent qu'avec parcimonie. On s'intéresse plus ici aux allées et venues des paysans pour s'approvisionner en riz, en orge et en beurre. Quelques légumes poussent, comme les navets, mais si peu, et ils sont si pauvres en goût. Alexandra pratique le renoncement dans son esprit comme dans son appétit. Elle sait qu'on doit adapter son organisme aux nourritures locales. Ce qu'elle fait sans broncher. Mais dès que Yongden et elle ont l'occasion de prendre part à un bon repas, ils font comme tous les Tibétains : ils avalent des quantités phénoménales de nourriture.

L'hiver venu, Alexandra quitte sa grotte pour une cabane très rustique où elle garde constante une température supportable, soit 5 °C la nuit, grâce à un petit brasero. Le jour, le soleil et l'air sec sont tout à fait agréables. Elle ne se lasse pas de regarder le panorama de sa terrasse. Mais l'Éveil est encore loin, elle est encore trop européenne au fond d'elle-même pour être capable de tout abandonner pour vivre ici, en ascète philosophe, jusqu'à la fin de ses jours.

Je suis encore trop peu réveillée du mauvais rêve, du rêve harassant de l'existence individuelle et même dans ma caverne de yogui, mon esprit reste celui d'une Parisienne philosophe-artiste et dilettante.

C'est déjà assez incroyable qu'elle ait entendu l'appel de l'Asie, et qu'elle y ait répondu.

Je m'en rends bien compte, il est plus que singulier que, née parisienne, élevée dans une grande ville par des parents qui étaient tout autre chose que des chemineaux ou des poètes, je sois douée de cette mentalité si étrangère à celle de mon milieu. J'ai eu la nostalgie de l'Asie avant d'y avoir jamais été et du premier jour où, il y a bien longtemps, j'ai débarqué en Indochine je m'y suis sentie chez moi[4].

Le détachement de tout désir, de toutes choses matérielles prôné par le Bouddha ne se fait pas en un jour. Alexandra n'est pas une bouddhiste modèle : elle ne fait aucun effort pour dominer son mauvais caractère et elle n'hésite pas à battre ses domestiques paresseux, voire Yongden quand il n'est pas assez rapide ou obéissant à son goût. Tout est impermanence, et gare à celui qui oubliera de faire disparaître la poussière de sa cahute !

Le bouddhisme enseigne aussi à ne plus craindre la mort. Alexandra décrira en détail les rites funéraires et les relations des Tibétains à la mort, en particulier dans *Immortalité et Réincarnation*. Elle assiste à la crémation d'une Tibétaine, décrit à son mari les contorsions du cadavre calciné avec autant de sang-froid qu'elle en a montré auprès des bûchers funèbres de Bénarès. Une telle crémation est inhabituelle au Tibet car le bois et les combustibles y sont rares. On a plutôt coutume d'abandonner les cadavres dans les montagnes pour qu'ils soient dévorés par les bêtes sauvages, ou de les couper en morceaux pour les livrer aux vautours. Une photographie prise par Alexandra montre des hommes trancher les membres d'un cadavre avant de laisser les restes disparaître dans l'estomac des sinistres bêtes.

Les ripailles du Nouvel An 1915, où l'alcool coule à flots en dépit de l'interdit bouddhique, sont autant de bruit et d'animation qu'Alexandra finit par fuir, pour chercher le silence dans les montagnes. Elle se rend parfois à la mission voisine, certaine d'y trouver un bon accueil et du bon thé anglais, bien qu'elle soit une drôle d'excentrique aux yeux des nonnes, pour aller vivre là-haut avec ce sorcier aux yeux effrayants et aux guenilles nauséabondes.

Au printemps 1915, Alexandra se prépare à jouer les architectes. Elle va faire construire des cabanes en bois à flanc de montagne pour y passer l'été plus confortablement que dans sa grotte de Lachen. La décision ne vient pas d'elle : « Le maharadjah du Népal a désiré me procurer un gîte à ma convenance où je puisse continuer mon étude du tantrisme tibétain dans des conditions requises par les usages du Tibet et terminer mon ouvrage sur le Védanta. Après mon départ, la bicoque qui m'aura servi sera transmise à quelque lama désireux d'isolement. » Mais comme ils ne sont pas au Népal, le maharadjah a confié à Alexandra les fonds et l'élaboration des plans.

Je bâtis un ermitage de yogui tibétain, dans le style des demeures des villageois avec quelques petites améliorations et, comme le terrain n'est pas de niveau, les différentes chambres s'accrochent les unes aux autres en échelons, formant autant de petites cahutes à toits séparés[5].

Soixante-dix paysans de Lachen se mettent à la tâche, tous rémunérés. Alexandra se fait une joie d'avoir son petit logement dans un site aussi beau, même inconfortable. Cet inconfort qu'elle ne supporterait pas si elle devait revenir vivre en Occident.

Je n'ai que peu de goût pour les choses médiocres, le confort médiocre, les situations médiocres, le succès médiocre[6].

Tout son orgueil est là…

En mai, après avoir reçu la visite du nouveau maharadjah du Sikkim, le jeune frère de Sidkéong, elle quitte Lachen pour Déwa-Thang avec ses soixante-dix hommes, y devient chef de chantier sous une pluie battante, cherchant les matériaux bruts dans la jungle. À 3 900 mètres, l'humidité mord le corps, mais les mots lui manquent pour décrire la splendeur des cinq pics du Kanchenjunga. Elle est dans un autre monde, dans le domaine des dieux, celui où seul Shiva peut demeurer. Elle part faire des excursions à plus de 4 500 mètres d'altitude, parfois contrainte de traverser à quatre pattes des champs de rochers. Elle aperçoit de temps en temps des léopards des neiges. En août, sa cabane n'est toujours pas terminée : la première charpente s'est effondrée comme un château de cartes.

Alors qu'elle peut enfin s'adonner librement à l'ethnographie, Alexandra est à nouveau victime de crises de neurasthénie, de rhumatismes et de fièvres. Souvent nauséeuse pendant l'hiver, elle récupère assez pour expérimenter la technique de respiration *tumo* et la marche *lung-gom*. *Tumo* désigne cette pratique d'autosuggestion qui permet d'augmenter sa chaleur interne pour supporter le froid extrême. Elle reconnaît que les pouvoirs de l'esprit sont efficaces : elle arrive à demeurer sur sa terrasse dans le froid mordant de l'aube, pieds nus dans la neige, vêtue d'une légère robe de mousseline, sans grelotter. Seuls sa pratique assidue de la méditation, depuis des années, et son pouvoir de concentration expliquent sa réussite ; combien d'Occidentaux peuvent en dire autant à l'époque ? *Lung-gom* n'est pas moins mystérieux. Il faut se concentrer sur un but lointain, entrer dans une sorte de transe pour atteindre, en marchant, une sensation comparable au vol dans les airs. Les adeptes peuvent ainsi parcourir des distances phénoménales sans ressentir de fatigue. Une sensation qu'Alexandra pense avoir déjà vécue sans le savoir, lors de ses randonnées passées dans les Alpes. Elle reprend l'entraînement, marchant six heures d'affilée sans s'arrêter dans des sentiers pas prévus pour les piétons, des passages difficiles et dangereux — elle a quarante-sept ans et chasse les accès de dépression avec ces excursions en solitaire, crapahutant sur ses semelles de corde !

Philippe lui écrit qu'il supporte difficilement la solitude qu'elle lui impose. Elle répond que la solitude physique lui importe peu. En revanche, la solitude intellectuelle, si. Ne pas pouvoir philosopher avec quelqu'un, comme c'était le cas avec lui qui n'en a jamais fait grand cas, est un supplice qu'ils ont tous deux sous-estimé :

> Après l'épouvantable crise morale qui m'a tenue quatre années et dont tu n'as jamais soupçonné la profondeur et la torturante intensité, j'ai retrouvé ces « chemins hors du monde » qui m'avaient tentée et captivée dans ma jeunesse. Je me suis étonnée qu'ils puissent se rouvrir et, lorsque j'ai eu compris que la paix, la sérénité reviendraient, j'ai conçu pour la doctrine qui me les avait ramenées une reconnaissance sans bornes[7].

Comme pour se faire pardonner ce constat cruel mais honnête, elle voudrait lui enseigner quelques principes bouddhistes. Si seulement il n'y était pas si hermétique…

Que faire ? Elle ignore, faute de nouvelles fraîches, comment évolue la guerre, bien qu'elle reste persuadée de la prochaine victoire des Alliés. Elle assure à son époux délaissé qu'elle lui reviendra. Pour le moment, elle joue son rôle d'orientaliste, le seul qu'elle reconnaît comme le sien, le seul qu'elle puisse remplir avec honnêteté. Qu'elle soit égoïste, elle veut bien l'admettre. Mais comment aurait-elle pu faire autrement ?

Moi, je ne peux plus voir les choses, même les choses terribles comme cette guerre, que telles que rêves et cauchemars, ombres sur la toile d'un cinématographe. Je regarde autour de moi, je vois ces monts géants et ma bicoque de cénobite. Tout cela est trop fantastique pour être vrai. [...] Il n'y a ni « moi » ni « autres », il n'y a qu'un rêve éternel qui se poursuit, enfantant d'éphémères personnages, d'irréelles péripéties[8].

Elle en est sûre, l'Europe de l'après-guerre aura plus que jamais besoin de philosophie relativiste et consolatrice, il y aura un public pour ses livres. Elle sera une lampe, cette « lampe de sagesse » qui est devenue son nom religieux — en tibétain, Yishé Tön-mé. Une lampe qui éclairera le chemin de ses semblables pour dissiper leurs ténèbres et chasser leur souffrance, comme le Bouddha et ses suivants l'ont prêché depuis le Ve siècle. Voilà le sens de sa vie, que Philippe peine parfois à comprendre : apprendre, observer de l'intérieur et décrire à l'usage des Occidentaux la sagesse du Bouddha, pour les sauver comme elle a été sauvée elle-même.

Décembre 1915. Alexandra prépare sa retraite hivernale. Elle se retire dans la caverne attenante à sa cabane, à l'abri du vent. Des tapis de laine et des coussins rendent le lieu presque luxueux selon les standards locaux. Les approvisionnements sont suffisants pour tenir tout l'hiver : des centaines de kilos de riz, de maïs, d'orge, de pommes de terre. Des briques de thé, des lentilles, des navets. Quelques carcasses de moutons sont réservées aux domestiques, Alexandra étant végétarienne depuis qu'elle est bouddhiste. Et d'énormes quantités de beurre, aliment national avec la tsampa, empaquetées dans des bourses de peau de chèvre qui ressemblent à des têtes coupées… Commence alors une existence solitaire sur mesure. Solitude relative, cependant :

> Je suis là avec trois jeunes garçons et une vieille femme, la mère de l'un d'eux, je ne les vois guère que le matin et un peu au dîner qu'ils me servent dans ma caverne. Parfois je fais ce que l'on appelle en tibétain : tsam. C'est-à-dire que, pendant plusieurs jours, je ne vois personne ni ne parle à personne[9].

Le gomchen, comme d'autres lamas, suit aussi cette retraite contemplative en se coupant du monde pendant trois ans, trois mois et trois semaines. Toute détachée qu'elle est des obligations matérielles, Alexandra a encore besoin d'argent. Elle en redemande à Philippe, par prudence, au cas où la guerre s'éterniserait et où elle se retrouverait sans fonds à la fin de son ermitage.

Son apprentissage auprès du gomchen touche à sa fin. Son mentor lui donne sa bénédiction pour continuer sa route et faire partager à son tour ses connaissances. Ce qu'elle fera avec les *Enseignements secrets des bouddhistes tibétains*, écrit avec l'aide de Yongden. Certains secrets ne pouvant être divulgués aux profanes, elle a promis de ne pas les rapporter. Fin juin 1916, elle part pour Chörten Nyima… et franchit les frontières du Tibet interdit. Elle a prévenu Philippe que, désormais, il fallait éviter d'écrire le nom de Tibet dans leurs lettres, la censure les lit systématiquement et personne ne doit savoir où elle se trouve, pour sa propre sécurité. En chemin, le soleil lui brûle terriblement le visage. Sans crème adaptée ni lunettes solaires, la peau exposée est mise à rude épreuve. À Shigatze, ils sont cordialement accueillis par le panchen-lama, que certains Tibétains placent au-dessus du dalaï-lama. Grâce à lui, elle rencontre plusieurs lamas grands lettrés, et un autre ermite qui vit dans une grotte. Alexandra sait qu'elle prend le risque de se faire arrêter à tout moment par les autorités britanniques qui ne lui ont pas donné la permission de séjourner ici. Elle reste peu de temps, assez pour impressionner le panchen-lama par sa culture religieuse. Il l'invite à rester au monastère mais elle ne veut pas être impliquée dans sa « rivalité » avec le dalaï-lama. Elle part en août, avec comme cadeau d'adieu une robe de lamani diplômée et un doctorat honorifique de l'université de Tashilumpo.

De retour au De-chen Ashram, c'est la stupeur : ils trouvent l'ermitage en ruine. Le gomchen s'est retiré, refusant de voir quiconque. Le résident, Charles Bell, a appris qu'Alexandra s'était rendue au Tibet, et, humiliation suprême, qu'elle y avait été reçue avec tous les égards. En représailles, sir Bell a frappé les villageois de Lachen d'une lourde amende, y compris ceux qui ne sont jamais entrés en contact avec elle. Certains ont dû piller la maison d'Alexandra pour trouver de quoi payer leur amende. Charles Bell en inflige une conséquente à la voyageuse et à ses domestiques et lui donne quinze jours pour quitter le Sikkim. Furieuse et humiliée, Alexandra promet de se venger des autorités britanniques. De façon plus fine que la leur.

Elle les humiliera avec élégance, ces Anglais arrogants qui s'approprient les pays et leurs frontières, qui vident les bourses déjà creuses de pauvres paysans — même si ceux de Lachen sont à ses yeux « les plus méchants animaux que l'on puisse rêver[10] » ! Elle se jure de retourner au Tibet. Plus encore : elle se jure de devenir la première femme blanche à pénétrer dans Lhassa, la cité interdite, l'un des lieux les plus fermés du monde.

Yongden réunit tous les effets d'Alexandra dans pas moins de vingt-huit caisses. Il est décidé à la suivre partout, pas seulement en tant que simple serviteur. C'est un lama instruit ; en plus de son tibétain maternel, il parle l'anglais, l'hindi, le népalais et le dialecte lepcha. Intelligent et curieux, il veut voyager et réussir dans le monde. Alexandra lui propose une vie d'aventure et six roupies par mois. Yongden fait ses adieux à sa famille, laquelle comptait pourtant sur lui pour subvenir à ses besoins. Rien ne lui fera changer d'avis. Ce duo improbable part le 2 septembre pour Calcutta, où un séjour de plusieurs semaines les attend.

Alexandra a une fois de plus un pressentiment qui porte à sourire lorsque l'on sait qu'elle n'a pas encore atteint la première moitié de sa vie : elle croit qu'en quittant les Himalayas, une page d'insouciance, d'aventure, de folle jeunesse tardive se tourne. Puisqu'on la chasse, elle ira poursuivre ses recherches au Japon, où l'attend une vie plus réglée et ordonnée :

Le Japon, ce sera un pays sage, paisible, reposant, civilisé avec des chemins de fer, des routes, des ponts sur les rivières, des hôtels, des tramways... Là, seront impossibles les randonnées casse-cou des steppes et des montagnes solitaires, les nuits glacées sous la tente les soirs de neige où le feu de bouse de yack ne prend pas et où l'on dîne d'une boîte de conserve et d'un verre d'eau glacée et boueuse empruntée au torrent voisin. Cela a son charme, mais pour vieillir en un tel pays, il faut y être né, ou bien braver la raison courante[11].

En attendant, elle donne des conférences à Darjeeling et à Calcutta. Elle a envoyé divers articles un peu partout ; elle est pleinement devenue l'orientaliste qu'elle voulait devenir, même si elle n'a encore publié que peu de textes.

Tout cela est simple jeu, j'ai cessé de le prendre au sérieux et de me prendre au sérieux, voilà toute la différence[12].

Elle passe par Penang, en Malaisie, en janvier 1917, et Rangoon, en Birmanie, avant de partir pour le Japon. À bord du paquebot *Cordillère* qui les emmène au pays du Soleil-Levant, elle observe avec un dégoût croissant ces familles françaises qui se donnent des airs aristocrates, dansent et s'agitent sans penser à la guerre qui brûle leur pays. La justesse de la pensée du Bouddha la frappe à nouveau, devant ces inconstants, ces fous. Le bienfaisant silence et la solitude de son ermitage lui manquent. Le 7 février 1917, le paquebot accoste à Kobe.

À l'autre bout de l'Extrême-Orient

C'est peu dire qu'Alexandra sera déçue par le Japon. Sa première impression, devant la mer Intérieure, est excellente. Elle ne durera pas. Alors qu'elle a bravé des conditions de voyage parfois impossibles, acceptant avec humour et bravoure les infâmes brouets et les nuits à la belle étoile dans la neige fondue, elle aborde le Japon raffiné avec une méfiance croissante. Bientôt, elle se plaint de tout. De ne pas comprendre la langue, du paysage trop réduit, joli mais sans relief comparé aux Himalayas, du climat pluvieux. Elle a la cuisine japonaise en horreur et regrette le thé au beurre salé. Il faisait bien plus froid dans sa cabane de Lachen ; pourtant, elle grelotte dans ce pays. Lachen… Ses années passées là-bas lui paraissent irréelles. Pourtant, que de choses intéressantes se présentent ici à une orientaliste versée dans l'étude comparative du bouddhisme : la voilà accueillie dans l'université bouddhiste, entourée de professeurs dévoués. Elle logera même dans un monastère zen. Elle part à pied faire le tour des temples d'Atami, marchant plusieurs heures jusqu'à un promontoire d'où elle

1 Louise Eugénie Alexandrine Marie David, vers l'âge de trois ans, à Paris.

2

« C'est là
mon supplice
de voir
sans cesse
le parfait
et le juste
sans pouvoir
jamais
y atteindre. »

3

2 Alexandra David, âgée de seize ans environ, au conservatoire de musique, à Bruxelles.

3 Philippe Néel à Tunis, vers 1913.

4

4 Alexandra David-Néel au Tibet avec son fils adoptif, le lama Aphur Yongden, vers 1921.

5 Swâmi Bashkarânanda, vivant nu à Bénarés dans un parc de roses, vers 1892. C'est à cette époque qu'il initie Alexandra David à la philosophie vedànta, lors de son premier voyage en Inde.

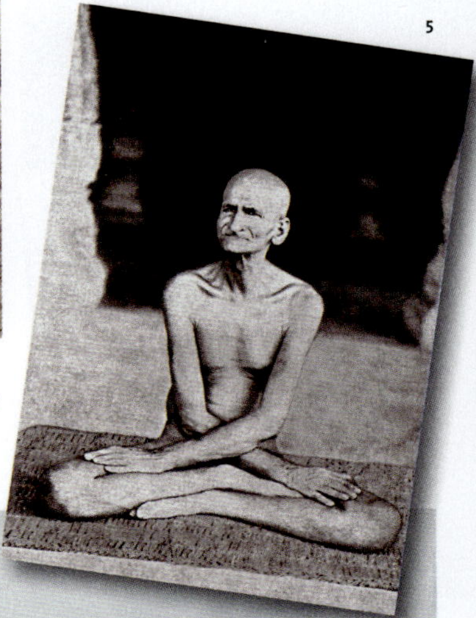

5

6 Devant le palais du Potala à Lhassa avec Aphur Yongden et une jeune autochtone, février 1924.

6

7

7 Alexandra David-Néel avec son yack, sud du Tibet, 1914.

8 Alexandra David-Néel entourée de chefs des tribus tibétaines Horpa, Tibet, août 1921.

8

9 Alexandra David-Néel devant un monastère, Corée, septembre 1917.

10 Le lama Aphur Yongden.

« Les chiens aboient,
les chats miaulent,
c'est leur nature, moi,
je philosophe, c'est la mienne,
cela est tout aussi spontané
et involontaire et n'a pas
plus d'importance. »

11

« Il faut compter
avec la stupidité des hommes
en attendant qu'elle soit
vaincue. »

11 Petit tulku au grand monastère Labrang, dans la province tibétaine de l'Amdo, 1921.

12

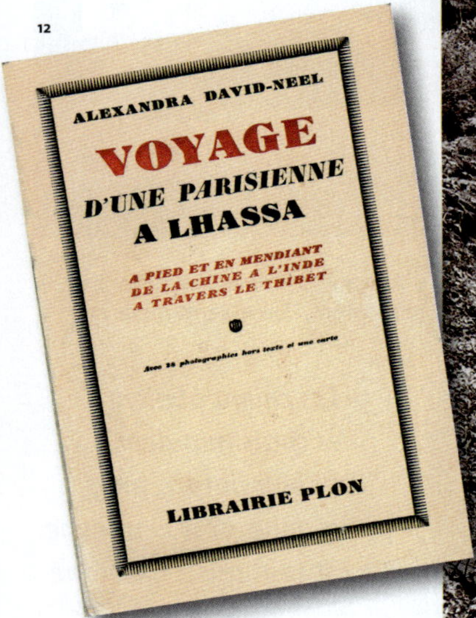

12 Couverture de *Voyage d'une Parisienne à Lhassa*, première édition, 1927.

13 Alexandra David-Néel et le lama Aphur Yongden sur le fleuve Yangtsé, Chine, 1937.

14 Alexandra David-Néel en chaise à porteurs et sous escorte chinoise, au cours de son dernier voyage en Asie, de janvier 1937 à juillet 1946.

13

15 La villa d'Alexandra David-Néel à Digne, Samten Dzong, mai 2013.

16

« La vérité apprise d'autrui est sans valeur. Seule compte, seule est efficace la vérité que nous découvrons nous-mêmes. »

16 Alexandra David-Néel à son retour définitif dans son oratoire tibétain de Digne, années 1950.

aperçoit le mont Fuji. Il lui fait l'effet d'une petite montagne à chapeau blanc... On l'attend à Tokyo, où elle approfondira ses deux sujets d'étude actuels : « Comparer les doctrines de la Shingon-Shu du Japon avec celles des lamas tibétains — et comparer les méthodes d'entraînement spirituel : méditation, etc. de la Zen-shu avec celles de l'Inde[1]. » À Tokyo, elle sympathise avec le fils de Tolstoï qui loge dans le même hôtel qu'elle. Son séjour s'améliore, elle apprécie les Japonais, leur hospitalité et la richesse de leurs enseignements.

Elle part ensuite pour Kyoto, la ville aux deux mille temples, puis à Nara et à Ise, où se trouve le grand sanctuaire intérieur, le site shinto le plus révéré du Japon. Elle apprécie la simplicité des temples shinto nichés dans les forêts. Pourtant, ces décors ravissants ne font qu'amplifier sa nostalgie du Tibet. Ce qui vaut à Philippe la lecture de cette déclaration d'amour à cette terre qui l'a transformée :

À vrai dire, j'ai le « mal du pays » pour un pays qui n'est pas le mien. Les steppes, les solitudes, les neiges éternelles et le grand ciel clair de « là-haut » me hantent ! Les heures difficiles, la faim, le froid, le vent qui me tailladait la figure, me laissait les lèvres tuméfiées, énormes, sanglantes, les camps dans la neige, dormant dans la boue glacée et les haltes parmi la population crasseuse jusqu'à l'invraisemblance, la cupidité des lamas et des villageois, tout cela importe peu, ces misères passaient vite et l'on restait perpétuellement immergé dans le silence où seul le vent chantait, dans les solitudes presque vides même de vie végétale, les chaos de roches fantastiques, les pics vertigineux et les horizons de lumière aveuglante. Pays qui semble appartenir à un autre monde, pays de titans ou de dieux. Je reste ensorcelée[2].

Comment après cela ne pas être déçu par le reste de l'Asie… Le meilleur des accueils n'y change rien ; il y a trop de gens, les champs sont trop ordonnés, les marchands trop honnêtes ! Le Japon pourrait aussi bien être un pays d'Occident… Alexandra est pourtant immergée dans la vie quotidienne de Tofuku-ji, l'un des plus grands temples bouddhistes de Kyoto. Elle assiste aux rituels des moines zen, aux nombreuses séances de méditation qui rythment leur quotidien, au son de la psalmodie des sutras, au tempo réglé par deux planches de bois frappées l'une contre l'autre. C'est beau, paisible. Mais ce ne sont pas les tantras graves accompagnés du son des longues trompes de « là-haut ». La tristesse l'envahit. Elle se sent malheureuse dans ces villes trop peuplées, dans ces maisons froides où l'on contrôle jusqu'à la façon de s'asseoir et de se mouvoir. Et cette pluie qui n'en finit pas, ce printemps qui n'arrive pas… Elle en vient à regretter de ne pas être morte là-haut, dans sa cabane, entourée de beauté, au sommet de son rêve. Au moins, là-bas, c'était chez elle ; le seul endroit où elle a été heureuse d'entreposer ses caisses de livres, à dialoguer avec un âne, un poney et quelques chiens. Heureusement, elle a ramené un souvenir vivant : Aphur Yongden. Elle le décrit enfin à Philippe, ce jeune Tibétain à lunettes rondes, après plusieurs années de ce qu'on peut appeler une vie commune, ce précieux garçon qui sait tout faire sans jamais rechigner, qui supporte le caractère vif d'Alexandra et qui lit le sanscrit avec la même aisance que le tibétain. Il est encore plus petit qu'elle mais il est robuste et costaud. Elle fait promettre à Philippe que, s'il lui arrivait quelque chose, il devrait envoyer à ce garçon de quoi le rapatrier dans son pays et assez d'argent pour qu'il puisse s'établir et fonder un foyer.

Elle lorgne vers la Corée voisine, plus montagneuse, plus sauvage, où vivent quelques anachorètes épargnés par la dégénérescence du bouddhisme primitif. Plus économique, aussi : la vie est chère au Japon. Alexandra et Yongden décident de partir dès qu'ils auront reçu un nouveau mandat de Philippe. Et après ?... Il lui reste tant à voir, la Mongolie et ses nombreux sites historiques, et le monastère de Kum Bum dont elle rêve depuis si longtemps. En tout cas, ne pas s'arrêter, ne pas laisser l'âge se souvenir d'elle et la rattraper soudain.

Ces années de voyages, en tout une période de moins de dix ans, auront composé toute ma vie car je ne compte pour vie que le temps où quelqu'un agit vraiment selon son désir. « Marche comme ton cœur te mène et selon le regard de tes yeux », comme dit mon vieil ami l'Ecclésiaste[3]...

Lassée d'emporter toute une boutique avec elle, elle laisse ses caisses à Tofuku-ji. Yongden et elle quittent avec soulagement Kyoto qui brûle sous la fournaise de l'été. Ils arrivent à Fusan, en Corée, le 7 août 1917. La barrière de la langue leur impose des contraintes compliquées. Yongden, tout polyglotte qu'il soit, ne peut l'aider. Ils séjournent dans plusieurs monastères. L'expérience est agréable à Kongo-San puis à Yuten-ji, malgré un régime alimentaire pas plus adapté à leur estomac que la nourriture japonaise. La pluie incessante les a, hélas, suivis. Alexandra profite des rares accalmies pour randonner. Elle vit comme les moines, se baignant dans le ruisseau, dormant sur une mince couverture à même le sol, se levant à trois heures du matin pour commencer la première méditation de la journée, discipline rude qui était la sienne à Lachen et qu'elle retrouve comme une vieille habitude. Elle lit et écrit le reste du temps pour fuir son ennui existentiel, envoie des articles pour des revues londoniennes et parisiennes, comme *Le Mercure de France*. Quand elle arrête, elle est sans vie, sans plaisirs, sans volonté. Quelque chose lui a été arraché qu'elle regrette à longueur de lettres. Le Tibet ne quitte plus ses pensées. Elle doit y retourner ou se laisser mourir.

Comment contourner ces satanés Britanniques ? Pas en retournant en Inde, c'est certain. Elle décide d'atteindre le Tibet par le plus long et le plus sûr chemin : par la Chine. Elle attendra la fin des grandes chaleurs dans un petit monastère isolé en montagne avant de gagner Pékin, qui lui fait un peu peur : encore une grande ville ! La vie en extérieur lui réussit tellement mieux, elle lui a tanné la peau, son hygiène de vie et ses expéditions l'ont rendue plus en forme que jamais. Bien qu'elle ait encore d'occasionnels accès de fièvre et de rhumatismes, vite disparus, elle a développé une meilleure endurance que pendant ses jeunes années. Il faut dire qu'en l'absence de chemins de fer dans les campagnes et entre certaines villes, la marche est le seul moyen de transport possible ; il lui arrive maintenant de marcher plus de quinze heures d'affilée avec une courte halte à mi-parcours. L'émerveillement l'emporte sur la fatigue, celui d'être une nomade comme les autres.

Au final, le séjour en Corée est séduisant mais peu fructueux à cause de la barrière de la langue. Alexandra et Yongden font renouveler leurs passeports à Séoul, elle au consulat français, lui au consulat britannique. À Moukden, elle se permet un peu de tourisme spirituel : visite de palais impériaux et de temples, conversations avec des lamas mongols. Ils prennent un train pour Pékin où ils arrivent le 7 octobre 1917, après avoir traversé la Mandchourie et vu la Grande Muraille. Ils n'entendront pas parler avant plusieurs années de la révolution d'Octobre qui est en train d'éclater en Russie.

La naissance d'une nouvelle Chine

L'époque n'est pas propice à un premier voyage en Chine. Le pays est plongé dans le chaos. L'empire des Qing s'est effondré six ans auparavant seulement, remplacé par la République proclamée par Sun Yat-sen en 1912. La Chine accuse alors un immense retard économique et industriel. Majoritairement rurale, elle est encore affaiblie par les seigneurs de la guerre, gouverneurs militaires indépendants financés par l'opium, et qui vont favoriser l'inflation, la corruption et le banditisme jusqu'en 1928.

Les soldats omniprésents font planer une sourde menace. Alexandra n'est pas inquiète pour autant :

> Cela ne me concerne guère car, quels que puissent être les sentiments populaires au sujet des étrangers, je me propose de ne pas être une *étrangère* en Chine[1].

Elle est logée dans un monastère qui a servi de résidence à un ancien empereur, aussi majestueux que froid et inconfortable. Pékin lui semble pleine de recoins secrets, la population chinoise lui plaît, elle ne trouve pas en eux la tension nationaliste qu'il lui a semblé voir sous les sourires japonais, ni leur volonté d'annexer les pays voisins ; ils lui ont rappelé les Allemands... Alors que ce sont les Chinois qui ont envahi son Tibet bien-aimé, elle les plaint de se laisser exploiter par les étrangers ! Aussi intéressante que soit Pékin, Alexandra n'a pas l'intention de s'éterniser. Les frontières de la Mongolie l'attendent.

Le plan d'Alexandra est simple : parcourir près de 3 000 kilomètres le long de la Chine occidentale jusqu'à Kum Bum, situé au sud-est du Koukou-Nor, le lac bleu de la frontière que se disputent les Chinois et les Tibétains. Il leur faudrait voyager incognito, à l'insu de sir Charles Bell comme du dalaï-lama. L'itinéraire s'annonce long, cher et compliqué. Alexandra piaffe sur place, lassée des thés et des déjeuners que lui offrent les missionnaires, de leurs mondanités et de leurs conversations insignifiantes alors qu'il lui reste tant à explorer. Les lamas lettrés ont tous quitté Pékin lors des premières tensions entre Chine et Tibet. Par chance, elle rencontre un lama de haut rang, vêtu d'or et de pourpre comme un cardinal. Elle le reçoit pour prendre le thé, il se met à psalmodier devant elle et l'ensorcellement la reprend. Ce chant ne ressemble en rien aux mélodies françaises qu'elle chantait jadis, mais il la frappe au ventre alors que Massenet ou Saint-Saëns ne faisaient que flatter l'oreille. Heureuse coïncidence, ce lama vient de Kum Bum et s'apprête à rentrer chez lui. Il lui propose de l'accompagner dans sa caravane.

Kum Bum ! Alexandra en rêve depuis sa première introduction au lamaïsme. C'est là où est né

Tsong Khapa, le fondateur des geloug-pa, la secte des bonnets jaunes. On dit qu'un arbre miraculeux a poussé à l'endroit où sa mère a accouché. L'arbre a donné des feuilles sur lesquelles apparaissent des images de plusieurs divinités ainsi que les syllabes du fameux mantra « *Aum Mani Padme Hum* », d'où l'origine du nom de Kum Bum, le « monastère aux cent mille images ». Alexandra veut aussi voir l'immense lac bleu de Koukou-Nor, une merveille de la nature. Après cette nouvelle expédition, promet-elle noir sur blanc à Philippe, « je reviendrai, si je suis toujours de ce monde[2] ». En ajoutant ses conditions : disposer de ses propres appartements, où elle pourra rester seule quand elle le souhaitera, et n'être forcée à aucune vie mondaine ou sociale. Quant à lui, il pourra faire ce qu'il voudra. Sitôt cette promesse écrite, elle confie avoir une autre folie en tête : « je songe à me rendre un jour dans l'Inde par voie de terre à travers le Tibet[3] », au nez et à la barbe de toutes les autorités, britanniques comme chinoises. « Marcher sur l'asphalte des boulevards ou dans les solitudes du Tibet, ce n'est toujours que mouvoir ses jambes et poser un pied devant l'autre[4]. » Ce projet doit bien sûr rester absolument secret ; ses lettres passent par la censure, elle ne doit donc plus rien lui écrire à ce sujet. Qu'il ne s'inquiète donc pas s'il ne reçoit plus de nouvelles, c'est qu'elle sera partie mettre son plan à exécution. S'il lui arrive malheur, Yongden lui écrira en utilisant des codes pour contourner la censure.

Le courrier suivant lui apporte un nouveau mandat de Philippe et de mauvaises nouvelles : sa mère est décédée, depuis un an déjà. Malgré l'absence d'amour qui a marqué leurs relations, Alexandra est émue. Elle écrit à Philippe : « Je suis toute seule maintenant, il ne me reste que toi, grand ami[5]... » Puisque son mari est sa seule famille, elle lui demande de gérer l'héritage, de régler avec cette somme ses différentes dettes à Londres et en Inde, et d'en mettre de côté pour Yongden. Depuis quelques mois, ses lettres insistent sur le sort de son jeune compagnon. Yongden est bien plus qu'un serviteur, et pas seulement parce qu'elle ne lui paie plus de gages... Elle n'en parle pas encore comme de son fils, mais l'égoïste Alexandra sait ce qu'elle lui doit et lui prouve à l'occasion sa reconnaissance pour son dévouement désintéressé.

Ils veulent quitter Pékin au plus vite, mais le lama qui a proposé de les conduire doit attendre des appointements du Trésor public chinois. C'est un drôle de bonhomme qui demande à Alexandra mille enseignements sur les sciences occidentales qu'elle est bien en peine de lui fournir. L'attente sera récompensée, ses moyens sont importants et il lui a promis de participer à son installation. Ce qu'elle ne peut refuser, ses ressources sont maigres et si elle se contente de peu, elle préfère vivre dans l'indigence dans les lieux les plus reculés que dans une ville comme Pékin. L'hiver arrive, il fait bientôt – 20 °C, elle grelotte dans sa maison aux murs en papier. Les nouvelles de la situation politique ne sont bonnes ni en Europe, ni en Chine, ni en Mongolie, ni au Tibet, et les rumeurs les plus folles circulent. « J'ai eu par un témoin oculaire des détails sur la guerre sino-tibétaine qui continue toujours. C'est épouvantable... Les soldats chinois mangeaient le cœur des Tibétains en ragoût avec leur riz[6]. »

Le 24 janvier 1918, enfin, elle quitte Pékin pour la frontière mongole. Elle traversera toute la Chine vers l'ouest avec la caravane du lama, à laquelle s'ajoutent des commerçants et des pèlerins. « Voyage intensément pittoresque. Mes compagnons de route fournissent déjà, par eux-mêmes, ample matière à tous les étonnements[7]. » Les premiers jours se passent agréablement, jusqu'à ce qu'ils entrent dans la province de Shensi. Ils découvrent alors un pays décimé par la guerre civile. Dès lors, les arrêts deviennent fréquents. L'équipée, qui ressemble à une horde de Gengis Khan, loge dans des mansardes qui font regretter les écuries, où ils dorment sur des sols humides en terre battue. Personne ne songe à balayer le crottin des mules dans ces abris qui feraient fuir les rats.

Les villes les plus proches sont pillées par les soldats ; Alexandra prête main-forte aux blessés avec des soins sommaires. Il faut attendre, encore... Par prudence diplomatique, Alexandra s'est confectionné un drapeau français, au cas où ils seraient attaqués. Précaution sûrement inutile vu les mœurs guerrières qui font loi.

Un matin, je vois un bouquet de têtes coupées suspendues au-dessus de la porte de mon auberge. Mon très placide fils s'en inspire pour m'exposer des considérations philosophiques sur la mort[8].

La mort, elle la frôle de près : la peste pulmonaire fait des milliers de victimes dans certaines villes. Pour se protéger, on n'a que des masques et du désinfectant de fortune. Un soir, Alexandra se trouve mal, elle va se coucher avec de la fièvre. Le lendemain, elle tousse : ce sont les premiers symptômes de la peste. Elle refuse de s'inquiéter puisqu'il faut attendre le quatrième jour pour être sûr de son diagnostic : s'il y a du sang dans les crachats, c'est bien la peste. Si c'est le cas, Alexandra ne se laissera pas mourir à petit feu, une balle de revolver sera son unique remède. Elle s'isole pour éviter de contaminer Yongden. Le quatrième jour, quand elle tousse, son mouchoir reste blanc. D'ailleurs, elle se sent nettement mieux. Le soir même, elle est sur pied.

Pendant que les membres de la caravane paradent le fusil à la main, le lama vient discuter littérature avec Alexandra. Elle a déjà matière à plusieurs livres, dont quelques-uns sont prêts à être publiés, mais son sentiment a changé. Qui, en Europe, voudra lire de la philosophie orientale après des années de barbarie ? De quoi auront l'air ses volumes au milieu de ruines fumantes ? Son pessimisme inné lui fait craindre un futur plus que sombre, le monde sera désormais régi par des brutes. Sa colère contre les « Boches » est en contradiction avec les valeurs du bouddhisme, et elle le reconnaît. Si l'on devait supprimer tous les Allemands, qu'il en soit ainsi, écrit-elle en substance à Philippe, et si elle, philosophe pacifiste, pense ainsi, il ne faut pas attendre de sentiments plus nobles de la part du commun des mortels.

À Tungchow, les balles sifflent à ses oreilles. Elle réagit comme devant le tigre du Népal, en poursuivant calmement sa promenade. Seuls des pasteurs suédois arrivent à mettre à mal son sang-froid avec leur mystique chrétienne délirante. La plupart des routes sont barrées par les insurgés ; pour avancer, il faut négocier des charrettes, obtenir les autorisations des militaires, prendre des itinéraires compliqués, traverser les rivières sur des radeaux mal construits, s'attendre à trouver la mort au bout du chemin. Rester sur place est encore plus dangereux, il faut poursuivre la route. Alexandra et ses compagnons marchent tout le jour par un temps capricieux et se reposent le soir dans des abris préhistoriques qui portent le nom d'auberges. Alexandra peut dormir partout tant qu'elle peut prendre son bain chaque matin dans son tub portatif ; le sommeil et l'appétit ne lui font jamais défaut, ce dont elle est assez fière. Mais ce printemps chinois est lourd et humide, creuser des sillons dans la boue finit par lasser l'exploratrice qui a « soif de repos, de tranquillité, de lait frais et du silence des steppes[9] ». Elle n'en peut plus d'entendre des récits de carnages, en Chine comme en Europe, et de voir le sourire béat des missionnaires qu'elle croise. « De tous ceux-là qui implorent le "Père miséricordieux" et espèrent qu'il essuiera toutes larmes, pas un ne se demande pourquoi il les fait couler aujourd'hui et en quoi se manifeste son amour de l'Humanité[10]. » L'Alexandra anticléricale de *Pour la vie* n'a pas changé... Pourtant, elle non plus ne ressent pas d'amour aveugle pour l'humanité. Elle n'en admire réellement qu'une infime partie, celle des ascètes, des sages vivant une vie simple, solitaire et méditative, qui ont renoncé à leur si fragile statut d'hommes.

Dans le Kansu, la majesté des paysages fait oublier l'insalubrité des masures où les voyageurs passent la nuit après des dizaines d'heures de route. Les charrettes, dépourvues d'amortisseurs bien sûr, avancent comme elles peuvent sur des chemins chaotiques. La pitance est rare et maigre, à peine nourrissante, jamais réconfortante. Alexandra est parfois invitée à prendre le thé chez un gouverneur. Des militaires lourdement armés apportent le service de porcelaine avec mille précautions et récitent des classiques chinois ; le contraste amuse Alexandra. C'est ça aussi, l'Asie qu'elle aime tant, cette fidélité aux traditions les plus nobles :

> Nous avons beau les conquérir, les duper, les voler, les Asiatiques demeurent dans un monde de beauté et de grandeur dont la porte reste close à l'Occident[11].

Les muletiers, eux, n'ont pas tant de délicatesse. Lorsqu'ils prennent un peu trop leurs aises, Alexandra oublie ses habits de paix et se plie aux coutumes locales pour se faire respecter : à coups de fouet. Elle est consciente du comique qu'il y a à voir sa minuscule personne battant un solide charretier jusqu'à le faire mettre genou en terre. La correction est efficace, elle n'aura plus à se plaindre de son employé. Les fonctionnaires lui donnent plus de mal, ils exigent des autorisations inutiles dans des régions où les indivisions favorisent la loi du plus fort. « Le pays est, ici, encore plus qu'ailleurs en Chine, si possible, divisé et en état d'hostilité. Les Chinois haïssent les musulmans, les Tibétains haïssent les Chinois et les musulmans. Les musulmans le rendent aux uns et aux autres[12]. »

Ils arrivent à Lanchow en mai, harassés et couverts de bleus. Les montagnes emplissent Alexandra d'une énergie nouvelle. Elle est très aimablement reçue par le gouverneur, bouddhiste alors que la plupart des lettrés chinois sont confucianistes. Son statut particulier de femme occidentale versée dans la religion orientale est une curiosité, on se presse pour la voir… et pour s'en faire bénir ou guérir. Elle pratique une médecine amateur basée sur de simples règles d'hygiène, distribue quelques médicaments de premiers secours. Elle-même se porte comme un charme, vêtue à la chinoise, prête à soulever des mules, s'amusant de la réputation de fragilité qu'elle a laissée derrière elle. Elle se félicite de ne pas avoir eu d'enfant : c'est, selon elle, une des raisons qui expliquent son insolente santé. Un jour, en observant Yongden, elle se dit que ce garçon de vingt-six ans pourrait être son fils, lui « qui tient, pour moi, le milieu entre un toutou familier et un être utile[13] ». Un fils de son sang serait probablement mort à la guerre, tandis que son fidèle ami tibétain est toujours là pour partager ses aventures. Elle ne se voit pas le congédier quand son périple asiatique prendra fin.

Je me demande parfois, sans rire, si je ne pourrais pas faire un Français d'Aphur pour, au moins, laisser une unité me remplaçant à ma mort. Il y a des Français plus bêtes que ce garçon-là. Mais, il est comme moi, Aphur, il a une âme jaune. Il restera quelque temps émerveillé par Paris ou par Londres, admirera tout son saoul et puis, peu à peu, se remettra à songer aux monts de là-haut, au son des conques et des cloches descendant du haut des gömpas vers les villages des vallées[14].

Kum Bum

Enfin, le 12 juillet 1918, les voyageurs arrivent sains et saufs à Kum Bum. Pendant six mois, ils ont traversé près de 3 000 kilomètres, en évitant de justesse les brigands, le dénuement, les maladies et les absurdités administratives. La confiance d'Alexandra s'en trouve renforcée :

> Une fois de plus, je constate que les difficultés des voyages sont, surtout, dans les récits des voyageurs et dans les appréhensions précédant le départ. Une fois en route tout se simplifie. [...] Et les kilomètres défilent, on laisse derrière soi des villes, des rivières, des montagnes et, après tout, on continue à marcher sur la terre et sur ses deux jambes... C'est bien facile[1].

Alexandra est sans doute la première exploratrice de l'histoire à qualifier ses voyages de « faciles » !

Elle s'installe dans les quartiers confortables d'une jolie petite maison chinoise, à l'écart, où elle bénéficiera de la paix requise pour se remettre au travail. « Je me trouve bien, le pays aux alentours est beau, les buts de promenade ne manquent pas, la vie est bon marché. Je voudrais faire halte ici, travailler, écrire car la plume me démange et j'ai un tas de sujets en tête[2]. » Sa vie reprend son ordre réglé : lever bien avant l'aube, méditation quotidienne, étude, écriture, traduction, avec quelques excursions pour se dégourdir l'esprit comme les jambes. Elle se plaît infiniment dans sa petite maison, dans cet environnement où elle peut vivre et travailler comme il lui plaît, dans un confort absolu comparé aux infectes auberges chinoises qu'elle a vues. « C'est une vraie joie de se retrouver hors des villes et de sentir qu'au sud s'étend le vaste Tibet, à l'est les solitudes du Koukou-Nor, au nord les immenses steppes mongoles[3]... » Yongden et elle vont y traduire des manuscrits bouddhistes pendant les deux ans et demi à venir.

Environ trois mille huit cents moines vivent ici, confondus au milieu des statues et portraits d'anciens lamas et de déités. « Ancêtres et divinités semblent s'y mêler aux hommes : une atmosphère mystique enveloppe les gens et les choses, voilant les détails vulgaires, idéalisant les attitudes et les visages[4]. » Lucide, Alexandra sait que parmi ces moines bien peu possèdent la valeur intellectuelle et spirituelle requise. Beaucoup d'enfants sont là parce que leurs parents ne peuvent subvenir à leurs besoins. Placés sous la houlette d'un tuteur dès l'âge de huit ans, les enfants se mêlent aux adultes dans les assemblées solennelles, avec plus ou moins de sérieux. « L'éducation cléricale tibétaine produit une petite élite de lettrés, un grand nombre de fainéants lourdauds, d'aimables et joviaux bons vivants et de pittoresques rodomonts, plus quelques mystiques qui passent leur vie en de continuelles méditations dans les ermitages du désert[5]. » Étant donné que presque chaque Tibétain qu'elle rencontre possède plusieurs de ces caractéristiques, son plaisir d'observation est sans fin, et elle s'attache profondément à eux.

Alexandra visite les nombreux temples aux alentours, richement ornés. Elle observe la vie monastique de l'intérieur, goûtant le son des longues trompes tibétaines, le murmure des psalmodies, les basses très profondes, les tintements de clochettes au sein des temples. Quelques coups tombent sur la tête des moines qui s'assoupissent. Kum Bum étant très fréquenté par les pèlerins, des fêtes sont souvent données. Alexandra en profite pour goûter la cuisine locale, qui change de la tsampa. Le régime alimentaire est un peu plus roboratif qu'ailleurs, on y crée des ragoûts mêlant tout ce qui se trouve de comestible. Comme un peuple se définit aussi par ce qu'il mange, l'orientaliste rédigera le premier livre de cuisine tibétaine, *Gargantua au pays des neiges*. De son côté, elle attire la curiosité de ceux qui n'ont jamais vu d'étranger. On l'appelle « Khandoma », une sorte de fée, comme si elle était un esprit doté de pouvoirs magiques et, à ce titre, on se prosterne sur son passage. Elle s'en amuse mais ne refuse pas pour autant de bénir les têtes penchées vers elle. Les malades se pressent autour d'elle qui ne craint pas la contagion, d'abord parce qu'elle a foi en sa solidité, ensuite parce qu'elle ne craint pas la mort. Sa disparition, pense-t-elle, ne causerait de mal à personne, puisqu'elle n'a personne à charge.

Et puis, ainsi va la vie : elle sait depuis longtemps que l'existence n'est qu'un songe.

À part les missionnaires rencontrés, personne ne s'étonne qu'elle voyage seule avec Yongden. Son statut de bouddhiste lui donne une respectabilité de religieuse. Chez les bonnets jaunes d'ici, le célibat est de rigueur, tandis que chez les bonnets rouges, seuls ceux qui ont reçu l'ordination suprême font vœu de chasteté ; les autres lamas peuvent se marier et vivre avec leur famille en dehors du monastère. La plupart sont là pour acquérir des connaissances surpassant l'entendement, entrer en contact avec un au-delà difficile à définir et des forces occultes. Certains poursuivent les mêmes buts à l'extérieur des enceintes : ce sont les mystiques et magiciens du Tibet dont elle rend compte dans son livre du même nom. Le salut par la connaissance, qui demande beaucoup d'efforts, est un idéal mystique très ancré chez les Tibétains. Peu importe le lieu de la recherche spirituelle, puisque, au Tibet, dieux et démons sont partout. Ils décident de tout : phénomènes météorologiques, récoltes, naissances, maladies, humeur du jour. Le religieux imprègne la vie entière, même si les lamas disent eux-mêmes que les dieux n'existent que parce que les fidèles croient en eux... Tout est issu de notre imagination, comme le poète Milarepa le chantait déjà. Tout l'enseignement des mystiques tibétains repose sur cette idée simple en apparence, si difficile à assimiler.

Les démons sont en nombre illimité et, sans les activités des lamas, ils rendraient la vie impossible aux Tibétains. D'où une profusion de rites qui rythment le quotidien. Tout le monde y croit, et nombreux sont ceux qui ont été les témoins de manifestations surnaturelles. Alexandra, avec son scepticisme coutumier, juge que l'atmosphère très particulière qui règne sur le Pays des Neiges est sûrement favorable aux hallucinations. Prodiges et miracles sont le lot quotidien des religieux, moines et anachorètes. Mais qui sait ? Alexandra aussi a été témoin d'événement inexplicables, qu'elle raconte dans l'étonnant *Mystiques et magiciens du Tibet*.

Elle a vu de ses yeux un loung-gompa, un de ces hommes entraînés à parcourir des distances considérables à pied, à une grande vitesse et sans ressentir de fatigue. Elle a d'abord aperçu un point noir sur le flanc d'une montagne qui se déplaçait anormalement vite. Vu de près, elle a pu constater que l'homme était en transe. Comme il est dangereux de réveiller quelqu'un dans cet état de conscience, elle n'a pas pu l'interroger comme elle le souhaitait. Elle reçoit cependant la preuve qu'un entraînement psychique et physique coordonné peut accomplir des prodiges, comme le toumo : par grand froid, à 3 000 mètres d'altitude, elle parvient à faire sécher sur elle un drap mouillé. Enveloppée de vapeur, elle doit être aussi impressionnante que les déités peintes sur les murs des temples. Elle est également persuadée d'avoir reçu des messages télépathiques venant de lamas qu'elle a rencontrés ; la télépathie est chose commune chez les initiés tibétains. Dans ces terres, d'innombrables histoires terrifiantes circulent. Ici, on croise des mangeurs de souffles ; là, les böns, ces moines de l'ancienne religion du Tibet, enferment des hommes vivants pour qu'ils se putréfient lentement, libérant un élixir d'immortalité… Cette dernière pratique inspirera à Alexandra un chapitre de son roman *Magie d'amour et magie noire*, où tous les rites décrits sont bien réels. Des histoires de morts vivants, aussi, et de rites funéraires où l'officiant se couche sur le mort, bouche contre la sienne, en attendant qu'il se réveille ; l'officiant tranche alors avec ses dents la langue du mort, qui devient une arme puissante.

Le pouvoir de suggestion ne doit pas être sous-estimé : prenant un chapeau abandonné pour un animal tapi, des voyageurs se sont vu poursuivre, terrifiés, par le couvre-chef. L'objet a pris vie par leur simple projection psychique… Tous ces prodiges, Alexandra les collecte au fil des années. Pour se délasser de ses recherches et de ses traductions, elle pratique une forme plus profonde de méditation. Comme les moines, elle entre en tsam, de longues périodes de réclusion qui lui permettent d'explorer d'autres mystères tibétains. Elle aurait ainsi créé un tulpa, un double fantôme produit par une concentration extrême et la répétition de certains rites, que l'on peut animer par la seule force de l'esprit.

Elle voulait se rendre au monastère de Labrang, l'un des plus grands monastères geloug-pa, mais des querelles entre lamas ont provoqué l'arrivée massive de soldats, mettant le lieu à feu et à sang. L'interprète chinois aurait été découpé en morceaux et son cœur dévoré par le peuple… Alexandra écoute d'une oreille ces nouvelles ahurissantes, feignant de méditer. Les tensions sont palpables entre Chinois et Tibétains, exploitants et exploités ; quand les Tibétains se révoltent, comme c'est souvent le cas dans ces régions, les affaires se règlent dans le sang. Une insurrection peut très bien arriver jusqu'à elle. Les troupes du Sichuan viennent justement de forcer les frontières. De sa forteresse méditative, ces grondements lui semblent aussi lointains que ceux qui secouent l'Europe. Tout lui paraît ouaté, ailleurs, absurde. « Je ne suis pas un ermite, relativise-t-elle, je suis habitant d'un autre monde et je regarde celui où, vous tous, vous agitez avec le paisible intérêt d'un spectateur au cinéma[6]. » Elle se sent moins européenne que jamais ; s'il n'y avait pas Philippe, qui envisage de prendre sa retraite en France, elle n'y retournerait jamais.

L'Asie des monts géants et des grandes steppes est une terre promise pour ceux qui en ont assez de la fièvre qui vous agite, de votre petite vie étriquée et misérable de pauvres « civilisés »[7].

Elle prend en grippe jusqu'à son souvenir des villes, des réclames aveuglantes, des trains bruyants et salissants, tout ce qui n'est pas air pur et silence des sommets.

La sensualité, chacun la place selon son tempérament, moi, j'ai celle de la solitude, du silence, des terres vierges que ne dépare aucune culture, des grands espaces et de la rude vie, sous la tente, des nomades de l'Asie centrale. Je m'y abandonne, je me roule en elle, plus que la sagesse ne le voudrait sans doute[8]...

En septembre, les journaux lui apprennent la déroute des Allemands. Sa joie est de courte durée : les Chinois aussi ont été repoussés par les Tibétains à la frontière du Kham, et les routes sont moins sûres que jamais. À Kum Bum, les gens sont calmes mais tous, Alexandra comprise, dorment avec un revolver à portée de main, envisageant l'avenir en bouddhistes : détachés et pragmatiques. Vêtue en nonne, tout de grenat, de jaune et d'or, elle assiste aux grandes fêtes annuelles du monastère. Elle porte le châle jaune réservé à ceux qui ont vécu en ermitage, auquel elle a droit depuis son expérience dans la grotte himalayenne. Elle bénit à répétition, tout en sachant qu'elle serait la première à se moquer d'elle-même si elle se voyait de l'extérieur. Elle ne s'épargne jamais le regard ironique qu'elle porte sur toute chose.

Alexandra a cinquante ans quand l'annonce de l'armistice en Europe lui parvient. Elle en a les larmes aux yeux, toute détachée qu'elle soit. Elle se réjouit du courage des Français, de l'Alsace-Lorraine récupérée… Comme elle a lu Nietzsche, elle déclare que les Alliés ont gagné parce qu'ils étaient plus forts que les Allemands, non parce qu'ils étaient du bon ou du mauvais côté. Yongden et elle fabriquent un drapeau de fortune en cousant ensemble des morceaux d'étoffe bleus, blancs et rouges, et inscrivent dessus une formule d'une prière de remerciements tibétaine qu'ils clament chaque fois qu'ils viennent à bout d'un sommet : « *Lha gyalo ! De tamche pam !* » (« Victoire aux dieux ! Les démons sont vaincus[9] !) » Et de partir pour une grande excursion dans les neiges fraîches du début de l'hiver. Seule une épidémie de grippe les met à terre. Yongden est très malade et ne cesse de gémir, au grand agacement d'Alexandra qui parvient à tenir debout en s'appuyant sur son orgueil. De fortes fièvres les immobilisent plusieurs jours. Une fois remise, elle s'isole tout à fait dans sa petite maison, refusant de voir personne sauf Yongden, pour travailler. Elle s'use les yeux à déchiffrer les petits caractères ornementés sur les feuillets horizontaux, fait copier des traités philosophiques qu'elle compte traduire en français et en anglais en plus de ses articles. C'est à cette époque qu'elle accole Néel à son nom de jeune fille pour signer ses écrits.

En février 1919, elle apprend que le Sénat étudie une proposition pour donner le droit de vote aux femmes. À la bonne heure, pense-t-elle, la France est si en retard à ce sujet. Elle part ensuite sur des considérations sur le catholicisme, responsable de la position arriérée de la femme : « Il est une école malsaine pour les cerveaux féminins qu'il gave d'un mysticisme aussi débilitant que niais[10]. » Le protestantisme vaut mieux... mais guère. De toute façon, elle sent qu'elle n'usera jamais de ce droit car elle ne se voit plus retourner vivre un jour en France.

Malgré la guerre civile qui rend toujours les routes dangereuses, où les étrangers disparaissent souvent sans laisser de traces, le duo décide d'explorer la région du Koukou-Nor, en guise d'entraînement pour de plus longues expéditions qu'Alexandra commence à ruminer. Ses lettres à Philippe contiennent souvent des sous-entendus : « Le grand voyage dont je t'ai parlé, j'y songe toujours et certainement je l'effectuerai, si je ne meurs pas d'ici là, mais ce ne sera pas bientôt. Pour qu'il soit tout à fait intéressant, il me faut avoir terminé auparavant certaines études dans la région où je suis[11]. » Ils partent avec quelques provisions, un appareil photo dont elle développe elle-même les négatifs, et une arme dissimulée dans les plis de ses vêtements. Huit heures par jour en moyenne, ils grimpent sur des torrents gelés, traversent des sentiers infranchissables et des versants ensoleillés, glissent sur les pierres rondes, parfois sous le regard de quelques hommes armés de fusils au loin, qui ne les attaquent heureusement pas. Ils en profitent pour faire une nouvelle tournée de monastères : celui de Tchakyong, l'ermitage de Nam-Dzong et sa somptueuse bibliothèque d'ouvrages recouverts de brocart que personne ne lit. Alexandra est accueillie à bras ouverts par des religieuses qui lui proposent de rester plusieurs mois parmi elles. Elle s'initie à l'escalade avec de solides et rieuses montagnardes jusqu'à de petits temples perchés sur une aiguille. Les soldats chinois sont partout mais se comportent bien, comparés à ceux dont la réputation épouvante à des kilomètres à la ronde. Elle s'amuse comme une jeune fille.

Voyager, c'est, de même qu'étudier, faire un long bail avec la jeunesse. Il n'existe pas, je crois, de plus efficace fontaine de jouvence que ces deux choses combinées : voyage et activité intellectuelle[12].

L'entraînement secret est une réussite. Quand ils rentrent à Kum Bum, c'est la fête, on les couvre de cadeaux et d'honneurs, comme de vieux amis qu'on est heureux de retrouver. En juin, elle repart avec Yongden, son escorte, sa tente et quelques kilos de tsampa pour le lac de Koukou-Nor. Un voyage ethnographique qui mettra tout l'été son endurance à rude épreuve. La situation politique du pays n'est pas apaisée : « On dit que le dalaï-lama a adressé une lettre collective à tous les monastères du Koukou-Nor, d'Amdo, etc., leur disant que le temps de l'indépendance du Tibet est arrivé. » Elle campe au bord du lac aux eaux turquoise, un lieu enchanteur à peine atteint par le fracas du monde. Le Koukou-Nor étant un immense plateau qui embrasse aussi bien la Chine que les confins du Tibet, on peut marcher des semaines sans trouver un village. Cet isolement ravit Alexandra. Seule la présence régulière de voleurs l'amène à empoigner son revolver, au cas où. Elle n'aura pas à s'en servir, cela donne juste du piquant à l'aventure, et la région n'en manque pas. Elle accepte l'invitation d'un lama isolé dans la montagne avec ses troupeaux de chèvres, mais elle est déçue par l'endroit, humide et peu intéressant, et repart vers un endroit plus sain.

À la fin de l'été, elle a fait le tour de ces paysages monotones, trop herbeux, trop doux. Ces mois de grand air l'ont renforcée : « Je me porte très bien et déambule comme un lapin[13]. » Elle retourne avec une joie accrue à Kum Bum reprendre ses études. Même si « les lamas pris dans leur ensemble valent ce que valaient nos moines du Moyen Âge : pas cher[14] ». Elle sait qu'elle est bien plus érudite qu'eux en ce qui concerne les textes qu'ils psalmodient mécaniquement sans en comprendre le sens.

Pendant ce temps, la situation politique en Asie centrale se détériore. La guerre civile russe s'étend à la Mongolie et les combats s'intensifient sur la frontière sino-tibétaine. La Chine est toujours ravagée par sa propre guerre, par la famine, le typhus et le choléra. Alexandra passe l'hiver à l'abri des explosions et des épidémies. Elle copie des volumes de Nagârjuna, un philosophe hindou mahayaniste du VIe siècle dont les écrits ont lancé un pont entre le sanscrit et les langages du Nord. Elle songe :

> Plus tard, quand j'aurai eu du Tibet tout ce que j'en souhaite, quand les traductions auxquelles je travaille seront achevées et quand j'aurai épuisé, si possible, l'enivrement, le charme magique de ce pays, il me sera possible de m'enfermer avec mes livres dans une chambre n'importe où[15].

Elle pourrait un jour acheter un terrain où elle planterait de quoi assurer ses vivres, mais où ? En attendant, elle continue de faire des randonnées qui pourraient nourrir un livre illustré de ses nombreuses photographies. Comme elle n'a plus d'argent, elle décide de rester encore un peu sur place ; elle veut à présent traduire quelques extraits de la volumineuse Prâjnâparamita pour en publier une version abrégée. « Cela entrera dans le livre que je veux écrire sur le bouddhisme philosophique et mystique d'après les sources tibétaines. [...] Aphur m'aide autant qu'il le peut et traduit avec moi, encouragé par quelques taloches de temps en temps[16]. »

Au meilleur de sa forme, elle voudrait lancer sa grande expédition secrète tant que les rhumatismes l'épargnent. Son hérédité lui permettra peut-être de vivre aussi longtemps que la plupart des membres de sa famille (deux de ses arrière-grands-pères ont dépassé cent ans), en gardant assez d'yeux et d'esprit pour lire et écrire. En revanche, elle ne pourra pas toujours chevaucher des journées entières et vivre comme les nomades. Elle demande à Philippe ce qu'il pourrait lui verser pendant l'année à venir et de l'aider à faire publier ses manuscrits, articles compris. Quand Yongden lui donne l'idée de se mettre à un dictionnaire français-tibétain, elle prophétise sans le savoir : « Oh ! je puis vivre cent ans, je n'aurai pas le temps de m'ennuyer, si je conserve mon cerveau en bonne condition[17]. »

L'envie de partir la démange. Des raisons extérieures viennent augmenter sa hâte :

> Je vois une nouvelle guerre à l'horizon, une débâcle générale et nos revenus réduits à bien peu, sinon à néant. Eh bien ! Ma philosophie qui s'accommode de vivre dans une caverne ou de partir, comme je vais le faire, avec Yongden, dans quelques mois, à pied, sans presque aucun argent, ne me laisse pas indifférente à l'idée de devenir une va-nu-pieds en Europe et de vivre dans une maison habitée par des ménages prolétaires, devant, comme mes voisines, laver ma vaisselle et balayer mon plancher. Accepter la vie à ce prix-là me paraîtrait de la bassesse d'âme[18].

Comment imaginer, après ce qu'elle a vu et dans l'état de déréliction du monde dit civilisé, le gouffre économique dans lequel il s'enlise, revenir à une vie de petite-bourgeoise, aussi hospitalière que soit la maison tunisienne du meilleur des époux... Si le couple Néel doit se retrouver, il faudra que ce soit hors des villes où il vivrait dans la misère. Elle imagine plutôt s'établir à la campagne, en autarcie, se contentant des fruits et des légumes qu'elle ferait pousser elle-même. Malgré leurs divergences de caractère, elle assurerait ainsi à Philippe une vieillesse tranquille auprès d'une « femme pas absolument ignorante et stupide qui a vu beaucoup de choses et dont la conversation pourra te faire passer quelques bonnes heures[19] ». Comme les idées et pressentiments d'Alexandra ont tendance à se concrétiser en temps et en heure, elle peut y croire au moment où elle l'écrit.

Les mois suivants se passent en préparatifs. Impossible de partir tant qu'elle n'a pas reçu une importante somme de la part de Philippe. Dans sa maison, elle vend le maximum de choses. Elle veut ne garder que l'essentiel et, si possible, encore moins que l'essentiel. Un voyage à pied, avec seulement deux mules pour les tentes et les provisions de route, se doit d'être léger. Elle va envoyer en consigne à Pékin ses précieux livres et objets amassés depuis des années, certains ont la valeur de pièces de musée. L'envoi de tels colis coûte une fortune.

Elle fait quelques excursions pour garder la forme, pas toujours satisfaisantes pour quelqu'un qui, jusque-là, a plus souvent cheminé en selle qu'à pied, mais la régularité lui fait gagner de l'endurance. Yongden de son côté fait de son mieux, il est un peu plus petit qu'Alexandra et tient bon grâce à son caractère placide, qui lui fait supporter sans broncher les hauts cris de sa « révérende mère ». Ils testent des sentiers à l'aventure pour faire face à toute éventualité. Ils se perdent, prennent la pluie, s'exténuent… Et trouvent leur consolation en se reposant le soir auprès d'un feu de bouse de yack. C'est autour de ces feux de camp qu'Alexandra écoute les épopées tibétaines, dont la plus célèbre est celle du héros Guésar de Ling. Ce poème épique national daté de douze siècles serait composé de plusieurs millions de vers et n'existe que par la bouche de bardes qui en connaissent par cœur des fragments entiers. Alexandra va consigner ces extraits pour en composer le premier recueil écrit, à des proportions raisonnables. La légende du roi Guésar est très vivace au Tibet et en Mongolie, personne ne met en doute la vraisemblance de cette histoire teintée de merveilleux. De nombreux Tibétains attendent d'ailleurs une prochaine réincarnation de Guésar, le fabuleux guerrier cosmique qui amène à la sagesse et à la libération dans la plus pure tradition du bouddhisme. L'ouvrage d'Alexandra rappelle que l'art du guerrier, dans les anciennes traditions asiatiques, ne glorifie pas la force et la destruction, mais la bravoure et la connaissance.

Elle confirme à Philippe qu'elle a l'intention de ramener Yongden avec elle quand elle retournera en Occident. Pour son dévouement généreux, sa débrouillardise, sa faculté d'adaptation à toutes les situations. Elle reconnaît qu'il y a un peu d'égoïsme à vouloir le garder auprès d'elle, parce qu'il la connaît si bien et qu'elle n'est plus si jeune. Il est aussi indispensable à sa cuisine qu'à ses traductions tibétaines, qu'il dégrossit pour elle, la laissant ensuite écrire en français. Elle gagne beaucoup de temps grâce à ce collaborateur qui a su se rendre indispensable. Elle oublie parfois de le mentionner, par manque d'habitude de ce vocabulaire, mais elle ressent aussi beaucoup d'affection pour lui. Elle anticipe les réticences de Philippe en lui faisant remarquer que le jeune homme serait pour eux un domestique efficace et peu onéreux. Yongden ne manque pas d'humour non plus : « Il me dit parfois que je le tiens renfermé comme une femme chinoise, oubliant qu'il est un homme, mais il est le premier à en rire et se trouve très heureux ainsi[20]. »

En Chine comme en Mongolie, les provinces se font la guerre. L'itinéraire qu'elle a en tête sera forcément soumis à des détours, à des bifurcations pour assurer leur sécurité et leur subsistance déjà très précaires. Elle répète à Philippe que s'il ne reçoit pas de nouvelles d'elle pendant longtemps, il ne doit en aucun cas la faire rechercher : elle va prendre des routes où il n'y a aucune communication postale possible. Et un avis de recherche compromettrait non seulement son voyage, qu'elle veut réaliser incognito pour éviter tracasseries et interdictions, mais sa vie. Comme si la terre se révoltait contre le sang qui l'irrigue, un violent tremblement de terre vient secouer la région de Kum Bum. Les dégâts sont considérables, des villages entiers ont été engloutis. Les habitants, épouvantés, déplorent leurs pertes tandis que les missionnaires crient de joie : pour eux, une telle catastrophe est annonciatrice du retour du Christ. Alexandra rappelle que chaque apparition de Bouddha a été précédée d'événements beaucoup plus gais…

Les frontières du bout du monde

Le 5 février 1921, Alexandra et Yongden quittent Kum Bum à l'aube. Ils sont plus équipés que prévu : quatre domestiques, un cheval et sept mules, dont une grande mule noire pour l'orientaliste. Pendant trois ans, ils vont arpenter les contrées sauvages de l'ouest de la Chine, aux frontières de la Mongolie et du Tibet interdit, là où vivent des tribus méconnues et où peu d'explorateurs ont eu accès. Elle relatera ce long voyage dans *Au pays des brigands gentilshommes*, journal de bord écrit après coup grâce à sa mémoire exceptionnelle, dont l'énergie, la finesse d'observation, l'épatante succession d'événements graves ou comiques — le comique l'emportant toujours chez elle — auraient suffi à la rendre célèbre bien avant son *Voyage d'une Parisienne à Lhassa*.

Le temps est magnifique, l'excitation du départ remplit les cœurs. Alexandra quitte avec une pointe de regret sa tranquille résidence monastique où elle a passé plus de deux ans et demi. Une plus singulière aventure l'attend, car elle garde, dans le plus grand secret, Lhassa en ligne de mire… Elle espère y parvenir en suivant un long itinéraire qui contournerait le nord-est du Tibet. Ce n'est pas la route la plus courte, mais la plus sûre : ailleurs, tout autour du Koukou-Nor, son visage est trop connu des villageois et des pasteurs. La seule condition absolue à la réussite de son voyage est l'incognito. Les obstacles de ce long détour s'annoncent nombreux : les restrictions imposées par les gouvernements britannique, tibétain et chinois, l'argent qui manque et les brigands qui pullulent, l'absence d'hygiène et de soins, les imprévus qui ne tourneront pas forcément à son avantage. Ses domestiques ne sont pas très malins et il lui faut rester ferme pour garder leur respect et leur obéissance. Heureusement, la lenteur de leurs déplacements lui permet de discuter avec les gens rencontrés, de vivre à leur rythme, de noter les détails de leur vie quotidienne. Elle ne conçoit le voyage qu'ainsi, d'étape en étape, prenant la plus longue route pour aller d'un endroit à l'autre, la destination étant presque secondaire, finalement.

L'obstacle le plus imprévisible, le plus à même de mettre un terme à ses pérégrinations, c'est le facteur humain. Certains missionnaires européens ne valent pas mieux que les brigands du coin : le protestant anglais qui négociait les chèques d'Alexandra n'a pas hésité à la voler… L'efficacité de ces missionnaires prête à sourire : les ouailles en voie de conversion n'ont pas toujours très bien compris qui était le Christ, elles confondent Dieu avec le prêtre et ne se déclarent chrétiennes que si cela leur est matériellement profitable. De toutes les façons, elles conserveront leurs traditions, culte des ancêtres compris.

Alexandra rêve de se retrouver en pleine nature mais il lui faut accepter des invitations à des dîners habillés, à des thés sur service de porcelaine, toutes ces obligations sociales qui l'assomment quand elle rêve de méditations en forêt et de nuits à la belle étoile. Elle accueillerait avec moins de lassitude les bêtes sauvages, tigres et léopards, qui peuplent ces terres : eux, au moins, ne connaissent pas les absurdités du monde moderne.

Au fur et à mesure de son avancée, la sécurité devient de plus en plus incertaine. Alexandra ne craint rien, elle avance en éclaireur, vêtue d'une vieille robe chinoise qui devrait dissuader les voleurs. Alors qu'elle avait toujours refusé de voyager trop armée, elle s'est pliée aux coutumes locales et a permis à ses domestiques de porter fusils, sabres et revolvers. Dans ces régions sans auberges, il ne faut compter que sur l'hospitalité des dokpas, les pasteurs, et prier pour ne pas croiser des bandes de voleurs… souvent composées des mêmes dokpas. Plusieurs portes restent fermées en raison d'une superstition locale : des voyageurs peuvent traîner des démons à leur suite, on ne peut pas courir le risque de les faire entrer. La prudence commande de rester sur le territoire chinois pour éviter les conflits avec les autres officiels. Alexandra parlemente quand il faut avec les habitants des régions tibétaines de Golok et de Kham, au « pays des brigands gentilshommes » qu'elle évoque dans son livre du même nom. Là où les routes sont particulièrement risquées, elle se joint à d'autres escortes. À chaque halte, quelles que soient les conditions, Alexandra parvient à écrire de longues lettres à Philippe où les anecdotes qu'elle rapporte laissent croire que sa route est une heureuse succession d'événements pittoresques.

Après un arrêt à Lanzhou, ils arrivent au cœur du Kansu, où vivent des Chinois musulmans dont la réputation guerrière inspire la plus grande crainte. Alexandra n'en a aucune, elle a hâte de les rencontrer et est accueillie avec une bienveillante hospitalité. Lorsque le religieux qui lui a ouvert sa porte se met à entonner sa prière, elle se croit transportée en terre d'Islam, comme aux jours heureux où elle explorait l'Afrique du Nord, écoutant avec émotion le chant lointain du muezzin. Le reste de son séjour est moins heureux : Yongden tombe malade, elle-même souffre de fièvres irrégulières. Les changements brusques d'altitude dans les hautes montagnes mettent le cœur à rude épreuve. De plus, Alexandra a du mal à se procurer de l'or, seule monnaie d'échange valable dans un pays en pleine crise.

La Chine est décidément composée de plusieurs pays disparates. En Amdo, province tibétaine soumise à un vague contrôle chinois, les habitants lui apparaissent comme des barbares, recouverts de peaux de moutons, patinés par la crasse, tandis que les femmes arborent des ornements curieux qui les font ressembler à des châtelaines médiévales condamnées aux travaux des champs... L'étranger n'y est pas le bienvenu, mais c'est au cœur de cette province fruste, à Lhabrang, que se trouve le plus grand monastère du pays. Alexandra y rencontre la réincarnation du Grand Lama du monastère. Le défunt

Jamyang Chédpa s'est réincarné en un petit bonhomme de six ans à la mine sérieuse, déjà rompu à sa tâche. Ses parents, logés comme des rois, sont d'une grande beauté ; Alexandra soupçonne fortement son père d'avoir été brigand autrefois. Elle est elle-même reçue comme une personnalité de marque, sa chambre est bientôt remplie d'offrandes et de quantités incroyables de nourriture, en échange d'une longue séance de bénédictions. Le petit lama connaît tous ces gestes. Un très bref instant, Alexandra surprend une lueur malicieuse dans ses yeux noirs. Cette figure révérée est avant tout un enfant… Lueur vite éteinte par la conscience de sa responsabilité.

Alexandra est souvent invitée à dîner chez des ngagspas, prêtres de l'ancienne religion bön, remplacés depuis par les lamas qui représentent le clergé « officiel » mais toujours réclamés par une population imprégnée de superstitions. Ces chamans connaissent les rites magiques pour guérir une plaie, favoriser une récolte ou éloigner les démons. Même si elle n'a pas le titre de lama, contrairement à Yongden, on demande aussi à Alexandra de prédire l'avenir. Un jour, une villageoise lui demande ce qu'est devenue l'âme de son père défunt : a-t-elle pu renaître dans un environnement favorable ? D'habitude, le bon sens d'Alexandra lui impose de donner des réponses aussi vagues que possible pour rendre crédible toute interprétation. Or, cette fois-ci, elle tente d'agir comme une véritable voyante. Elle entre en méditation. Sans l'avoir voulu, elle se laisse peu à peu envahir par des visions. Celles d'un commerce chinois où l'homme aurait bien pu renaître. La femme en deuil est rassurée. Voilà Alexandra initiée à la divination dans l'au-delà…

Elle qui se donnait tant de mal autrefois pour combattre les superstitions et rétablir le bouddhisme originel comprend que la tâche est trop grande pour une seule personne. Et Yongden de jouer avec l'esprit crédule des villageois, parant Alexandra d'identités ou de pouvoirs merveilleux, pour être mieux reçus ou tout simplement s'amuser… Elle passe ainsi parfois pour une dakini (déesse mère), une ancienne sorcière ou une khandoma (sorte de fée sous une incarnation humaine). Elle ne fait rien pour contredire les fantaisies de son jeune compagnon : après tout, si rien ne prouve qu'elle est une sorcière, rien ne prouve non plus qu'elle ne l'est pas… Avec le temps, l'expérience et quelques miracles dus à son solide bon sens, il se pourrait même qu'elle soit devenue un peu fée :

> Je recueillais les manifestations de la pensée humaine, essayant de pénétrer le mystère du monde et de calmer son effroi devant la souffrance et la mort. Philosophies, religions élevées ou puériles, audaces des magiciens, roueries des sorciers, extases des mystiques, tel était mon champ de recherches que je fouillais avec assiduité et patience, glanant, çà et là, les faits que je collectionnais[1].

De la fée-sorcière, elle a tous les atours, avec sa robe de nonne et son collier constitué de 108 rondelles d'os humains, correspondant aux 108 qualités du Bouddha. Son apparence se fond dans le décor. Quand ce sont les villageois d'un hameau qui lui refusent l'hospitalité ou, pire, lui désignent le lopin de terre où ils vont faire leurs besoins, la métamorphose est totale. Se dressant de sa toute petite taille, elle leur lance de furieux sortilèges : « "Parce que vous avez envoyé une khandoma dans un lieu impur, les démons vous visiteront et dans votre prochaine vie, vous mangerez de la m..." Je dis le mot tout net : il est sonore en tibétain[2]. » Elle commande alors à la pluie de cesser de tomber — ce qui se produit, à la stupéfaction de tous. En réalité, personne ne l'avait envoyée camper dans les W.-C. à ciel ouvert. Elle apprendra le malentendu après leur départ du village. Avoir ainsi prouvé ses « pouvoirs » n'est pas inutile pour autant, parce que leur maigre pitance et le museau penaud des bêtes ne sont pas faits pour encourager l'équipage. En plus, elle a perdu son revolver dans une région où les armes protègent plus sûrement que les sortilèges. Presque tous ces tranquilles paysans complètent leurs revenus par du brigandage de grand chemin.

Rien de tout cela n'inquiète cette bouddhiste élevée au stoïcisme qu'est Alexandra. Cette force intérieure lui permettra de surmonter tous les périls de la route sans jamais céder à la panique ou à l'abattement. Le mouvement la maintient alerte ; immobile, des accès de dépression la submergent. On peut imaginer les conditions de vie de ses serviteurs, mais ils lui sont aussi dévoués, persuadés que tout ce qu'elle décidera sera bon pour eux. Yongden seul ose discuter ses ordres. Les coups de bâton sont aussi efficaces sur lui que sur les serviteurs, et le bras d'Alexandra ne manque pas de vigueur. Leurs rares rencontres avec les brigands ne s'éternisent pas : les démonstrations de force sont efficaces, il leur faut être les premiers à donner un coup de poing et à montrer les armes. Encore une preuve de la bonne étoile d'Alexandra : ils ne se feront ni dépouiller ni assassiner. Parfois, la seule vue du costume religieux d'Alexandra et de Yongden suffit à les protéger. Alexandra ne craint finalement que deux choses : les microbes et la bêtise des hommes.

Les missions catholiques poussent dans les endroits les plus incongrus. L'abbé Charrier, un Français, reçoit aimablement Alexandra chez lui à Shinkaïtze (qui s'appelle aussi Mow Kong Ting en chinois, d'où le cauchemar pour retracer ses itinéraires...). Notre farouche athée est très heureuse d'échanger avec les religieux qui n'essaient pas de la convertir ou de lui prouver que le catholicisme est la seule religion possible. Elle va y rester plusieurs jours avant de repartir dans le nord du Sichuan. Elle croisera d'autres compatriotes, comme l'abbé Davenac qui vit près du village sinistre de Taou depuis douze ans. Il lui offre du vin et des poulets vivants, ignorant qu'une bouddhiste ne boit pas d'alcool et ne tue pas d'animaux.

Avancer lentement, camper dans ces immensités suffit à son bonheur. « C'est à peine visible, mais, dans mes pérégrinations, j'ai développé des facultés du genre de celles des héros de Fenimore Cooper[3]. » Comme de sentir la présence d'un feu à des kilomètres. Même les jours de jeûne, et ils sont fréquents, elle abat environ quarante kilomètres par jour et s'en porte plutôt bien. L'abbé Charrier l'a aidée à trouver des porteurs, utiles quand les cours d'eau à traverser sont toujours des courants puissants et que les ponts de fortune, bricolés avec des planches pourries, s'écroulent sitôt le pied posé dessus. De randonneuse, Alexandra se fait plus d'une fois cascadeuse, petite silhouette pendue à une corde pendant que les planches tombent dans l'eau tourbillonnante.

Ils croisent des doubthobs charlatans, hommes du peuple en quête d'immortalité ou d'invisibilité, des conteurs de légendes dont aucun Tibétain ne mettrait en doute la véracité, des chamans doués de télépathie qui considèrent comme l'une des leurs cette religieuse de haut rang qui parle si bien leur langue. Son incognito est parfois menacé par les bourdes d'un de ses domestiques, mais leurs déplacements les gardent hors de portée des préfets et autres gouverneurs tatillons. Elle sait néanmoins qu'il lui faudra se débarrasser du plus gros de son équipage. En suivant les caravanes qui apportent le thé de Tatsienlou à Lhassa, une lente procession de yacks chargés de lourdes briques de thé compressé, elle pourrait enfin parvenir à la cité interdite. D'ici là, les noms se suivent : Sungpan, Mochow, Koutcheng. Des villes comme Lifan sont envahies par les Chinois, on ne peut pas les traverser, les nouvelles circulent mal. Les mules ont le dos couvert de plaies terribles, ils doivent camper plusieurs jours à Tsakalo en attendant qu'elles cicatrisent. Alexandra attire la curiosité d'un lama qui la bombarde de questions suspicieuses, avant de lui proposer de copier des manuscrits.

À rebours de la pensée de ses compatriotes, elle rédige ces considérations sur les paysans chinois de l'Ouest, chaleureux et serviables comparés à ceux des villes, en raison de la colonisation :

> Le vrai Chinois est volontiers serviable, il n'est pas servile. La façon dont les Chinois ont été traités par les « conquérants » blancs installés dans leur pays a fait naître chez les indigènes qui ont été en rapport avec eux une humilité, une servilité factice couvrant une haine secrète et violente. Tel boy qui aujourd'hui prend sa mesquine revanche en trompant son maître sur le prix d'un achat, demain, les événements aidant, lui coupera joyeusement la tête. Nous avons créé une race de chiens enragés en Asie. Il n'est de cage si solide que le temps ne l'use : nous nous ferons déchirer[4].

Elle verra à quel point sa prophétie se confirmera vingt ans plus tard.

En juin, un fonctionnaire zélé de Foupien exige leur passeport et vérifie leurs bagages. Leur identité est désormais connue. La nouvelle va inévitablement se propager, elle sonne le glas du grand voyage projeté. « J'étais prisonnière des circonstances, de mes domestiques bavards, de mes bêtes et de mes bagages. Les uns et les autres entravaient la liberté de mes mouvements, m'empêchaient de faire perdre ma trace, de me fondre dans la foule anonyme[5]. » Contre mauvaise fortune bon cœur : faute de Lhassa, Alexandra décide de parcourir la passionnante région de Kham. Là encore, ses projets vont être écourtés. À Kanze, près de la nouvelle frontière tibétaine, où se trouve un imposant monastère, le magistrat local s'entiche d'elle. Il la reçoit comme un grand personnage, mais lui déconseille de poursuivre son chemin vers Batang par des régions placées sous contrôle chinois. Sous prétexte que les routes sont très peu sûres, il lui conseille des détours impossibles, par les régions soumises au gouvernement de Lhassa… alors qu'elles sont interdites aux étrangers ! Il lui offre une escorte, de jeunes gardes du corps qui ne la lâchent plus d'une semelle, en lui faisant comprendre qu'elle n'a pas le choix.

Alexandra ne cherche pas à s'en défaire. Elle souffre d'entérite, assez gravement pour la convaincre de partir immédiatement pour Batang où se trouve un hôpital anglo-saxon qui pourrait la soigner. La route la fatigue, et son statut d'étrangère lui attire moins facilement l'hospitalité que lorsqu'elle était khandoma. Le magistrat chinois lui a donné une sorte de laissez-passer à l'adresse de son homologue tibétain : ledit fonctionnaire le repousse avec mépris. Il accepte de les laisser continuer, mais sans leur fournir de porteurs, ce qui est impossible. L'imbroglio administratif, la bêtise des fonctionnaires, le non-respect des hiérarchies compromettent à nouveau les projets d'Alexandra. Heureusement, là où se trouvent des monastères, se trouvent des lamas bienveillants, comme à Dzogtschen où on lui offre conversations intelligentes et repas substantiels. Pourquoi voyage-t-elle ? lui demande l'un des lamas. Elle s'est souvent posé la question sans trouver de réponse satisfaisante. Elle appelle alors la doctrine bouddhiste à son secours : elle voyage comme la roue tourne, suivant une impulsion qui a été donnée il y a longtemps, bien avant sa naissance. Depuis, elle avance…

Vers le Koukou-Nor, on lui barre la route le plus gentiment possible. Elle donne de grands coups de bâton aux hommes effarés, en vain : il lui faut changer ses plans. C'est ainsi qu'elle arrive à Jakyendo, logée dans une demeure décente et reçue avec égards par le mandarin, rongeant son frein. Elle n'a pas l'intention d'y passer un hiver qui s'annonce rude. Que faire ? « Il n'y a qu'une seule ville un peu proche : Lhassa. On pourrait à la rigueur s'y rendre en un gros mois. Mais après ce qui vient de se passer, il vaut autant, je crois, ne pas reprendre un trop prompt contact avec les autorités tibétaines[6]. »

Elle est coincée. Sa santé s'en ressent, la fièvre la reprend. La saleté de la ville est repoussante, elle regrette sa maisonnette de Kum Bum. Yongden part en repérage pour leur trouver un hivernage convenable. Au final, ils décident de camper en pleine nature, dans la steppe. « Nous sommes tous énervés et aimons mieux l'aventure sous la tente que le séjour prolongé dans on ne sait quelle infecte cahute où l'on gèle et où l'eau vous dégoutte sur la tête dès que le toit est humide[7]. » Ils espèrent gagner des campements mongols : l'idée de passer l'hiver sous une yourte est plus réconfortante.

La traversée est éprouvante, le froid vif leur mord la peau, le vent s'infiltre dans leurs épaisseurs de laine et de feutre. Alexandra a un début d'engelures au nez, sans conséquences. Le soir, ils doivent dresser la tente alors que tombe une neige abondante qui recouvre tout. Des loups viennent rôder autour d'eux, ils dorment d'un œil, le fusil à portée de main. Au bout de quelques jours, la route devenant impraticable, ils font demi-tour. Yongden trouve un logement pas trop misérable à Jakyendo, où ils se résignent à passer l'hiver. Dans sa pièce à vivre, Alexandra se réjouit de posséder un petit brasero qui maintient des températures tout à fait supportables à l'intérieur, entre – 10 °C la nuit et 5 °C le jour... Elle est fatiguée, un peu déçue, nullement abattue :

Je n'apprendrai que plus tard combien mon apparent échec est en réalité un gain, mais dès ce moment même, ma tristesse est tempérée par une foi tenace en d'invisibles aides et, plus encore, incorrigible téméraire que je suis, par ma foi en moi-même[8].

L'hiver passe. Il se traîne jusqu'à fin mai 1922 où Alexandra se résout à partir pour Sinin, seul moyen de quitter Jakyendo. Trop mal équipée pour espérer aller ailleurs, l'argent étant compté, elle a dû vendre quelques-unes de ses mules. Seule une excursion périlleuse — encore une ! — l'a convaincue de ses limites.

J'ai marché pendant quarante-quatre jours avec un seul de mes domestiques, franchi une douzaine de cols avec de la neige par-dessus les genoux, couché, par le gel, dans des anfractuosités de rochers, comme une femme préhistorique, manquant de nourriture, à peu près nu-pieds, les semelles minces de mes mocassins ayant été usées par les pierres de la route[9].

Elle a beaucoup maigri dans l'aventure. Elle flotte dans les plis de ses robes tibétaines qui partent en haillons.

Dans ses lettres à Philippe, elle commence à appeler Yongden Albert : « C'est un nom plus décent dans le monde civilisé[10] », sous-entendant qu'elle compte toujours le ramener avec elle en Occident. Elle demande avec de plus en plus d'insistance à Philippe de l'accueillir comme un fils. L'absence de ses lettres à lui ne permet pas de connaître ses sentiments à ce sujet, mais l'inquiétude croissante d'Alexandra les laisse deviner.

Son nouveau plan est le suivant : aller à Kanchow, puis à Suchow et à Ansifou. Ce sont des terres désertiques mais riches en vestiges bouddhiques. Car elle n'arrête pas un instant ses recherches, interrogeant ici, prenant des notes là, collectionnant les livres tibétains, garnissant une bibliothèque déjà bien fournie, développant ses photos. Elle semble trouver plus facilement des pellicules que de la nourriture digne de ce nom... Les sujets d'articles ne manquent pas non plus ; elle pense « qu'il serait bien intéressant de voir ce que les Russes font en Mongolie et ce qu'ils font en Sibérie[11] ». Les articles peuvent s'écrire et s'expédier facilement. Les livres, ce sera pour plus tard : sa collecte de témoignages et de documents s'empile en attendant les jours prochains où ses rhumatismes auront raison de sa vaillance. Elle imagine sa vieillesse tout entière tournée vers l'étude et les publications.

En juin 1922, elle fait la connaissance du général britannique sir George Pereira. L'homme, affable, grand explorateur lui-même, est ravi d'échanger ses expériences de terrain avec Alexandra. Il connaît le Tibet ; brillant géographe, il a dressé des cartes qu'il lui permet de recopier, les siennes à elle étant sommaires. Mieux : Pereira lui révèle qu'il part en mission secrète pour Lhassa. Il lui montre une zone vierge sur une carte, dans le pays de Po. En suivant le cours du Po Tsangpo, ce serait là une route possible vers Lhassa. Suggestion voilée ou simple remarque de géographe ? Elle ne le saura jamais, toujours est-il que l'information la décide. Elle traverserait ce pays de Po, entouré de mystères et peuplé, paraît-il, de cannibales...

Ils arrivent à Kanchow en août, par un temps splendide. Les couleurs sont somptueuses. Alexandra va passer l'automne et l'hiver à écrire dans une petite chambre glacée. Elle envoie des articles sur des sujets aussi divers que la guerre, la monnaie chinoise ou les ascètes tibétains et s'attelle à la légende de Guésar de Ling, avec l'aide indispensable de Yongden-Aphur-Albert qui déchiffre pour elle les manuscrits les plus hermétiques. Elle envoie aussi à Philippe un conte grivois tiré d'une célèbre collection de récits tibétains, en lui demandant son avis. Ce n'est pas, on s'en doute, la spécialité d'Alexandra, mais un tel ouvrage se vendrait tellement mieux ! Elle ne perd jamais de vue les impératifs commerciaux. À peine voit-elle arriver la fin de son manuscrit sur le roi Guésar qu'elle veut s'attaquer à un nouveau sommet : « La traduction de la version tibétaine de la Prâjnâparamita [...]. À Kum Bum, j'ai dégrossi la traduction des deux volumes de l'ouvrage — il en compte trois — chaque tome comprend environ 900 pages[12]. »

La petite troupe repart pour le Nord-Ouest en janvier 1923, par des températures moyennes de

- 20 °C, dormant à la façon mongole dans des « lits » surélevés sur un mélange de crottin et de paille en combustion, garantissant une chaleur très odorante. Ils atteignent Ansi, dans le désert de Gobi, en mars, avant de faire demi-tour et de revenir à Lanchow en avril. La destination finale d'Alexandra semble toujours autant hors de portée... surtout chargée comme elle est, avec la guerre qui connaît de nouvelles flambées de violence. Les Russes ont alors chassé les Chinois de Mongolie :

Tu n'as pas idée des conditions de la vie à l'intérieur de la Chine, et, plus encore, aux frontières, c'est la confusion, un chaos que balaient de soudaines tempêtes, des brigands partout, des autorités qui ne valent pas mieux, on peut à tout moment être pris, roulé dans une vague, n'avoir que la ressource de s'enfuir à bride abattue ou d'aller se cacher dans un recoin[13].

En mai, elle met enfin cap au sud. Ils traversent les étendues désertiques du Kansu, les températures sont très chaudes le jour, très froides la nuit ; on lui impose une chaise à porteurs. Yongden finit par tomber malade d'épuisement. Les conditions de voyage empirent de jour en jour, Alexandra cuit dans sa chaise confinée, les auberges sont si infectes qu'elle préfère passer la nuit dehors. Ils voient passer le Sichuan, des routes boueuses et des rivières en crue, des combats entre Chinois et Tibétains. La situation se dégrade tant qu'ils séjournent en juin dans la mission catholique de Kwangyuan, remplie d'épouses de soldats britanniques avec qui elle fait bombance. Elle arrive à Chengdu en juin. Yongden et elle souffrent de fortes diarrhées, ils sont soignés par les religieuses de la mission française. Elle a l'habitude de ces désagréments intestinaux, seule une curieuse éruption cutanée la pousse à consulter un médecin à l'Institut Pasteur situé dans la ville. On lui impose le repos. De quoi lui donner le temps de réfléchir à sa route, toujours plus compromise. On se bat partout, et ce ne sont pas les petits drapeaux français qu'elle porte avec elle qui pourront la protéger d'une balle perdue. Ses compatriotes, que ce soient ceux du clergé ou du consulat, sont très prévenants à son égard. Ils lui épargnent toute référence au Christ ou à Dieu : ils connaissent déjà de réputation cette petite bonne femme au caractère bien assis. Le consul lui prête même de l'argent pour qu'elle puisse poursuivre sa route. Avoir des dettes l'ennuie, mais l'envie de partir est plus forte. Sa santé s'améliore plus lentement que prévu.

Par précaution, elle se fait faire un « passeport étranger » pour fuir en Birmanie ou en Indochine en cas d'urgence. Précaution tout administrative ; elle compte surtout sur sa bonne étoile. Les soldats sont partout mais ne lui barrent pas la route, les Européens ont l'air d'inspirer encore le respect. Les brigands, eux, pillent les villages et enlèvent les voyageurs. Alexandra dort dans les missions catholiques ou protestantes, les meilleurs hôtels qu'elle peut trouver, en donnant des coups de poing à ses porteurs pour leur faire passer l'envie de la secouer. Elle souffre pourtant encore d'accès de faiblesse, et les conditions sanitaires de son voyage n'arrangent rien. Quand elle se sent à peu près remise, elle troque sa chaise contre un cheval. Elle arrive sans confort, mais sans encombre non plus, à Likiang, dans le Yunnan, fin septembre. C'est comme un nouveau pays à découvrir : « Nous avons couché chez des Lolos, des Lissos, des Sifans, des Massos, etc. Il n'y a pas de Chinois dans ces parages[14]. » La joie de la découverte est douchée par les pluies incessantes, les jeûnes fréquents, les équipements qui partent en lambeaux. Ils sont tous très affaiblis. Pour la première fois, Alexandra tombe d'épuisement, terrassée par une insolation. Ravivée avec de l'eau fraîche, elle cherche en vain à acheter de la nourriture dans un hameau. Devant le refus obstiné des paysans, elle va se servir elle-même dans un champ de maïs, sous les yeux des propriétaires qui lui proposent ensuite d'en emporter davantage... Épuisante mais nécessaire, seule la manière forte prévaut dans la Chine en guerre.

Contournant par le nord-ouest, ils arrivent à la paroisse chrétienne de l'abbé Ouvrard, sur la rive droite du Mékong, en octobre. Le Mékong qu'elle traverse sur une sorte de tyrolienne, au-dessus des eaux tourbillonnantes ; ce n'est ni la première ni la dernière fois. Là, elle décide de hâter le pas pour ce qu'elle croit être sa dernière grande aventure : être la première Européenne à pénétrer dans la cité interdite du Tibet, l'inaccessible Lhassa.

Lhassa à l'horizon

Peu de pays exercent une fascination aussi grande que le Tibet. Des premiers navigateurs à nos jours, nombreux sont ceux qui se sont sentis appelés par cette terre si difficile d'accès. Par sa situation géographique, son altitude moyenne de 4 000 mètres, qui lui vaut le surnom de « Toit du monde », sa beauté rude et majestueuse, le Pays des Neiges séduit d'abord l'œil et les sens. Ses chaînes montagneuses qui percent les nuages à 6 000 mètres abritent la source des grands fleuves d'Asie. Par la vie simple et le caractère profondément pacifique de ses habitants, leur hospitalité et leur humour, le Tibet attire la sympathie. Par les légendes et les mythes aussi nombreux que les pierres, auxquels tous les Tibétains semblent croire, il inspire mille pensées philosophiques, que l'on soit versé ou non dans la spiritualité. Un esprit contemplatif suffit.

C'est une terre d'explorateurs où l'exploration ne ressemble à aucune autre. Hérodote, le premier à faire illusion au Tibet dans un texte, évoquait « une région du Haut-Indus où vivent des fourmis chercheuses d'or[1] ». Marco Polo est venu observer la région et les coutumes de ses habitants. Explorateurs et franciscains au XIVe siècle, missionnaires dès le XVIe siècle, ils sont nombreux à relater dans leur journal de voyage les étranges coutumes de ces Tibétains, en particulier leurs curieuses funérailles, où bras et jambes des morts sont coupés pour être donnés en pâture aux animaux sauvages... Les témoignages sont contestés jusqu'au jésuite portugais Antonio de Andrade, qui serait le premier Européen à avoir réellement franchi les frontières du Tibet au XVIIe siècle. Le 8 octobre 1661, les pères Grueber et d'Orville sont officiellement les premiers Européens à entrer à Lhassa. Ils y restent deux mois, notant, dessinant tout ce qu'ils voient. Le père Desideri y séjourne pas moins de treize ans. Les nombreux missionnaires et jésuites qui leur succèdent sont bien reçus par des Tibétains qui les autorisent à bâtir autant d'églises qu'ils veulent, sans se laisser convertir au christianisme pour autant. Certains vivent plusieurs années au Tibet et contribueront à le faire connaître en Occident. Puis les missions ont fermé les unes après les autres, remplacées par les aventuriers amoureux de grands espaces et les prospecteurs de routes commerciales. Le père Huc en ramènera en 1850 un récit à succès, *Souvenirs d'un voyage dans la Tartarie, le Thibet et la Chine*. Le pays ferme ses frontières au XIXe siècle : une décision prise par les Tibétains eux-mêmes, avec l'aval de ses voisins russes, mandchous et chinois, qui ont leurs propres vues sur ce pays à la situation stratégique. Depuis Henri d'Orléans en 1890, les étrangers qui ont tenté d'entrer au Tibet se sont fait promptement reconduire à la frontière la plus proche. Quand ils n'étaient pas assassinés, qu'ils soient ethnographes (Jules-Léon Dutreuil de Rhins) ou missionnaires français (Étienne-Jules Dubernard). De ces derniers explorateurs, pas un n'a réussi à atteindre Lhassa. Jusqu'en 1904, où l'expédition du colonel Younghusband, motivée par des intérêts commerciaux, s'est soldée par la mort d'un millier de Tibétains.

Alexandra a lu les récits de ces aventuriers. Et de se moquer de leurs difficultés :

> Je m'émerveille des tartarinades de ces gens et leur façon de voyager. D'abord, pas un n'entendait la langue du pays ; ensuite ils s'embarquaient avec des douzaines de chameaux, des douzaines de chevaux, des douzaines de serviteurs, il fallait ravitailler tout cela et le pire c'est que, sans discernement, ils emmenaient des chameaux habitués aux steppes mongoles parmi les glaciers des cols tibétains, et des musulmans dans le pays des lamas. Le gâchis qui suivait, on l'imagine, et c'est avec l'histoire de ce gâchis qu'ils ont composé leurs livres[2].

En 1905, une révolte a éclaté au Kham, dans le Tibet oriental sous contrôle chinois, et des missionnaires français ont été assassinés. Les missions françaises ont alors disparu du Tibet et les étrangers n'étaient plus les bienvenus à Lhassa. À part, d'un côté, des représentants chinois venus assurer leur mainmise, et de l'autre des Anglais (la mission Bell) venus fournir des armes à l'armée tibétaine pour les aider à soutenir leur indépendance contre la Chine. Si les parties du Tibet contrôlées par les Chinois sont ouvertes aux étrangers, la capitale est devenue une cité interdite. Donc, le seul endroit où Alexandra veut se rendre coûte que coûte, seul défi de taille à sa folie des grandeurs.

Elle congédie mules, porteurs et domestiques, toute sa troupe, Yongden excepté. Son plan est simple : ils se feront passer pour une mère et son fils en pèlerinage, habillés en mendiants. Ils sillonneront des régions inexplorées, inconnues des cartographes, et d'autres interdites depuis l'annexion par la Chine. Pour éviter de se faire démasquer, ils voyageront de nuit et dormiront le jour, seulement guidés par les pauvres cartes tracées à la main à partir des plans de sir George Pereira et pliées dans les manches d'Alexandra. Elle cache sous sa robe une montre, une boussole, un thermomètre, une bourse contenant quelques pièces d'or et d'argent, un revolver, un sabre court, un bâton ferré. Elle sacrifie son appareil photo, trop lourd et encombrant, impossible à manier discrètement. Vu les milliers de kilomètres à parcourir, il faut voyager le plus léger possible ; même une gourde serait trop lourde. Et puis, cet accessoire pourtant indispensable à toute marche n'est pas d'usage au Tibet. Aucun vêtement de rechange n'est prévu. Un morceau de cuir servira à ressemeler leurs bottes... ou à assaisonner un chaudron d'eau bouillante pour lui donner un vague goût de soupe.

Yongden et Alexandra se dirigent vers le Kha Karpo, les montagnes enneigées qui protègent l'entrée sud-est du Tibet. Partis d'une vallée agréable, ils sentent que le froid devient de plus en plus vif à mesure qu'ils prennent de l'altitude. Un blizzard leur donne le ton des jours — des mois — à venir. D'immenses pistes blanches s'étendent devant eux. C'est cette « randonnée » pédestre de huit mois qu'Alexandra racontera dans *Voyage d'une Parisienne à Lhassa*, avec ses conditions éprouvantes, ses rencontres pittoresques, ses émerveillements face à la majesté des paysages traversés, ses observations sur les us et coutumes tibétains qui ont fait ses délices d'orientaliste.

L'incognito est la première règle. Elle doit avoir l'air d'une mendiante tibétaine jusque dans les moindres détails. Son déguisement est fabriqué avec les moyens du bord : elle teint ses cheveux bruns en noir avec des bâtons d'encre de Chine, les épaissit avec des crins de yack pour former de lourdes nattes, puis elle recouvre son visage et ses mains d'une épaisse couche de suie récupérée au fond d'une marmite, de charbon, voire de cacao. Les Tibétains étaient alors d'une saleté à la limite du vraisemblable, il lui fallait afficher à la fois un teint hâlé et une bonne couche de crasse... Yongden et elle ont l'avantage d'être de petite taille, ils n'attirent pas l'attention. Alors qu'ils communiquent habituellement en anglais, elle ne lui adressera plus la parole qu'en tibétain, qu'elle parle alors couramment. Une tournure de phrase, un accent étrange ne devraient pas la trahir : il existe au Tibet plusieurs régions où les dialectes et les tenues diffèrent beaucoup. Même si on leur demandera toujours d'où ils viennent, il sera impossible de le vérifier. Alexandra a acquis, en outre, une connaissance solide des mœurs, habitudes et superstitions du pays, que ce soit celles des paysans, des brigands, des lamas ou des ascètes. Sa détermination, son sang-froid, son courage face au manque absolu de confort, au risque de laisser sa vie en route, de mourir de froid, de faim, de maladie, de blessure, d'épuisement, assassinée ou ensorcelée, parachèvent son « équipement » spirituel. Le pire, pour elle, n'est pas de tomber dans une crevasse ou de manquer d'eau dans un désert, mais se faire démasquer comme étrangère et reconduire à la frontière ! L'orgueil lui servira d'ultime carburant. Des envahisseurs se permettent d'interdire le passage à des caravanes de visiteurs pacifiques ; elle, avec ses haillons et son bâton de pèlerin, elle passerait.

Yongden, en sa qualité de lama à bonnet rouge, prend le contrôle des opérations dans chaque village. C'est lui qui quémande de la nourriture, « vend » ses pouvoirs occultes contre l'hospitalité pour une nuit. Alexandra évite de parler, et quand elle ne peut faire autrement, marmonne en feignant d'être attardée. Yongden donne souvent des « mo », pratiques de divination en regardant des bols d'eau, et n'a aucun scrupule à abuser des Tibétains superstitieux... Il fait croire à certains qu'Alexandra est l'épouse d'un sorcier tantrique pour être sûr que personne n'ira se risquer à leur barrer le passage.

Au début, ils marchent la nuit et dorment le jour pour éviter les rencontres et leurs questions inévitables. À tous, ils diront qu'ils sont des ardjopas, des pèlerins en route pour voir les lieux consacrés, comme il y en a des milliers sur les routes du Tibet.

Mais, je le confesse, la liberté parfaite de l'ardjopa qui est délivré des soucis causés par les domestiques, les chevaux, les bagages, et dort chaque nuit où bon lui semble, en plein air, m'attirait énormément. Et maintenant que dix mois d'expérience m'ont permis d'apprécier les joies comme les privations et les fatigues de cette vie pittoresque, je l'estime la plus délicieuse que l'on puisse rêver et tiens pour les plus heureux jours que j'aie jamais vécus, ceux où, mon misérable baluchon sur le dos, j'errais pas monts et par vaux au merveilleux « Pays des Neiges »[3].

Le col de Dokar (altitude : 5 412 mètres) marque la frontière du Tibet interdit. Leur route alterne chaos rocheux et steppes infinies. Des versants attirent son attention : Alexandra a l'intime conviction que des anachorètes se sont installés là, loin de tout. « La voix que j'entendais était l'écho, dans mon esprit, d'idées millénaires sur lesquelles la pensée de l'Orient ne cesse de revenir et qui paraissent avoir fait des cimes altières du Tibet une de leurs forteresses[4]. » Ils arrivent au sommet et contemplent le chemin qui s'étend devant eux. « Me tournant successivement vers les quatre points cardinaux, le zénith et le nadir, je répète le vœu bouddhiste : "Que tous les êtres soient heureux", puis nous commençons la descente[5]. »

Ils arrivent dans la vallée de Tsangpo, entre Assam et Birmanie. D'innombrables petites mouches viennent boire à leurs yeux. Ils se dirigent vers l'ouest, traversent des pics et des forêts. Alexandra se trouve nez à nez avec un léopard et le congédie comme le tigre indien d'autrefois, tranquillement. Lorsqu'on les arrête pour les interroger, Yongden raconte qu'ils reviennent de pèlerinage et rentrent chez eux, dans la région d'Amdo. Ils traversent une autre passe, To-la, et trouvent des drapeaux de prières au sommet. Selon la tradition, ils crient le salut : « *Lha gyalo ! De tamche pam !* » Fin décembre, ils traversent Aigni-la. Une tempête de neige les conduit à se réfugier dans une cave. En sortant, Yongden tombe dans une crevasse et se blesse la jambe. Il retourne dans la cave pendant qu'Alexandra va chercher de l'aide, mais la zone est déserte. Elle se perd dans la tempête et l'obscurité grandissante. Yongden l'avait prévu : il a déroulé une banderole pour la guider. Sans cela, tous deux seraient probablement morts. Alexandra revient sans secours, il ne leur reste plus qu'à prier pour que la blessure n'empire pas. Les dieux des sommets les ont écoutés : le lendemain, la cheville de Yongden a dégonflé, ils peuvent se remettre en route.

La tempête s'est calmée. Mais le jour de Noël, Yongden est frappé d'une forte fièvre et commence à délirer. Ils trouvent, par chance, une cabane où le miracle se reproduit : sa fièvre tombe pendant la nuit. Il faut s'imaginer ces deux petits personnages équipés de rien, qui ont pu marcher douze heures d'affilée pendant plusieurs jours en jeûnant. Une fois, ils restent trente-six heures sans boire, une torture. Le reste du temps, ils ne se nourrissent que de thé beurré, de tsampa, voire d'une « soupe » faite d'eau chaude salée dans laquelle nagent de petits morceaux de viande séchée. Un repas par jour, jamais plus, est censé leur fournir des forces.

Comme les nuits à la belle étoile, dormant par terre avec une mince couverture et un revolver à portée de main, par des températures négatives. La nuit, quelques animaux errent autour de leur tente. Outre des léopards, il y a des loups et des panthères dans la région qui n'attaquent pas les hommes. Depuis sa rencontre avec le tigre, Alexandra sait qu'aucun animal ne peut lui vouloir de mal.

La tension nerveuse est forte pendant la première partie du voyage. Alexandra attend d'être assez avancée dans le pays pour se risquer à des conversations plus longues avec les habitants. Elle salue les gens à la manière tibétaine : en tirant la langue. On arrête souvent Yongden pour qu'il se livre à un « mo ». Ce qu'il fait en restant suffisamment vague et abstrait pour que ses prédictions ne déçoivent pas le quémandeur... Ils évitent de traverser des villages en plein jour, bien que cela leur arrive. Il faut aussi contourner les pönpos, fonctionnaires du gouvernement de Lhassa qui sillonnent le pays pour collecter des impôts. D'autres frayeurs surviennent au moment où l'attention se relâche : quand Alexandra plonge ses bras dans l'eau, elle s'aperçoit avec horreur que l'eau fait disparaître la couche de suie qui fonce son teint... Ses mains blanches la trahiraient sur-le-champ. « Non qu'elles aient naturellement le teint si foncé, mais parce que les Tibétaines des campagnes ne se lavent presque jamais et s'enduisent de visage de beurre, de noir de fumée et de diverses laques et résines qui les transforment à peu près en négresses[6]. » Par chance, personne ne s'en aperçoit. Alexandra, qui est si scrupuleuse en matière d'hygiène, laissera le temps déposer peu à peu sa couche noire sur son visage, évitant dorénavant tout contact avec l'eau.

Un bonnet en peau d'agneau trouvé en chemin devient un cadeau des dieux pour protéger son anonymat. La coiffe puante érigée en talisman de route ne la quittera plus, et tant pis pour la mine dégoûtée de Yongden. Dans un pays où tout semble superstition, du point de vue des habitants, Alexandra se laisse au moins aller à celle-là.

> L'Orient — surtout au Tibet — est la terre du mystère et des événements étranges. Pour peu que l'on sache regarder, écouter, observer attentivement et longuement l'on y découvre un monde au-delà de celui que nous sommes habitués à considérer comme seul réel, peut-être parce que nous n'analysons pas assez minutieusement les phénomènes dont il est tissu et ne remontons pas suffisamment loin l'enchaînement des causes qui les déterminent[7].

C'est quand ils sont invités chez des villageois qu'Alexandra livre ses pages les plus drôles. Les propriétaires consentent le plus souvent à les laisser dormir... sur le toit, à la belle étoile, même si la tempête fait rage dehors, sans la moindre malveillance. À moins qu'on se serve d'eux comme cobayes et qu'on leur laisse une chambre hantée, juste pour voir s'ils en sortiront vivants le lendemain. Ou lorsqu'on leur sert des ragoûts de viande avariée, offerts par des mains qui n'ont jamais été lavées, et qu'on doit manger soi-même avec ses doigts noirs. Il faut se forcer : observer de l'intérieur les masses populaires du Tibet vaut bien de surmonter quelques répugnances. Une fois cependant, Alexandra donne de l'argent à un paysan qui leur offre l'hospitalité pour qu'il achète de la viande. Ravi, l'homme revient avec un paquet de viscères dans un estomac cousu. Les enfants du paysan se jettent sur les morceaux visqueux qui tombent à terre. Ravalant ses hauts-le-cœur, Yongden est obligé d'y goûter pour ne pas éveiller leur méfiance : un mendiant qui fait acheter de la nourriture et n'y touche pas, ça ne s'est jamais vu. Il n'y a pas plus d'intimité que d'hygiène : tout se fait en public, et il n'est pas rare de dormir avec son bétail.

Après avoir atteint la rive droite de la Salouen, ils se détendent un peu. Ils cheminent avec plaisir le long de la steppe, acceptent l'invitation des gens qui n'ont jamais vu d'étrangers et ne font donc pas attention aux traits légèrement différents d'Alexandra. Ils n'ont plus besoin de se cacher derrière des rochers pour dormir ou allumer un feu, ils sont en tous points pareils aux autres pèlerins. L'inquiétude laisse place à une grande gaieté. Les meilleurs moments sont aussi ceux où Alexandra jouit du silence et du panorama qui l'environnent, où elle entraperçoit la frontière entre le domaine des hommes et celui des dieux.

La route garde son caractère d'expédition sportive de haut niveau. Ils doivent traverser une autre rivière en tyrolienne, mal attachés à un crochet relié à une corde fragile. Leur expérience leur permet de passer avec plus de calme que les autres voyageurs, terrifiés. Alexandra risque plus d'une fois des engelures, avec ses pauvres bottes à semelles de yack qui protègent mal les orteils du froid. Elle compte ses plaies sans ralentir son allure. Quand le froid est trop vif, elle se remémore l'art de toumo, le fait de réchauffer sa température corporelle jusqu'à brûler. Elle ne s'y est pas essayée depuis longtemps. Un soir, elle parvient à sécher un briquet mouillé pour allumer un feu — échouer équivaut à une condamnation à mort. Et quand le jeûne se prolonge trop, au bout de six jours, ils font bouillir les morceaux de cuir destinés à la cordonnerie.

Le mantra « *Aum Mani Padme Hum* » les accompagne partout :

Aum est la syllabe sacrée empruntée à l'Inde où elle signifie nombre de choses, mais surtout le Brahman [...] qui est l'absolu. *Mani padme* veut dire : « le Joyau dans le Lotus » et a, de même que *houm* et *hri*, divers sens, tant exotériques qu'ésotériques[8].

Alexandra le psalmodie un nombre incalculable de fois, pendant que Yongden donne des cérémonies religieuses, rites et bénédictions, à la demande de pèlerins ou de paysans croisés, voire en échange d'un toit pour une nuit ou d'un supplément de tsampa. Alexandra et lui n'ont pas oublié leur mission de réformistes, nécessaire pour laver le bouddhisme des superstitions néfastes qui le corrompent :

Yongden devait souvent se plier à la coutume, mais il ne manquait point d'intercaler parmi les rites habituels quelques discours très simples sur la véritable doctrine bouddhiste, s'efforçant ainsi d'ébranler quelque peu les croyances superstitieuses profondément enracinées dans l'esprit de ses auditeurs[9].

Il va encore plus loin en donnant à quelques malades des conseils d'hygiène, notion ignorée, et même soigneusement évitée au Tibet.

Au jour de l'an 1924, ils arrivent dans le pays de Po. Et se font attaquer par une meute de chiens, puis par des voleurs ivres... Alexandra tire un coup de feu pour les faire fuir, juste à temps. Ils traversent des forêts lugubres, mais le climat devient plus clément et la beauté de la nature leur fait ralentir le pas. Un jour, un lama les aborde et questionne Alexandra sans détour. Il lui dit qu'elle n'est pas ce qu'elle prétend être. La voilà démasquée. Le lama ne l'a sûrement jamais rencontrée dans le passé, mais la réputation de cette Française qui en connaît autant qu'eux a fini par traverser le pays. L'homme, plus perspicace que les autres, a deviné la cause de l'étrangeté indéfinissable de cette mendiante aux dents trop blanches... Yongden tente de nier, il est froidement chassé par le lama. Alexandra baisse le masque. Grand bien lui en prend : ils se mettent à discuter de philosophie, de mysticisme, de bouddhisme... Le lama finit par s'en aller aussi vite qu'il est apparu. Alors qu'elle était terrifiée à l'idée d'être démasquée, Alexandra prend cette rencontre comme une nouvelle bénédiction de son aventure.

Mi-février, après avoir bravé mille morts, le froid, la faim, les bandits, la fatigue, les dénivelés, les blessures et les accès de fièvre, ils arrivent enfin aux portes de leur impossible destination. « Le soleil levant fit apparaître devant nous, encore lointain et pourtant s'affirmant déjà majestueux et dominateur, le grand palais du pontife lamaïste[10]. » C'est bien l'imposant Potala qu'ils aperçoivent au loin. Yongden murmure à Alexandra : « *Lha gyalo* » (« Les dieux ont gagné »). Puis ils entrent dans la Cité interdite en passant par une petite porte. À ce moment précis, une tempête de sable les rend invisibles aux regards extérieurs. Personne ne s'aperçoit qu'une Occidentale, la première de l'Histoire, a pénétré dans Lhassa. Une jeune femme les aide à trouver un abri, une chambre dans un hôtel pour vagabonds à l'extérieur de la ville. La chambre est misérable mais a une vue imprenable sur le Potala…

Ils arrivent à temps pour les célébrations du nouvel an, d'énormes fêtes bruyantes et colorées dont la joie communicative sert de récompense à Alexandra. Les festivités leur permettent de se déplacer plus librement, sans se faire remarquer de personne, cachés au milieu des foules. Ils explorent la ville, se joignent à de « vrais » pèlerins pour une visite guidée du Potala. Ils assistent à des processions monumentales en musique. Ils ont intégré le monde le plus énigmatique qui soit, et Alexandra n'échangerait sa place pour rien au monde. Deux mois durant, elle arpentera la ville en toute sécurité, à contempler ses temples et ses rues, à explorer les monastères environnants. Lhassa n'est pas pour autant une grande cité, et Alexandra n'arrive pas à qualifier de « beau », au sens occidental du terme, ce qu'elle y voit, même si l'intérieur des temples cache des fresques magnifiques. Ici comme ailleurs, des superstitions liées aux démons viennent entacher le bouddhisme, les rites sont trop nombreux ; pourtant, « tel qu'il existe, le lamaïsme convient à leur pays et au niveau intellectuel de ses masses[11] ».

Ils ont loué une chambre plus que sommaire dans une masure où résident déjà plusieurs phénomènes intéressants à observer. Depuis leur arrivée, chaque journée offre son spectacle, dans la rue avec les commerçants ou dans les monastères où sont enseignés le tantrisme, les pratiques divinatoires, la magie... Les coiffes immenses des femmes, les bijoux imposants des hommes, le rituel du bouc émissaire que l'on chasse hors de la ville et qui y revient, enrichi de dons...

> Je n'avais jamais pénétré aussi profondément dans l'intimité des gens du petit peuple que je le fis durant mon séjour à Lhassa [...]. Tout le monde y était crasseux et en haillons, la nourriture était grossière, toujours précaire et d'ordinaire peu abondante, mais chacun jouissait du grand ciel bleu lumineux, de l'éclatant et vivifiant soleil, et des vagues de joie déferlaient dans l'âme de ces misérables déshérités des biens de la terre[12].

Reprendre des forces, si ce n'est un peu de chair sur les os, prend plus de temps. Yongden et Alexandra sont d'une maigreur effrayante. Il est inconcevable de repartir en voyage avant d'avoir entièrement récupéré. Une photographie montre Alexandra, Yongden et un jeune Tibétain assis avec le Potala en arrière-plan : les visages sont creusés, noirs de crasse. On reconnaît à peine l'exploratrice qui posait solidement dans un campement de montagne ou juchée sur un yack. La fièvre, toujours violente et passagère, les rattrape. Une toux sanglante s'installe ; ils craignent d'avoir attrapé la peste pulmonaire. Alexandra se remet plus vite que Yongden, dont la santé est plus fragile même s'il reste d'une robustesse peu commune.

Alexandra écrit en cachette à Philippe pour poster sa lettre plus tard, quand il n'y aura plus aucun risque. Elle l'avait prévenu qu'il resterait de longs mois sans nouvelles et qu'il ne fallait ni s'inquiéter ni la faire rechercher en cas de silence prolongé. Il serait sûrement ému de lire ces lignes, même s'il en ignore encore le sens exact :

> J'ai complètement (aussi complètement que le plus exigeant peut le rêver) réussi la promenade pour laquelle je partais quand je t'ai envoyé ma dernière lettre. [...] Maintenant, plusieurs questions difficiles vont se poser : mes pérégrinations sont achevées. Je les ai, je crois, dignement couronnées par cette dernière randonnée qui m'a menée à travers un pays où, d'après les meilleures informations, nul voyageur de race blanche n'a jamais passé et où les Tibétains eux-mêmes ne s'aventurent guère, tant les tribus qui l'occupent ont mauvaise réputation[13].

Les jours, puis les semaines passent. La ville n'exerce plus d'attrait pour Alexandra, elle a fait le tour de ce qu'il fallait y voir :

> J'y suis allée parce que la ville se trouvait sur ma route et aussi parce que c'était une plaisanterie bien parisienne à faire à ceux qui en interdisent l'accès. Ce qui m'a enchantée, c'est ma visite à ce que l'on peut appeler les vallées chaudes d'un pays froid. J'ai vu un Tibet inconnu des explorateurs, contemplé des paysages *extraordinaires* qui surpassent en splendeur tout ce que j'ai vu dans l'Himalaya et ailleurs et j'ai pu, au mois

de janvier, accrocher à mon sac une branche fleurie d'orchidées sauvages[14].

Personne dans le monde, à ce moment-là, ne connaît le Tibet aussi bien qu'elle.

Alors, comme souvent, Alexandra s'impatiente. Elle recommence à s'inquiéter de ce qui lui arriverait si on la reconnaissait — et de fait, quelqu'un l'a reconnue. Le chef de la police de Lhassa l'a rencontrée quand il occupait les mêmes fonctions à Darjeeling. Mais comme il connaissait son intérêt sincère pour le Tibet, il n'a rien dit, seuls ses descendants confirmeront par la suite ce détail. Alexandra, qui ne s'en doute pas, trépigne de faire connaître son exploit au monde entier le plus tôt possible. Yongden et elle partent comme ils sont arrivés, sans faire de bruit. Le retour est le prolongement naturel de son pèlerinage.

Il s'en fallait de beaucoup que mon voyage fût terminé. Je regagnai les bords du Brahmapoutre et entrepris une nouvelle série de pérégrinations. Parmi les endroits intéressants que je visitai est le monastère de Samyé, sujet d'innombrables légendes et résidence d'un des grands oracles officiels du Tibet. [...] Je parcourus aussi la province de Yarlung, ses multiples lieux de pèlerinages [...] Enfin, un soir, j'arrivai à Gyantzé[15].

Gyantzé est la troisième ville du Tibet. Amaigrie, en haillons, Alexandra se présente auprès du premier Européen qu'elle croise, le directeur de l'école. Celui-ci est stupéfait d'entendre une mendiante tibétaine s'exprimer aussi bien en anglais… Les présentations faites, il l'envoie chez l'agent britannique de la ville, David MacDonald. Elle frappe à sa porte, un domestique passe le message au maître des lieux. L'agent, croyant à une plaisanterie de sa fille, les fait monter dans sa chambre et fait semblant de dormir. Quand il entend le plancher craquer, il s'adresse à sa fille sans tourner la tête. Une inconnue lui répond... MacDonald écoute avec un étonnement grandissant le récit de cette Française tombée de nulle part et de son compagnon en piteux état. Il leur offre la plus aimable des hospitalités, une solide amitié les lie bientôt à tous les membres de la famille. Mais comme Alexandra est toujours dans l'illégalité, il leur faut rendre compte de leur « crime » auprès du gendre de MacDonald, le capitaine Perry, et remplir des formalités administratives.

La pression retombée, elle peut prendre la mesure de son exploit, répétant :

> J'ai réussi aussi complètement que le plus exigeant eût pu le rêver un voyage dont le pittoresque dépasse de beaucoup celui des voyages inventés par Jules Verne, passant par des régions qui, d'après des informations dignes de foi, n'ont jamais été visitées par un voyageur de race blanche[16].

Au bout de deux semaines, ils ont suffisamment repris de forces pour repartir, avec de l'argent prêté par l'agent. « Il me restait encore à accomplir le long trajet de Gyantzé à la frontière indo-tibétaine à travers de hauts cols et des plateaux arides balayés par un vent glacé, mais l'aventure était terminée[17]. »

Elle veut quitter au plus tôt son Tibet bien-aimé. Elle ne possède rien sur elle, que les marques de la fatigue. Fin mai, Yongden et elle suivent les chemins des caravanes qui traversent l'Himalaya jusqu'à l'Inde, faisant halte dans de confortables maisons anglaises où on leur offre d'abondantes provisions dont ils avaient oublié le goût. Mais la route pleine de cols à franchir les achève, même à dos de cheval. Les altitudes creusent les poumons, Alexandra finit par grimper sur une chaise à porteurs fabriquée avec les moyens du bord. Ils ont bien failli mourir d'épuisement, comme le pauvre sir George Pereira quatre mois auparavant, vaincu par les routes chinoises.

Grâce aux missions étrangères, l'exploratrice trouve un logement à Chumbi, à l'altitude convenable d'environ 1 500 mètres. Elle va y écrire la majeure partie du *Voyage d'une Parisienne à Lhassa*. Son retour dans la vie civilisée exige une somme importante, ne serait-ce que pour récupérer ses bagages restés en Chine, ses livres, ses objets. Maintenant qu'elle a appris à Philippe qu'elle est toujours en vie et qu'elle a *encore* besoin d'argent, elle lui confie ses nouveaux projets : devenir correspondante en Extrême-Orient et proposer son récit à l'éditeur le plus offrant. Elle fait appel au consul de France à Calcutta pour obtenir un prêt en attendant un nouveau mandat de son mari. Mari qui doit s'attendre désormais à retrouver sa femme, et leur vie à deux. Y croit-elle vraiment ? La ville, les Européens, lui paraissent moins attirants que jamais après ce qu'elle a vécu… bien qu'elle frissonne rétrospectivement en se souvenant des risques insensés qu'elle a pris. La voici en proie au « spleen » :

Ce voyage qui me trottait en tête depuis si longtemps est fini ; heureusement et glorieusement fini sur un succès complet. C'est parfait, mais je reste un peu ahurie, ne voyant plus trop que faire — en dehors de mes travaux d'orientaliste[18].

Il y aura un avant et un après-Lhassa. Elle a changé, le monde aussi. Dans les Himalayas, les habitants ne montrent plus autant de crainte que jadis pour les Blancs. La xénophobie gagne du terrain. De son côté, Alexandra est choquée de voir un militaire anglais se présenter à elle en short, très court qui plus est… En juin, elle est de retour à Gangtok, invitée par le résident, ancien explorateur lui-même, qui ne peut s'empêcher de jalouser les dernières prouesses d'Alexandra. L'endroit a perdu tout attrait, l'atmosphère est triste. Presque tous ses amis d'antan sont morts. Elle passe l'été à Padong, tout près de Darjeeling, dans un bungalow prêté par les missionnaires français. Elle piétine, écrit, établit des listes de publications, convoque toutes les personnes susceptibles de lui ouvrir des portes, jusqu'à la tête de l'État français. Elle tient à marchander ses exploits, il faut bien survivre dans un monde d'après-guerre en crise, même vivre en ascète lui coûterait trop cher ! Elle rêve de conférences à Paris avec l'aide de son vieux professeur Sylvain Lévi, de voyages en Amérique où elle imagine exporter son succès, le Royaume-Uni étant exclu puisqu'elle s'est tant de fois jouée des Anglais. Elle se bat contre l'ennui et la dépression pendant que derrière ses fenêtres passe la saison des pluies.

Des éditeurs européens et américains se disent intéressés par le récit de son voyage à Lhassa. À Paris, le président de la Société de géographie la félicite. En attendant, ses problèmes d'argent s'aggravent. Elle en doit de tous côtés, on lui réclame le remboursement de ses dettes, Philippe tarde à répondre, il donne peu de nouvelles de Bône, il n'envoie rien, elle ne comprend pas. Son besoin est chaque jour plus pressant. Mendier dans une ville serait humiliant. En septembre 1924, elle est à Calcutta. Le mois suivant, elle reçoit enfin les lettres de Philippe. Elle s'enquiert de sa nouvelle maison, se demande comment ils tiendront dans seulement cinq pièces… Car Yongden vivra avec eux, c'est non négociable. Elle se propose de le payer avec son argent à elle, placé en Belgique. « Il y a onze ans que nous courons les déserts ensemble, nous avons plusieurs fois vu la mort de près tous les deux, toute autre question à part, il me serait dur de me séparer de ce garçon que je traite en fils[19]. » Mais entre-temps, Philippe lui a écrit une lettre dont elle accuse réception avec peine. Il dit que sa maison est trop petite, qu'il ne l'attend pas avec impatience… qu'il ne l'attend pas vraiment. Elle lui sait gré de sa franchise. Mais elle est déçue, elle qui croyait lui apporter la même joie qu'elle avait de le retrouver, elle et ses souvenirs innombrables, avec son enthousiasme de jeune fille. Or Philippe a retrouvé ses habitudes de vieux garçon, il ne tient pas à les voir bousculées par cette épouse dont il est si différent depuis le début, et qu'il n'a pas vue depuis si longtemps.

Elle ne veut pas le forcer, mais elle ne s'avoue pas vaincue. Elle lui coûtera encore un peu cher pour le moment, le temps d'écrire, de concrétiser tous les projets qu'elle a en tête en attendant de devenir indépendante financièrement. Alors, ils pourront envisager de reprendre une vie commune. Qui ne sera pas banale, elle le promet. Et tout en respectant leur indépendance farouche : chacun aura sa chambre, son salon, son intimité, ils ne se retrouveront que lorsqu'ils l'auront décidé. Encore faut-il trouver une maison, un *home*, comme elle l'appelle dans ses lettres, qui s'y prête. Sa collection d'objets et de livres — plus d'un millier de pièces rares — prendra déjà une place considérable.

Puisqu'une vie d'ermite dans une grotte ne serait pas raisonnable, elle songe à s'installer dans les Alpes ou dans le sud de la France — surtout pas dans une ville ! —, où elle ferait rapatrier ses bagages consignés en Chine. Le gouverneur d'Indochine lui propose un terrain d'où elle pourrait poursuivre ses études, une offre non négligeable qu'elle accepterait si elle était seule. Or l'idée de retrouver Philippe, ce mari délaissé mais jamais oublié, est plus forte. Désir exaspéré par ses réticences à lui ? Il lui conseille de rester en Orient, elle ne veut plus l'entendre, ça lui coûterait trop cher, à moins de vivre comme les lamas.

> Je suis une sauvage, mon bien cher, mets-toi cela en tête. Toute la civilisation occidentale me dégoûte. Je n'aime que ma tente, mes chevaux et le désert[20].

Il lui faut juste un terrain assez grand, un peu en altitude, un climat frais et sec, une cahute sans luxe mais sans bruit, tranquille, où elle pourrait travailler sans être dérangée. En attendant, installée à Calcutta, elle travaille à plusieurs articles qui devraient lui rapporter de l'argent rapidement.

En octobre, elle envoie ses biens à Philippe en Algérie, elle est prête à revenir. En vérité, ils doutent tous deux du bien-fondé de cette décision, et la présence d'un jeune Tibétain n'arrangera rien. Il est pourtant vital qu'il l'accompagne. Pas seulement parce qu'elle s'est attachée à lui comme à un fils mais parce qu'il risquerait sinon sa vie, du moins sa réputation en restant sur place. Les livres qu'elle va écrire vont révéler toutes les ruses dont il a fait usage pour qu'ils puissent voyager en paix. Les dupés, Anglais comme Tibétains, pourraient se venger, et sa réputation de lama serait entachée. Impossible de censurer ses récits, qui en perdraient tout le sel et l'humour ; elle dira la vérité, et elle le protégera des conséquences comme il l'a protégée sur les routes. Les éditeurs américains lui font part de leur envie de lire le récit de son expédition à Lhassa au plus vite. D'autres propositions affluent. En janvier 1925, elle part pour Bénarès et arrive le mois suivant à Bombay. Lors d'une réception très mondaine, elle rencontre Rabîndranâth Tagore, écrivain et artiste complet qui a reçu le prix Nobel de littérature en 1913. Mais c'est vers elle que convergent les honneurs. Le directeur du musée Guimet lui fait des propositions, tous les journaux français parlent d'elle. Ses contacts lui conseillent de rentrer en France et d'assurer sa célébrité en partant au plus tôt pour une tournée de conférences aux États-Unis.

Elle arrive à Ceylan fin février. Ceylan : là où tout a commencé, un certain jour de 1911. La boucle est-elle bouclée ? Le climat l'étouffe. Elle se décide à partir, et embarque à bord du *Min*, un navire de fret, le 10 avril. Malade à bord, elle travaille de plus belle pour oublier ses migraines. Elle arrive à Valence, en Espagne, début mai. Aucune nouvelle de Philippe. Elle continue jusqu'au Havre ; son mari n'est pas sur le quai. Ses retrouvailles avec l'Europe se font sans émotion. Elle a cinquante-sept ans et ne se doute pas de ce qu'il lui reste à découvrir.

Une étrangère dans son pays

Le 10 mai 1925, Alexandra et Yongden arrivent dans un pays inconnu, la France des Années folles. La célébrité leur tombe dessus, c'est le début d'un ouragan médiatique. On la couvre de médailles : la Légion d'honneur, la médaille d'or de la Société géographique… La Société britannique ne lui offre rien, en revanche : elle prétend qu'elle n'est pas la première Européenne à se rendre à Lhassa, seulement la première femme, ce qui n'est pas pris au sérieux… Elle ne retrouve Philippe que peu avant Noël, à Marseille. Les retrouvailles sont froides après quatorze ans de séparation. Il n'est pas plus chaleureux envers Yongden, qui se fait dorénavant appeler Albert. Alexandra lui parle de sa volonté d'adopter le jeune homme. Philippe n'y est toujours pas favorable, mais sait qu'il ne sert à rien de s'opposer aux désirs de son épouse. Il continuera à lui apporter son soutien moral et financier, mais à distance. Ils ne revivront jamais ensemble — à leur grand soulagement mutuel. Elle continuera néanmoins d'écrire à Philippe pour le tenir au courant de tout ce qu'elle fait, sans se départir de son ton affectueux.

Elle se lance dans une grande tournée de conférences qui va durer deux ans, toujours flanquée d'Albert, d'abord en France puis dans toute l'Europe. Les salles sont bondées, on se presse pour l'écouter. Albert chante, récite des vers qui transportent un public peu habitué à entendre parler de montagnes comme lui. Elle n'en tire pas une grande fortune puisque les frais de déplacement engloutissent ses maigres profits. Elle va d'un hôtel à l'autre et a du mal à trouver la maison de ses rêves à distance. Il est temps qu'elle reparte en excursion, la vie citadine la déprime et l'affaiblit. Sa vieille neurasthénie la rattrape.

Le travail ne manque pourtant pas, on ne cesse de lui réclamer des articles. Elle travaille alors seize heures par jour, à s'en crever les yeux. Grâce à son agent new-yorkais, certains de ses livres sortent en même temps en France, en Grande-Bretagne et aux États-Unis. Le récit *Voyage d'une Parisienne à Lhassa* paraît d'abord dans le magazine *Asia*, en cinq épisodes. Le livre est publié l'année suivante. Ce sera son plus grand succès de librairie, et il a toujours sa place parmi les dix plus grands livres de voyage. Les hommages se succèdent, des plus solennels aux plus loufoques :

> J'ai donc été très étonnée en recevant une lettre du secrétaire de l'académie des Sports [...] m'informant que la médaille du grand prix d'athlétisme féminin me serait remise au cours d'une séance le 9 février et m'invitant à aller la recevoir. [...] J'avoue que j'ai presque été choquée de voir considérer mes voyages comme *sport*[1].

Elle n'a pas pu s'y rendre, mais un peu de publicité supplémentaire ne nuit pas à la vente de ses œuvres. Elle publie beaucoup dans les revues, des articles et des récits en feuilleton, et ses livres sont traduits en Angleterre, en Allemagne et en Pologne, où ils rencontrent un beau succès.

Le mois d'avril 1927 se passe en conférences à Paris, au Collège de France, à la Société théosophique, au musée Guimet... partout où elle a été l'élève, elle est à présent l'invitée de marque. Son professeur Sylvain Levi a beaucoup fait pour que son ancienne disciple puisse partager son savoir au plus grand nombre. Ses magnifiques photographies montrent qu'elle ne possède pas seulement un savoir scientifique de première main, mais une osmose unique avec les pays dont elle parle si bien. Le public ne s'y trompe pas. Quant à elle, elle sent qu'elle n'est plus à sa place dans cette capitale folle de lumière, de loisirs et de mouvement. « Je suis harassée, éreintée, je n'en puis plus. Quelle horreur que ces grandes villes. Je ne rêve qu'à me sauver, qu'à retrouver des montagnes, de l'air, du silence[2]. »

Enfin, l'été 1928, alors qu'elle se trouve dans le sud de la France, elle découvre une villa avec jardin à son goût à Digne, dans les Alpes de Haute-Provence. Le paysage lui plaît, avec ses belles montagnes, son climat ensoleillé, ses odeurs de thym et de roches chaudes. La vue est plus importante que les murs, qui vont subir des transformations. Elle achète la maison et la baptise « Samten Dzong » : « Forteresse de méditation ». Elle a trouvé son *home*, là où elle écrira ses trente prochains livres, où elle vivra jusqu'à la veille de son cent-unième anniversaire. Elle invite Philippe à venir y séjourner quand il le voudra, et il répondra volontiers à l'invitation.

Ses attaques de neurasthénie sont comme ses rhumatismes : des compagnes permanentes qui se réveillent de temps en temps. Elle les combat en lisant, en écrivant sans cesse, à des horaires anarchiques. À peine a-t-elle fini un livre qu'elle en commence un autre. Le rapatriement et déballage de ses caisses prendra un temps infini. Alexandra n'étant pas un modèle d'ordre, elle va les laisser se reposer un peu, elles aussi. Ses premiers temps à Samten Dzong vont se trouver bouleversés par… le président de la République. Gaston Doumergue adore ses livres. En janvier 1929, il lui propose de lui organiser un prochain voyage en Asie. Elle doit fournir un devis, les prix ayant beaucoup augmenté depuis ses premiers trajets. Ça n'empêche pas les subventions de tomber les unes après les autres. « Ce n'est pas du tout un voyage d'agrément que je vais faire. Je suis, cette fois, en mission tout à fait officielle. Il s'agira de faire des rapports, de travailler[3]. » En juin, la voilà à Paris, en plein casse-tête administratif pour obtenir un visa russe. Elle est reçue aimablement par le consulat de Russie, mais on n'y semble pas pressé de l'autoriser à fouler leur immense territoire. Les tensions entre Russes et Chinois n'arrangent rien du côté des frontières. On a même proposé à Alexandra de participer à la « Croisière jaune » organisée par Citroën en Chine, mais elle n'est pas tentée. La situation politique est devenue trop tendue là-bas, leur armada ne passerait pas inaperçue, d'autant plus que les étrangers y sont très mal vus.

Bloquée à cause des Soviétiques, elle entrevoit une solution grâce à Romain Rolland qu'elle rencontre au début de l'hiver 1930. L'écrivain lui conseille de plaider sa cause auprès d'un certain Lounatcharsky, ministre russe de l'Instruction publique et membre du Conseil suprême et de l'académie des Sciences, qui se trouve à la Société des Nations cette semaine-là. Elle s'y rend, rencontre le ministre, le courant passe. Il n'a jamais entendu parler de ses multiples demandes, ce qui l'étonne puisqu'elles auraient dû nécessairement passer par lui. Le voilà donc tout disposé à lui donner les autorisations, ainsi qu'à Albert. Hélas, la mort de Lounatcharsky gèlera à nouveau le lent processus. Alexandra a beau avoir une bonne réputation en Russie, personne sur place n'était au courant qu'elle souhaitait s'y rendre. Elle ne saura jamais ce qui a bloqué ainsi les rouages.

Entre-temps, elle a exposé les mystères, connaissances, pratiques et doctrines des religieux tibétains dans *Mystiques et magiciens du Tibet*, complété d'un autre ouvrage, *Initiations lamaïques*, illustré de ses splendides photographies. Elle passe le printemps 1931 en tournée de conférences en Italie où elle croise un jeune militant du nom de Mussolini. Sa réputation s'internationalise encore, notamment grâce à un article sur « Les Femmes du Tibet », confié à une agence qui l'a vendu aux quatre coins du monde. On la réclame aux États-Unis, où son *Guésar de Ling* a été traduit, pour donner des conférences. Elle est lancée, sans se reposer sur ses lauriers pour autant. On la loue de tous côtés, elle ne compte aucun détracteur, mais la concurrence existe auprès des orientalistes universitaires, il lui faut rester à la hauteur. Ses ouvrages plus scientifiques comme *Initiations lamaïques* ne lui rapportent que peu d'argent, ils servent surtout à maintenir sa réputation. Devant l'ampleur du travail, sa traductrice anglaise, Violet Sidney, s'installe à Samten Dzong. Elle y restera quatre ans, œuvrant avec vaillance, mais le caractère un rien difficile d'Alexandra aura raison de sa patience.

De toute façon, la proposition de l'État a décidé l'orientaliste en mal d'Asie :

> Je vais partir pour Pékin aussi promptement que possible ; là-bas, Albert va tâcher de trouver au Temple des lamas un lettré avec l'aide de qui, lui et moi, pourrons nous perfectionner dans la langue littéraire tibétaine et mener à bonne fin la traduction du grand ouvrage de Tsong Khapa qu'Albert a ébauchée[4].

En 1933, elle retourne en Belgique. Elle revoit son ancien pensionnat et d'autres lieux liés à son enfance. Les hauts plateaux asiatiques ont modifié ses perceptions géographiques à jamais et la plate Belgique lui semble bien morne, bien que son affection pour ce pays n'ait pas changé.

En octobre 1934, elle reçoit les louanges de Plon pour *Le Lama aux cinq sagesses*, le roman coécrit avec Albert qu'elle leur a envoyé. Ce livre s'était décidé un soir au coin du feu : les romans ayant le Tibet pour sujet ne leur paraissaient jamais authentiques, quand ils n'étaient pas truffés d'erreurs. Elle avait donc proposé à Yongden de se lancer : raconter une histoire tibétaine avec tout ce qu'il sait, tout ce qu'il a déjà noté de son côté, et elle le rédigerait en français. Elle écrit en introduction :

> Nous montrerons le vrai Tibet des Tibétains et des Tibétaines authentiques, des événements réels, mais nous combinerons notre histoire de telle sorte que, bien que tout y soit véridique, aucun des personnages ne pourra se reconnaître et ce sera un roman, le premier roman qui ait jamais été écrit par un lama tibétain, à la gloire de son Haut Pays des Neiges, pour le monde du lointain Occident[5].

Le Lama aux cinq sagesses suit le destin de Mipam, un garçon tibétain dont la naissance s'accompagna de prodiges ne faisant aucun doute pour ses parents : Mipam est un tulkou, la réincarnation d'un grand lama. Malgré les preuves qu'ils avancent, un autre garçon est reconnu comme tel. Le père de Mipam, qui s'attendait à vivre dans l'opulence grâce au statut particulier de son fils, est effondré. Sa mère, elle, sait qu'il n'est pas comme les autres : rêveur et gourmand, le garçon dont le nom signifie « invincible » montre très tôt son immense compassion, inhabituelle à son âge.

Un jour qu'il est parti à la recherche d'un taureau égaré, Mipam s'endort dans la nature. En se réveillant, il se trouve face à face avec un léopard qui le regarde avec bonté. Mipam l'observe avec la même bienveillance. Dogyal, le frère aîné de Mipam, surgit à ce moment : croyant son frère en danger de mort, il décoche une flèche au léopard. Mipam bondit pour protéger l'animal et reçoit la flèche dans l'épaule. Comme elle est empoisonnée, Dogyal doit trancher dans les chairs avec son couteau pour empêcher le poison de se répandre. Depuis, le garçon est métamorphosé : à neuf ans, il quitte sa famille à la recherche d'un pays où régnera la paix. Un ascète rencontré en chemin le convainc de rebrousser chemin : il est trop jeune pour entreprendre une telle quête. L'ascète voit cependant en lui un fils de Tchénrézigs, l'incarnation de la bonté absolue. Son destin prendra d'autres chemins. Mipam se retrouvera au service du gyalpo, roitelet de sa région, où il tombe amoureux de la joyeuse Dolma. Bien qu'ils ne soient encore que des enfants, ils se promettent de se marier un jour. Mipam laisse de côté les livres et les études pour réussir dans les affaires et épouser Dolma, elle-même fille d'un riche marchand de Lhassa.

Il ne faut pas oublier qu'au Tibet, rien ne se passe sans le bon vouloir des dieux et des démons. Mipam est appelé à autre chose qu'à une confortable vie de famille, il le sait par des impressions venues de très loin qui viennent l'assaillir comme des rêves. Ses vies antérieures se manifestent à lui sans qu'il puisse en déchiffrer les signes. Seul un doubthob, moine doté de pouvoirs magiques, peut lire dans son esprit et lui montrer la voie par des phrases sibyllines. Mipam se laisse porter, de succès commercial en échec amoureux, jusqu'à l'endroit qui lui était destiné dès sa naissance : un monastère jailli des rocs, dirigé autrefois par un lama dont il est la réincarnation.

Le roman décrit avec précision la vie des trapas (étudiants lamaïstes) et des lamas confirmés dans les monastères, le quotidien des marchands tibétains et leurs échanges avec la Chine, les mœurs familiales rares comme la polyandrie autorisée dans certaines régions du Tibet, la hiérarchie stricte qui encadre chaque classe sociétale, l'importance de l'argent qui décide du statut social, l'enseignement de la doctrine bouddhiste et sa difficile application au quotidien. Avec quelques longueurs, *Le Lama aux cinq sagesses* montre avec quelles variations subtiles le merveilleux peut se glisser dans la vie quotidienne au Tibet. Et que « les amours humaines comptent pour peu au Tibet, et la seule passionnante aventure qu'y courent les héros admirés par la foule est d'ordre spirituel[6] ».

Le roman plaît à l'éditeur qui demande seulement à Alexandra de raccourcir son texte. Ce travail supplémentaire prend du temps et repousse le voyage qu'elle projette en Sibérie. Elle se trouvait en Asie pendant la Révolution russe, et n'en a appris le détail qu'à son retour en France, en 1926 ! L'idéal socialiste lui inspire une sympathie naturelle, mais elle ne se fait guère d'illusions sur son application pratique dans l'URSS : le peuple est toujours réduit à l'état de masse obéissante, et gare à lui s'il s'éloigne du chemin tracé pour lui ! Elle souhaite donc voir de ses propres yeux la nouvelle Russie, et surtout la Sibérie « pour y étudier, parmi des populations de diverses races, les effets de la rencontre de l'éducation moderne, qu'on y introduisait, avec les mœurs et les croyances ancestrales des indigènes. Principalement, quelle était l'influence de cette éducation sur les femmes, en quoi le nouveau régime avait-il modifié leur mentalité, leur façon de vivre et leur situation sociale ? En tant qu'orientaliste, [elle était], aussi, fort curieuse d'observer les réactions des bouddhistes bouriates lettrés, dans la région du Baïkal[7] ». Et aussi, étudier les croyances et pratiques encore mystérieuses qui ont cours en Sibérie et en Mongolie, chercher les points communs possibles entre les chamanistes, les böns et les tantristes hindous. Il fallait faire vite avant que la modernisation annoncée par les Soviétiques ne détruise peu à peu ces doctrines. Or les frontières de la Russie sont fermées, et seule l'agence Intourist peut délivrer des billets de chemin de fer. Pour cela, il faut déposer un dossier, détailler ses motivations. Après enquête, Moscou décide ou non de permettre l'accès, de toute façon restreint et soumis à des conditions non négociables.

Alexandra rencontre des responsables à Paris. Elle est poliment reçue mais elle sent toujours une méfiance, une réserve sous-jacentes. L'ambassadeur s'intéresse à ses sujets d'étude, et elle bénéficie d'autres recommandations issues de ses relations universitaires. Sa demande semble en bonne voie, elle patiente un an… avant de recevoir un refus, sans explication. La Russie a peut-être changé, sa bureaucratie, lente, désorganisée et échappant à toute logique, semble être restée la même. Alexandra avance des hypothèses : a-t-elle été considérée comme un dangereux élément capitaliste — rien n'est plus éloigné de la vérité — ou « trop farouchement individualiste pour apprécier les charmes de la collectivité obligatoire[8] », ce qui est plus crédible ? Elle ne le saura jamais. Elle aura juste le droit de traverser la Russie en Transsibérien et de visiter très rapidement Moscou. Elle passe donc l'hiver 1935-1936 en tournée de conférences en Europe centrale (Tchécoslovaquie, Hongrie), en Allemagne et en Autriche où Hitler a failli venir l'écouter, avant de se désister, non sans lui avoir fait porter une immense gerbe de fleurs.

À bord du Transsibérien

9 janvier 1937. Le quai de la gare du Nord paraît figé dans l'aube glaciale. Dans la salle d'attente surpeuplée et malodorante, parmi les malles, bagages et voyageurs engourdis par le froid, deux petites silhouettes attendent l'heure du départ. Le Nord-Express est annoncé : elles s'installent en première classe, dans leurs compartiments respectifs, prêtes pour un très long trajet. Alexandra et Albert retournent en Chine.

« C'est comme un rêve[1] », dit le lama en costume-cravate, trouvant sans le vouloir le mot tout simple qui résume l'état d'esprit d'Alexandra. Elle a soixante-huit ans, prête à repartir à l'aventure comme au premier jour. L'aventure, c'est devenu son mode d'existence « normal ». Pourtant, en ce moment si excitant où le train commence à avancer, une sourde mélancolie l'envahit. Elle fixe longtemps sans le voir le paysage plat et hivernal, jusqu'au premier arrêt à Liège. Tout lui paraît embrumé : villes, âmes. D'inquiétants pressentiments surpassent la hâte de retrouver ce pays qu'elle aime tant, et qui a bien changé depuis vingt ans. Elle quitte une Europe où les nationalismes commencent à prendre des proportions inquiétantes, où une nouvelle guerre est possible, encore plus meurtrière que la première en raison des progrès en transport et en armement. Elle quitte l'Europe en ébullition pour une Chine sur le point d'exploser.

Le pays est exsangue, le mouvement du 4 mai 1919 a lancé la Chine dans une véritable révolution et les années 1920 ont été dirigées par la loi de la jungle. En 1924, Tchang Kaï-chek a créé le Kuomintang, parti nationaliste. Ce parti unique, donc puissant, a été reconnu par les nations étrangères. Son jeu d'alliances avec la bourgeoisie, les milieux d'affaires et les banques lui vaut une stabilité financière et des corruptions en nombre. Il établit un nouveau régime à Nankin en 1927 contre lequel s'élève le parti communiste chinois, fondé en 1921 par quelques intellectuels pour lesquels le marxisme apparaît comme la seule forme de salut. La lutte armée commence. En 1934, pourchassés par les nationalistes de Tchang Kaï-chek, cent trente mille communistes, dont Mao Tsé-toung, fuient vers le nord-ouest de la Chine pour un exode historique : la Longue Marche. Mao, fin stratège, s'appuie sur l'immense masse paysanne qui vit dans une extrême pauvreté. L'Armée rouge traverse onze provinces, parcourt 12 000 kilomètres et fait savoir à deux cents millions de paysans misérables qu'elle est venue pour leur libération. Seuls vingt mille hommes arrivent à Yan'an un an plus tard. La Longue Marche fait de Mao le leader incontesté du parti communiste chinois, dont il prend officiellement la tête en 1935.

Les frontières de la Chine se sont aussi rétrécies : elle a perdu la Mandchourie, une partie du Tibet et de la Mongolie. Les Japonais s'apprêtent à s'emparer de tout le pays, ils se sont progressivement installés dans le Nord-Est et se dirigent vers les centres névralgiques que sont Pékin et Shanghai. L'immense empire d'antan se laisse peu à peu désagréger par une population inférieure en nombre, mais belliqueuse, portée par son patriotisme et prête au sacrifice. En face, la Chine est faible car désunie, elle est composée de provinces et de régions presque indépendantes les unes des autres, et ce manque d'unité lui sera fatal.

Pour le moment, la grande histoire se déroule dans le train, qu'Alexandra raconte dans *Sous des nuées d'orage*. Elle traverse l'Allemagne, avec un arrêt à Berlin. Un instant, elle est tentée de descendre pour rendre visite à une amie qui y habite. Mais son corps et sa volonté sont engourdis, elle s'aperçoit qu'elle n'a plus l'impulsion de liberté qui lui permettait d'agir sans se poser plus de questions. « Je suis ligotée par des raisons, des motifs, des considérations que m'imposent des habitudes de penser et de croire, héritées de mes devanciers, ou suggérées par mon milieu[2]. » Qui a donc pris possession de sa volonté ? Les heures passent, monotones, du wagon-restaurant au wagon-lit sans pouvoir dissiper cette impression tenace de tristesse que les interminables plaines grises de Pologne aggravent. Il fait – 20 °C lorsqu'ils s'arrêtent pour la nuit à

Varsovie. Alexandra rencontre son éditeur polonais, qui prépare la traduction de deux de ses livres :

> Tandis que je les évoque, librairies et volumes prennent un air de réalité, mais ce qui persiste à demeurer flou, inconsistant : une bulle de savon dansant dans l'air, c'est Alexandra David-Néel s'en retournant en Chine. Quelque effort que je fasse pour le saisir et le fixer, ce personnage m'échappe, de même que le décor mouvant parmi lequel il évolue[3].

Elle pense alors à la croyance tibétaine selon laquelle la conscience peut se séparer du corps longtemps avant que la mort ne soit apparente… Seraitelle déjà morte ? Elle est presque tentée d'y croire. Revenue à la gare, elle observe la foule de prolétaires qui attendent, immobiles et graves, un train toujours en retard et qui n'a d'express que le nom.

La frontière russe qui approche sort Alexandra de sa torpeur. Elle qui boycottait autrefois l'Empire russe pour manifester son opposition au régime tsariste regrette à présent de ne pas s'y être rendue quand ses frontières étaient plus ouvertes. Sa demande avait été rejetée sept ans auparavant. On prétend que les Russes sont redevenus libres après la révolution : elle tient à s'en assurer de ses propres yeux, à voir les métamorphoses opérées depuis.

Dès l'entrée du train en gare de Moscou, l'atmosphère est pesante. Des soldats armés de fusils à baïonnette regardent d'un air absent les passagers. Des bannières portent l'appel « Prolétaires de tous pays, unissez-vous ! » traduit en plusieurs langues. Les voyageurs doivent déclarer tous leurs bagages, rien ne doit entrer ou sortir d'Union soviétique. Pour éviter le déballage intégral des malles, des douaniers accommodants proposent de mettre sous scellés les bagages à destination de Mandchouria. Alexandra, dont le plus gros des bagages voyage par mer, profite de cet arrangement, mais il lui faut dévoiler le lourd collier de pièces d'or anciennes qu'elle a attaché autour de son cou. L'or est une monnaie de secours bien pratique quand on voyage loin... Une jeune douanière en reste ébahie mais ne montre aucune intention de le lui confisquer. Contrairement aux passeports de tous les passagers, gardés en otages par un employé du chemin de fer, au cas où l'un d'eux caresserait le projet fou de s'évader...

Alexandra monte dans le Transsibérien et s'installe dans un wagon inconfortable. Le temps et l'usure y ont déposé leurs marques indélébiles. Elle prévient l'employé qu'elle mettra ses propres couvertures sur le petit lit étroit. L'homme ne parle pas anglais, pas plus que ses collègues ; ils auraient été embauchés à cette seule condition, pour leur éviter de s'informer sur ce qui se passe en dehors de leurs frontières et de subir toute influence... Les Russes ne peuvent quitter leur pays sans visa.

Alexandra passe une mauvaise nuit, secouée en tous sens. L'arrivée à Moscou s'accompagne d'une haie d'honneur pour le moins glaçante, composée de soldats armés. Comme l'arrêt doit durer quatre heures, Alexandra a prévu une excursion automobile avec une guide anglophone. Elle qui espérait pouvoir se promener à peu près où elle voudrait doit vite déchanter : le circuit se limitera à quelques endroits neutres. La guide leur montre avec fierté les monuments et immeubles massifs qui poussent dans la capitale, à la grande gloire du régime soviétique. Alexandra trouve le Kremlin bien plus beau en photographie ; à côté, le tombeau de Lénine paraît écrasé sous une gangue de glace. « Le contraste est plein d'enseignements : le colosse aux pieds d'argile qu'était l'Empire des tsars a été renversé par l'énergie opiniâtre d'un homme qui, devant lui, semblait d'aussi négligeable importance qu'un minuscule insecte[4]. »

La guide les arrête devant un hôtel bien avant l'heure prévue. Alexandra et Yongden en profitent pour marcher dans les alentours. Le verglas coupe court à leur promenade, ils n'ont d'autre choix que de retourner dans ce bâtiment réservé aux touristes fortunés. Alexandra s'aperçoit vite qu'aucun Russe ne pourrait s'y payer une tasse de thé, et que « les mœurs millénaires demeurent encore vivaces en URSS : il y existe toujours des gens que l'on sert et des valets qui les servent[5] ». Un interprète prend le relais pour faire « visiter » Moscou aux passagers du Transsibérien. Un tour dans le métro, dont les Moscovites sont fiers à juste titre, résume la chape de plomb qui écrase le pays à travers le regard terriblement vide et las de ses occupants.

Enfin, les voilà repartis pour l'Asie. C'est la première fois qu'Alexandra retourne sur son continent d'adoption par voie de terre. Quelle différence avec le départ du port de Marseille, inondé de soleil, dont chaque moment la préparait à l'Orient...

Tandis que nous avancions parmi les plaines neigeuses, l'image d'une Asie différente de celle que je connaissais se présentait à ma pensée. Une Asie froide, tantôt voilée de brumes, tantôt parée de glace et de givre scintillant ; Asie au visage plus énigmatique encore que celle des jungles tropicales[6].

C'est un voyage de nuit et de froid qu'elle vit cette fois, un long défilement de paysages monotones, immobilisés dans un hiver minéral. Quelques usines apparaissent au loin, visions fugitives d'une industrialisation lancée. Même l'Oural lui paraît réduit, l'Himalaya a déformé ses perceptions… Le train s'arrête dans des villes misérables, des gens font la queue à la boulangerie et ne peuvent attendre d'en être sortis pour s'attaquer à leur pain. Les images et slogans de propagande se raréfient. La misère, la faim, la tristesse imprègnent chaque regard qu'Alexandra jette sur ce pays qui l'a autrefois attirée, et dont la transformation donne à réfléchir aux grands rêves du partage égalitaire et de l'abolition des classes. Elle a beau avoir payé un wagon de première classe, elle a horreur des différences de traitement.

En Sibérie, c'est presque un village entier qui monte dans le train et s'installe dans le wagon-restaurant. Il y a du caviar au menu, mais plus de pain, plus de place, plus d'air non plus pour respirer. Ni chants, ni bagarres ne viennent distraire ce peuple muré dans son indifférence. Le service à bord est inexistant, les draps et les serviettes jamais changés… Avec un élan tout communiste, quelques clients, dont Alexandra, se mettent à partager leurs provisions.

Les paysages sibériens offrent enfin un peu de féerie. Le temps s'éclaircit près du Baïkal figé sous la glace, pour le plus grand plaisir d'Alexandra qui nourrit aussi des rêves de Grand Nord. Les passagers récupèrent leurs passeports, non sans mal, avant l'arrivée prochaine à Mandchouria. La douane japonaise marque l'entrée dans un autre monde. Les fouilles de bagages sont plus poussées. Un douanier confisque les livres et documents d'Alexandra pour examen. Mais ce n'est rien comparé aux épuisants et interminables interrogatoires qui donneraient à n'importe quel quidam la certitude d'être un individu suspect. Les Japonais semblent prendre un plaisir sadique à torturer ainsi des voyageurs que le manque de sommeil rend hagards. Alexandra ne se laisse pas impressionner, elle répond aux questions les plus saugrenues en s'interrogeant sur le changement de ces gens qui l'avaient si poliment accueillie autrefois, en 1917. Enfin, ils sont en mesure de monter dans un train japonais. Plus réduit mais plus propre que le Transsibérien, avec des soldats mandchous armés jusqu'aux dents qui empêchent de circuler dans les couloirs. Interdiction est faite aux passagers de regarder au-dehors, les stores sont baissés, on ne sait pourquoi. Après encore bien des changements de train et des contrôles de papiers, Alexandra et Yongden parviennent à Hsin-King où ils peuvent savourer le plaisir d'un bain chaud. Ils partent ensuite pour Moukden, apprécient les hôtels japonais, aussi agréables que les auberges chinoises sont répugnantes. Enfin, le 26 janvier 1937, Alexandra entre dans Pékin.

Elle est logée par des connaissances et retrouve vite ses marques, comme si elle était partie la veille. Pourtant, le choc culturel est réel. Pékin s'est radicalement transformée pendant son absence. Autrefois sale et chaotique, la ville modernisée s'est dotée de routes goudronnées sur lesquelles circulent automobiles et tramways. La Cité interdite ne l'est plus, les parcs et les temples accueillent les familles en promenade, les parcs verdoyants sont bien entretenus. Mais que dire de la transformation des Chinoises ! Élégantes en robes fendues et escarpins fins, les joues fardées, elles affichent un air séducteur et affranchi qu'Alexandra n'aurait jamais cru possible. Comme à Paris, les magasins de soieries abondent, et comme à Paris, les vendeurs ne manifestent aucune politesse pour leur clients, qu'ils soient chinois ou étrangers... Encore un signe que le vent a tourné : l'homme blanc est traité comme les autres. Richesse et puissance s'étalent dans les pôles économiques que sont Pékin et Shanghai. La majorité du pays reste rurale, peuplée d'une masse illettrée et fragile dont les conditions de vie sont quasiment identiques à celles du Moyen Âge. La Chine n'en est qu'au début du siècle le plus mouvementé de son histoire.

Une légende rapporte qu'Alexandra a croisé Mao, Tchang Kaï-chek et le père Teilhard de Chardin à Pékin, alors qu'aucun document ne rapporte ces faits. En revanche, elle rencontre de nombreux intellectuels chinois qui ont fait leurs études à l'étranger. Ils sont éduqués, polyglottes ; il est regrettable que leur vanité et leur sentiment de supériorité tout neufs entravent leur intelligence.

Je ne suis pas de ceux qui doutent de la Chine, ni des Orientaux, en général. Après avoir sommeillé pendant longtemps, leur réveil ne peut être que lent, mais les semences de sagesse déposées il y a des siècles en leur pays sont appelées à germer quelque jour et, peut-être alors, régénèreront-elles notre triste monde[7].

Les mœurs changent. La loi impose la monogamie, même si elle est rarement respectée. Dans les villes du moins, les mariages ne sont plus arrangés, mais se font entre couples consentants. En revanche, les mariages entre Chinois et Occidentaux sont rarement heureux d'après ce qu'Alexandra a pu entendre et observer, les différences culturelles sont encore trop grandes.

Le Pékin des années 1930 est décidément propice aux recherches. Alexandra se met en quête d'une maison à louer. Las, si la ville s'est modernisée, ses progrès ne se sont pas encore étendus aux sanitaires. Elle se résout donc à installer à ses frais les toilettes et l'eau courante dans une petite maison, avant de faire rapporter ses bagages stockés à Shanghai. Elle rencontre aussi des lamas tibétains et les invite régulièrement chez elle à prendre le thé. Entre ces lettrés exilés très démonstratifs, les débats philosophiques virent au théâtre. Le vacarme finit par effrayer les voisins, et un policier viendra discrètement surveiller la maison de cette Française aux étranges fréquentations.

Chaque fois qu'Alexandra sort de chez elle, la tristesse ressentie en quittant la France la reprend, plus forte que jamais. Elle scrute les visages dans la rue et croit y voir apparaître des grimaces guerrières. Encore des pressentiments ou des prémonitions ? Quelque chose de terrible va se produire. Quoi et, surtout, quand ? Il suffit d'écouter et de regarder. Les Japonais occupent le terrain depuis un certain temps. La Mandchourie n'est qu'un apéritif : leur politique expansionniste va les amener à envahir toute la partie orientale de la Chine. Ils y ont introduit une nouvelle arme de guerre : l'héroïne. L'opium circule déjà depuis longtemps, mais l'héroïne est prohibée et ses consommateurs récidivistes risquent la peine de mort. Des écoles japonaises sont implantées à Pékin, des magistrats sont à leur solde. Difficile, pour Alexandra, de démêler les rumeurs des prémices de guerre imminente.

En juin, Yongden, Alexandra et ses deux domestiques se mettent en route pour Wutaishan, la montagne sacrée aux cinq pics, où l'on vénère le bodhisattva Djampéyang, dans le beau monastère lamaïste de Pou-sa-ting. Elle s'arrête plusieurs jours à Taiyuan pour préparer sa venue, rencontre une compatriote à qui elle confie le plus gros de ses bagages, trop volumineux pour pouvoir la suivre jusque dans les montagnes. Cette confiance lui attirera des ennuis, on le verra... Elle en a déjà son compte avec des domestiques aussi idiots que paresseux qui ont le cerveau embrumé par l'opium la moitié du temps... Elle a l'intention de passer l'automne dans le Shanxi puis en Mongolie. L'arrêt des trains n'est pas encore régulier, mais les chemins de fer ont poussé loin au cœur du pays avec l'aide des Soviétiques. Les autobus et les voitures sont en bon état de fonctionnement. Alexandra songe avec nostalgie aux chaises à porteurs et autres charrettes sans suspensions qui l'ont conduite autrefois d'un village à l'autre.

Ses vagues d'abattement la quittent alors qu'elle va passer les sept années suivantes dans un pays en guerre. La tension monte, les consulats exhortent leurs ressortissants étrangers à rentrer chez eux, leur sécurité n'est plus assurée. Des centaines de milliers de soldats japonais se dirigent vers le sud, par la Grande Muraille. Le 30 juillet, Pékin tombe sans qu'un coup de feu soit tiré. Le 7 août, ce sera le tour de Shanghai. La guerre est déclarée. Communistes et nationalistes n'ont plus le choix : ils doivent signer une trêve temporaire pour s'unir contre l'envahisseur. Alexandra ne sait encore rien de tout cela ; elle est en train de remplir d'innombrables formulaires. Les petits chefs de chaque bourgade mettent à mal les autorisations durement arrachées à d'autres dictateurs d'opérette. Les étrangers ne sont clairement plus les bienvenus. Avec beaucoup de patience et d'obstination, Yongden et elle parviennent au monastère de Pou-sa-ting. Alexandra se retrouve chez elle, enveloppée d'odeurs d'encens et des lampes au beurre, au son des longues trompes tibétaines et des tambours rythmant les récitations. Elle se croit revenue à Kum Bum.

Les derniers sentiments de fatigue et de détresse s'envolent.

C'est justement l'époque d'un grand festival religieux et elle peut observer à sa guise les foules venues de toutes les parties de la Chine pour manifester leur dévotion. Piété tout intéressée puisqu'elle remarque que ces démonstrations n'ont qu'un but : « obtenir quelque chose[8] ». Ici comme dans les autres continents, l'offrande n'est jamais gratuite, la piété est égoïste, « commerce et commerce avoué est la religion du grand nombre[9] ».

Les semaines passent, à se plonger dans l'étude des manuscrits, des chroniques de monastères, de l'histoire de Wutaishan. Dans leur bulle studieuse, comme emportés dans le passé, Yongden et Alexandra n'ont aucune idée des combats qui ont commencé. Des rumeurs imprécises leur parviennent ; les Japonais occuperaient la Cité impériale. Le service postal ne fonctionne plus, les nouvelles se transmettent de bouche à oreille. Les villageois sont aussi coupés du monde qu'eux. Ils sont trop éloignés de ces batailles de grandes villes pour se sentir concernés, persuadés que leurs remparts montagneux les protègent. Alexandra ne s'en inquiète pas plus non plus, elle retourne à ses recherches sur les ermites du monastère. C'est pourtant dans cette région que l'Armée rouge va établir son quartier général et y tenir les Japonais en échec avant de devoir partir en lieux plus sûrs.

En août, la situation devient plus sérieuse. On entend dire que les avions japonais auraient survolé Taiyuan, à quelques kilomètres de là. Les habitants, terrifiés, quittent la ville et se réfugient à Wutaishan. Alexandra voit arriver les premiers d'une longue file de fugitifs. Contrairement à ce que l'on croyait, les bombardements et les combats ne se limitent pas à Pékin et au Nord. Les Japonais, forts de leur supériorité en armement, pillent, saccagent, brûlent, c'est un véritable massacre de civils. Alexandra apprend que Shanghai, le cœur économique du pays, est prise. Que peuvent les Chinois, si en retard sur tout, si peu préparés, face à cette force inférieure en nombre mais tellement plus puissante ? « On doit le répéter à tout propos, l'unité que les Chinois proclament n'est qu'une unité factice, toute de façade : ceux qui habitent les provinces de l'intérieur en savent quelque chose[10]. » C'est notamment grâce à ce manque d'unité que Mao et ses troupes vont asseoir leur pouvoir.

On parle de milliers d'hommes partis au combat pour arrêter les Japonais dans leur avancée meurtrière. Ce que voit Alexandra, le cœur serré, c'est une poignée de jeunes hommes fluets, sans armes à feu, courant vers une mort certaine. Les volontaires sont rares, les hommes invoquent la famille dont ils doivent s'occuper, la boutique qu'ils doivent faire fonctionner, les études qu'ils doivent terminer. La peur en conduit certains dans les temples. Les lamas, habitués à éloigner les démons, créent de nouveaux rites pour chasser les Japonais. L'inquiétude s'empare des derniers sceptiques, dans cet été particulièrement morne et pluvieux.

Sans haine envers les Japonais, mais sensible aux épreuves qu'endure ce peuple chinois dont elle s'est toujours sentie plus proche, Alexandra comprend que son projet d'aller à Etchin Orta, où seraient conservés les restes de Gengis Khan, n'a plus lieu d'être. Elle est bloquée et s'inquiète pour ses possessions restées à Pékin. Les Japonais ont peut-être réquisitionné sa maison, et elle doute fort qu'une cohorte de soldats échauffés prennent grand soin de ses affaires... Les routes et communications coupées compliquent la situation sur place. Alexandra restreint ses dépenses au maximum, ses repas déjà frugaux suffisent tout juste à la maintenir debout, elle et Yongden finissent par se nourrir de pissenlits. Qui sait combien de temps cette guerre durera ? Elle n'arrive plus à se concentrer sur ses recherches, la pluie s'éternise et les incidents s'accumulent. Un Chinois vient implorer son aide : en vertu de nouvelles lois, il a été condamné à mort pour avoir consommé de l'opium. Elle l'aide à s'enfuir, avant de sauver à temps son domestique opiomane d'une surdose qui aurait pu lui être fatale. Enfin, les premiers avions survolent Wutaishan.

Maintenant qu'un bombardement peut survenir à tout instant, les villageois s'organisent. Alexandra emporte dans tous ses déplacements de l'argent et le manuscrit du roman *Magie d'amour et magie noire* qu'elle est en train d'écrire. La pluie ayant enfin cessé, elle peut à nouveau partir pour de longues excursions qui évacuent la tension nerveuse de ces dernières semaines d'incertitude. Bientôt la neige et le gel empêcheront tout déplacement, elle veut quitter le monastère au plus vite pour Taiyuan. Bien que leur bourse soit presque vide,

Alexandra et Yongden parviennent à trouver des mules à louer et à partir à l'aube, sous les premières bourrasques de neige.

La route, paisible, est aux antipodes de la côte à feu et à sang. « Il fait beau, le soleil brille, infusant la joie de vivre au cœur des êtres et des choses tandis que là-bas, hurlent et râlent les désespérés et les moribonds[11]. » Chacun est occupé à sa propre survie, manger est le seul but concret dans l'esprit de ces hommes plongés dans la détresse. Le chemin d'Alexandra contourne celui que fréquentent les troupes. Des avions les survolent parfois ; ils se cachent quand ils peuvent ou s'immobilisent en pleine nature. Les points de ravitaillement sont rares, voire inexistants : ils passent seize heures à avancer sans manger ni boire. Bien que les sentiments xénophobes s'intensifient, Alexandra ne rapporte aucune réaction hostile à son égard. Tout au plus un policier zélé regarde-t-il avec insistance leurs passeports. Le passeport britannique de Yongden en étonne plus d'un : avec ses traits typiquement tibétains, il ne ressemble pas aux Anglais qui, selon les Chinois, sont tous blonds aux yeux bleus !

À Opien, ils apprennent que les omnibus ont été réquisitionnés. Les trains n'obéissent plus à aucun horaire, eux aussi sont réservés aux soldats. Alexandra doit pourtant s'y rendre coûte que coûte pour retirer de l'argent. Elle décide donc d'y aller à pied, avec ses mules et ses muletiers poltrons. Le chemin est difficilement praticable, ils avancent lentement en s'enfonçant dans la route boueuse. La charrette contenant les colis tangue violemment, puis se renverse ; une lourde caisse tombe sur la tête d'Alexandra qui s'écroule. Quand elle reprend connaissance, elle est immobilisée sous la caisse. Yongden et le charretier se précipitent pour l'en tirer et l'allonger. Sonnée, le cuir chevelu poisseux de sang, elle ne peut plus bouger, le genou tuméfié. Elle s'enveloppe de couvertures pour amortir les chocs de la charrette sur laquelle elle va continuer le trajet. Pour oublier la douleur, elle sort d'elle-même à la manière des yogis, endormissant ses sensations physiques par une concentration spéciale. Elle a l'impression d'entendre une cacophonie dans son crâne, qui lui fait craindre un œdème cérébral. La douleur ne s'estompe pas au fil des jours, son genou montre une vilaine blessure, et sa discipline stoïcienne est à peine plus efficace pour endormir la douleur que sa pharmacie portative. Enfin, on lui apprend qu'un train pour Taiyuan peut prendre quelques civils. Alexandra et Yongden s'entassent tant bien que mal dans une gare misérable où des dizaines d'hommes et de femmes attendent dans un état d'épuisement total. Les heures passent, dans le froid et l'humidité. Puis la nuit. Puis un autre jour : toujours pas de train en vue. Des informations contradictoires annoncent des horaires toujours repoussés. Un jeune soldat chinois, pâle comme la mort, demande à Alexandra de lui donner sa carte de visite en guise de talisman. Elle lui dit quelques mots réconfortants et se demandera souvent ce qu'est devenu ce garçon sur le point de partir à la guerre alors qu'il n'a jamais tenu une arme. D'autres soldats manifestent, au contraire, une bonne humeur éclatante. Ces hommes enthousiastes, dirigés par un officier animé par l'esprit de camaraderie, appartiennent à l'Armée rouge de Mao. Ils entonnent des chants patriotiques dont Alexandra reproduit les paroles à la fin de *Sous des nuées d'orage*, fantastique récit de ces temps passés dans la Chine en guerre.

Enfin, après soixante heures d'attente, le train mille fois annoncé arrive. Alexandra parvient par miracle à s'asseoir dans un compartiment bondé, entre les fugitifs et leurs ballots. Comme elle n'a nulle part ailleurs où les mettre, elle pose ses jambes sur le dos d'un homme qui dort roulé en boule à ses pieds. Le voyage vers Taiyuan prendra plusieurs heures : le train avance lentement, s'arrête souvent.

À Taiyuan, ville pleine de soldats, elle trouve refuge dans une mission anglaise qui lui propose une maison à louer. Elle peut enfin manger et dormir tout son saoul, même si l'accident de la charrette a laissé des séquelles douloureuses. Elle est tentée de se rendre à l'hôpital mais la crainte des piqûres lui fait faire demi-tour. Elle préfère compter sur la nature et le temps pour résorber ses blessures que de se laisser injecter on ne sait quel produit douteux. Mauvaise surprise en arrivant chez les compatriotes à qui elle avait confié ses bagages avant de partir pour Wutaishan : ils ont quitté la ville sans prévenir leurs domestiques, et ces derniers empêchent Alexandra de les récupérer. Pire : la banque refuse d'encaisser son chèque. Les Japonais seront bientôt à Taiyuan, elle ne peut pas rester là indéfiniment. Le révérend et une connaissance lui prêtent de l'argent, la tirant momentanément de l'embarras, en attendant que des fonds lui parviennent de Shanghai.

Les raids sont fréquents, parfois plusieurs par jour. Les habitants se réfugient dans des souterrains. Alexandra fait fabriquer un drapeau français qu'elle place sur le toit de sa maison, au cas où les bombes pleuvraient... Précaution inutile : les avions mitraillent à l'aveugle, les maisons voisines sont touchées. Les gens prennent la fuite, laissant la place aux soldats, communistes et nationalistes mêlés.

> La guerre actuelle a véritablement amené une certaine unification de la Chine et éveillé un semblant de sentiment national ; mais l'un et l'autre sont encore très superficiels et loin d'avoir influencé les couches profondes de la population pour qui la « famille » reste toujours la seule véritable patrie, le seul réel sujet d'intérêt. [...] Les troupes, elles-mêmes, formaient, non pas les corps d'une armée unique, mais des armées véritablement distinctes, momentanément unies pour un but commun, mais sans constituer un tout homogène et indissoluble[12].

Dans ses écrits, Alexandra ne prend jamais parti, ni pour les nationalistes ni pour les communistes, et ne nomme jamais les principaux acteurs de la guerre. Mais elle prend des photographies qui ont la qualité de reportages de guerre : des soldats, des exécutions, des destructions dans les villages.

Enfin, les fonds de Shanghai arrivent, en même temps qu'un télégramme informant qu'elle peut récupérer ses colis « oubliés ». Alexandra et Yongden quittent la ville pour Hankéou, sous les avions-mitrailleurs, dans les mêmes conditions de confort que leur dernier voyage ferroviaire. Leur train sera d'ailleurs mitraillé : Alexandra a tout juste le temps de se jeter au sol. Les balles touchent un autre wagon, faisant deux morts et plusieurs blessés. Elle aperçoit des cadavres abandonnés sur le quai d'une gare.

À Shih Kia Chwang, il faut changer de train, détacher le fourgon qui contient ses colis, s'assurer qu'il soit bien relié à la ligne qui continuera jusqu'à Hankéou. Comme il y a douze heures d'attente avant le départ, Alexandra se met en quête de provisions. Les sirènes commencent à hurler, des avions approchent. Elle se réfugie dans une maison, les balles ne passent pas loin... puis tout va très vite. Son domestique paniqué lui crie que leur train vient d'arriver, qu'il va partir immédiatement et que les Japonais approchent. L'autre train, celui auquel le précieux fourgon est encore attaché, repart pour Taiyuan. Impuissante, elle le regarde s'éloigner, emportant des biens inestimables. « Mes livres, mes notes, mes photographies, mon travail de trois mois à Wutaishan[13] ! » Et ses copies de manuscrits, et ses enquêtes... Elle s'arrache à temps de sa stupéfaction pour monter dans l'autre train. Elle se retrouve compressée parmi les officiers, les familles fugitives, les malles et paquets jetés dans l'urgence. Ils parviennent à Hankéou trois jours plus tard. Ils trouvent à grand-peine de la place pour eux dans une maison, y posent leurs sacs de voyage : c'est tout ce qui leur reste. Pour apprendre, le lendemain, que les raids déciment les environs. Mais il n'est toujours pas question de quitter la Chine. « Tenant toujours à conserver des routes libres devant moi, désireuse, aussi, de voir, de près, l'issue du drame dont j'ai contemplé le début, je n'ai pas voulu quitter le pays où il se joue[14]. »

Le 29 décembre 1937, Alexandra écrit à Philippe : « Je ne te parle pas des événements en Chine, tu les connais par les journaux. Ce qu'ils ne racontent pas, c'est l'horreur de cette guerre qui nous reporte à la sauvagerie. Les Japonais tuent les jeunes civils chinois dans les rues, ce qui diminuera le nombre de ceux qui pourraient devenir soldats[15]. » Et elle ajoute : « Il existe deux corps d'armée intacts, l'un appartient à Tchang Kaï-chek le dictateur actuel et l'autre à un général. On dit que ceux-ci se les réservent pour se battre l'un contre l'autre après la guerre. Et il est certain que, celle-ci officiellement finie, on aura une guerre civile. [...] Je quitte Hankéou demain, allant par bateau à Chungking, plus haut sur le Yang Tsé. Et là, il s'agira de voir, de tâter la situation[16]. »

À Chungking, elle voit des avions japonais bombarder l'aérodrome juste en face. Elle parvient à prendre le bateau jusqu'à Ichang. Beaucoup de gens n'ont plus d'abri et il gèle à pierre fendre. La xénophobie est généralisée, mais Alexandra et Yongden passent inaperçus : ils sont discrets, se fondent dans la masse, n'ont ni uniforme ni comportement qui attirent l'attention. Ils finissent par partir vers les frontières tibétaines. Alexandra voudrait s'installer dans un monastère lamaïste à Tatsienlou, territoire chinois habité par des Tibétains, pour étudier et écrire tranquillement. Un lieu idéal car situé en altitude et proche de la Birmanie, au cas où il faudrait fuir en urgence. Les Japonais peuvent débarquer à tout moment, elle n'aurait aucune protection. Mieux vaut ne pas jouer les vagabonds cette fois.

En mars 1938, elle écrit du consulat de France à Chengdu, capitale du Sichuan où un bombardement peut se produire à tout moment. Elle a habité ici autrefois ; aujourd'hui, de son petit pavillon, elle regarde tristement la situation se détériorer. Elle termine un article au titre évocateur, « L'effondrement du pouvoir des Blancs en Chine », et projette d'écrire une grammaire tibétaine. Elle expédie son roman *Magie d'amour et magie noire*, dont le contenu va effrayer *La Revue de Paris* au point d'en refuser la publication… Elle y mentionne les rites de sorcellerie particulièrement terrifiants des böns, ces moines de l'ancienne religion du Tibet, qui consomment un élixir d'immortalité issu de corps décomposés… Des lamas ont confirmé à Alexandra l'authenticité de cette pratique.

L'histoire de *Magie d'amour et magie noire* est celle d'un homme rencontré en voyage. L'auteur en a repris la trame pour composer une romance contrariée dans les steppes et les monastères tibétains, l'entourer de décors et d'atmosphères réalistes, qui peuvent avoir joué un rôle sur l'histoire tant Alexandra est persuadée que l'environnement physique conditionne les pensées et les actes. Tout est réel, donc, dans l'histoire de Garab, brigand de grand chemin, et de la belle Détchéma qui l'a choisi comme compagnon après l'avoir vu dans ses rêves. La jeune fille fait désormais partie d'une bande de voleurs intrépides qui redeviennent de simples fermiers une fois leurs poches remplies. Ils se rendent à Lhassa déguisés en pèlerins ; là, un oracle leur prédit l'écroulement de leur vie heureuse et insouciante. Garab, qui passe pour être le fils d'un dieu hindou, se rend sur la montagne Khang Tisé (ou Kailash pour les Hindous), demeure de Shiva et lieu sacré habité par des démons et génies, où il espère trouver la vérité sur son origine. Là, il voit le fantôme de son « père » tenter de posséder Détchéma comme les mangeurs de souffle… De mauvais augure en mauvais augure, les amants prennent la fuite en se cachant leurs craintes respectives. Des soldats chinois marqueront la fin de leur route. Poursuivis, Détchéma est emportée dans le courant puissant d'un fleuve tandis qu'une balle touche Garab. Ils survivent, persuadés que l'autre n'est plus. Chacun trouvera refuge dans un monastère, d'où Garab sera le témoin horrifié des pratiques des « böns noirs ».

Le roman est empreint d'éléments fantastiques, comme il est d'usage au Tibet où le surnaturel habite chaque élément visible. Pour quelqu'un qui a vite fait le deuil de l'amour, Alexandra décrit avec conviction la passion sensuelle qui habite les deux jeunes héros. Elle excelle surtout à faire vivre son sujet grâce à sa familiarité avec les paysages naturels et les enceintes labyrinthiques des monastères.

Ces travaux lui permettent d'oublier la nervosité dans laquelle elle vit, ces jours pleins d'incertitudes et de danger qui empêchent tout projet, tout déplacement. C'est malheureux, car elle a, comme toujours, des envies de découvertes : « Après les pluies je compte faire un tour d'un mois ou de six semaines, et visiter le monastère de Dirgi et ses immenses bibliothèques célèbres dans tout le Tibet[17]. » Elle va tout de même avoir soixante-dix ans... Yongden, lui, a trente-huit ans et montre une constance de comportement assez admirable, même si Alexandra se demande si elle ne l'a pas infantilisé, ou pire, apprivoisé comme un animal domestique :

Il est resté enfant en bien des points, peut-être à cause de la manière dont je l'ai dirigé. Je me rends compte de mon égoïsme. J'ai voulu avoir quelqu'un qui me soit utile, en n'importe quelles circonstances et qui se plie à ce que je désire. Cela a été au détriment du développement du garçon. J'aurais dû le mettre à même de suivre une carrière, une profession, j'ai préféré le tenir en dépendance. Ce n'est pas très beau de ma part[18].

Ils arrivent finalement à Tatsienlou début juillet. Les soldats occupent la ville, Alexandra patiente en attendant d'habiter un ermitage du monastère — en vain, elle logera finalement à la mission britannique. Elle ne tient pas à rester longtemps : la vie est chère, et les relations entre Tibétains chinois et Tibétains de Lhassa sont tendues. La situation se dégrade encore, les consuls étrangers deviennent de plus en plus nerveux et poussent leurs compatriotes à quitter la Chine le plus rapidement possible. Chengdu a d'ailleurs été bombardée peu après leur départ. Les nouvelles d'Europe ne sont pas plus rassurantes : l'Allemagne a annexé l'Autriche en mars. Une nouvelle guerre se prépare, comme Alexandra l'avait pressenti et annoncé dès 1918.

Elle passe l'été dans un ermitage situé à 3 000 mètres d'altitude, en relative sécurité. Les bombardements sont toujours possibles, tout déplacement est fortement déconseillé et elle se terre en attendant une accalmie. Elle aurait pu tomber plus mal, Tatsienlou se trouve sur les marches tibétaines, c'est donc presque le Tibet qu'elle retrouve sans l'avoir prévu, dans un contexte ô combien différent de son dernier séjour en 1924.

Les « nuées d'orage » se font de plus en plus sombres. Elles ont gagné cette haute terre des dieux ; près de ma cabane, au seuil des solitudes, l'on commence à installer des sirènes et à creuser des abris souterrains... En prévision de ce qui pourrait advenir[19].

Le mauvais temps de l'automne l'oblige à s'installer en ville, d'abord dans un logement de la mission protestante, puis dans un chalet appartenant à la mission française, qui servait à entreposer des céréales. Elle y termine *Sous des nuées d'orage*, qui paraîtra au printemps 1940, et poursuit avec *À l'ouest barbare de la vaste Chine*, ouvrage plus ethnographique que récit de voyage. Elle y résume l'histoire de la Chine en partant de ses premiers habitants, les Is, en 2 700 avant J.-C., et des premiers Tibétains, qui se donnent des origines non humaines, celles de démons-ogres. Un bodhisattva qui avait pris l'apparence d'un singe épousa l'une de ces ogresses, et de leur union naquirent les ancêtres des Tibétains. Ceux-ci ne se nourrissaient que d'air pur. Suit le très long récit des très chaotiques relations entre Chinois et Tibétains, d'une invasion à l'autre, avec ses guerres, ses alliances, ses chefs de clan, ses barbares et ses légendes merveilleuses. Une histoire que la majorité des Tibétains ne connaît pas elle-même. Alexandra revient aussi sur les liens entre le dalaï-lama et le panchen-lama — ce dernier, avec qui elle avait noué des relations cordiales à Shigatze, est mort à Jakyendo en 1939. Elle se lance ensuite dans l'étude des provinces de Ching-Hai et de Sikang et de leur population, de leur vie quotidienne qu'elle a partagée, des exécutions dont elle a été le témoin. Elle mesure à quel point l'Orient et l'Occident peinent à se comprendre, et à quel point cette ignorance est regrettable de la part des Occidentaux, sachant le rôle majeur que la Chine est appelée à jouer dans le futur — une prémonition qu'Alexandra est l'une des très rares à avoir en cette époque troublée ! Le Japon a échoué à dominer l'Asie, mais a montré la fin de la suprématie blanche. Le sentiment de revanche, les ressources latentes et l'énergie de l'immense peuple chinois les entraînent vers un autre destin :

La Chine est là. Est-elle prête à assumer ce rôle aujourd'hui ? Certains souriront à cette idée. Il est possible qu'elle ne le soit pas, mais elle peut l'être demain. Quoi qu'il en puisse être, il est ridicule et maladroit d'approcher les Chinois comme s'ils étaient des enfants et de se poser, devant eux, en guides condescendants[20].

En septembre 1939, les voici à Tatsienlou, cité du Sichuan chinois et du Kham tibétain, « turbulente zone frontière où la Chine cesse d'être purement chinoise, le Tibet d'être purement tibétain et où, ajoutant encore à l'attrait piquant de l'ambiance chaotique, Lolos et autres aborigènes apportent constamment leur contribution d'étrangeté[21] ». Une nouvelle grave les attend : la guerre vient d'éclater en Europe. Alexandra s'inquiète pour Philippe, qui a pris sa retraite dans le Gard, alors placé sous le gouvernement de Vichy. Elle craint que les nazis ne réquisitionnent Samten Dzong. Au même moment, « la Russie, que l'on croyait totalement pacifiste, dévoile des desseins de grande envergure. Elle semble devoir, à brève échéance, transformer fortement la carte du monde[22] ». Les nouvelles arrivent avec parcimonie. Alexandra travaille pour oublier l'ennui pesant de cette immobilité forcée. Elle termine en mai 1940 sa grammaire tibétaine, qui ne sera jamais publiée.

Le 14 février 1941, Alexandra reçoit un télégramme de Simone Néel, la nièce de Philippe. Elle devine la nouvelle qu'il contient avant de l'avoir ouvert. Philippe, son cher mari, est mort le 8 février, à l'âge de quatre-vingt ans. Elle qui masque si bien ses émotions est envahie par la tristesse. « J'ai perdu le meilleur des maris et mon seul ami[23] », dira-t-elle seulement. L'ambiance déjà pesante se détériore tout à fait. Le chagrin d'Alexandra est tel qu'elle mène la vie dure à sa seule famille restante, Yongden. Lui qui ne buvait pas d'alcool va se réfugier de plus en plus souvent à la taverne locale pour échapper à ses colères épouvantables. Ses problèmes de santé à elle s'accumulent, elle se brouille avec les religieuses et prend en grippe tout ce qui l'entoure. Cette vie pénible s'étire jusqu'en 1943. Un jour, Alexandra se dispute sérieusement avec les nonnes qui l'hébergent ; sans les prévenir, elle a laissé son logis à des militaires chinois... L'explication qui suit est pour le moins houleuse. Alexandra dit tout le mal qu'elle pense des sœurs, des missions, de la place du catholicisme dans le pays de Confucius et de Lao-tseu... Dans sa colère, elle les met tous dans le même sac et les maudit en bloc. Elle finit par retourner à Chengdu avec Yongden. C'est là que, deux ans plus tard, ils reçoivent la seule bonne nouvelle, dans cet ennui qui les exaspère, de la capitulation de l'Allemagne. L'Europe est à bout de souffle, mais libre. Ils n'ont plus rien à faire en Chine. Or, pour partir, ils ont besoin d'argent et sont plus démunis que jamais... C'est à ce moment inespéré que la Compagnie des chemins de fer de Tunisie verse à Alexandra les arriérés de pension de Philippe, une somme importante qui tombe à point nommé. Les deux voyageurs vont enfin pouvoir plier bagage.

Fin juillet 1945, Alexandra et Yongden font leur baptême de l'air. L'avion n'a pas pour Alexandra le même charme que les longues heures passées dans un train...

Être verrouillée dans cet ustensile et précipitée d'une capitale à une autre sans avoir eu la possibilité de rien contempler...

À quoi bon voyager dans de telles conditions ? Ligotée avec des sangles à un fauteuil, ce n'est pas mon genre[24]...

Ils atterrissent à Kunming où ils demeurent un moment. Ils apprennent que deux bombes nucléaires ont détruit Hiroshima puis Nagasaki. Le Japon capitule à son tour. En Chine, les tensions ne sont pas près de s'apaiser, la guerre civile reprend, communistes et nationalistes s'entre-déchirent. La lutte ne cessera pas avant 1949, date à laquelle Mao proclamera la République populaire de Chine. Tout le pays basculera sous le contrôle des rouges — encore une victoire qu'Alexandra avait prévue. Elle suivra ce moment historique de loin. Pour le moment, elle vole jusqu'à Calcutta aux frais du nouveau gouvernement français. Elle veut encore passer quelque temps en Inde avant de décider de retourner dans l'Europe meurtrie d'après-guerre.

Elle raconte à la fin de *L'Inde où j'ai vécu* son retour dans le pays de ses premières amours, qui retrouvera son indépendance seulement deux ans plus tard — autre événement auquel elle n'assistera pas en direct. Elle découvre une nouvelle Inde, secouée par de violentes manifestations. Du balcon de son hôtel à Calcutta, elle voit éclater d'âpres conflits entre Anglais et Indiens, entre hindous et musulmans — ces derniers réclamant la création d'un État musulman, le Pakistan. Ce qui ne rétablira pas la paix pour autant ; l'exode massif des musulmans vers le Pakistan implique l'arrachement à leurs terres, à leur source de subsistance. Des massacres sectaires se produisent le long des routes, dans les villages. Beaucoup périront en chemin. Les magasins sont pillés, les voitures brûlées. Des employés de l'hôtel se mettent en grève : voilà au moins un immense progrès social ! Finalement, l'hôtel est barricadé et les clients enfermés.

Dans *L'Inde où j'ai vécu*, Alexandra remet les pendules à l'heure concernant Gandhi, qu'elle a rencontré bien avant l'indépendance. Selon elle, on l'admire pour de mauvaises raisons en Occident : on y glorifie son appel à la non-violence en oubliant ses autres déclarations. Contrairement à ce que l'on croit, Gandhi défend le système des castes. Il ne souhaite pas réformer ni moderniser son pays, mais bannir le péché dans le cœur de ses compatriotes. Il ne souhaite pas l'amélioration des conditions de vie des plus pauvres, mais la réduction du confort des riches afin que tout le monde vive la vie simple des paysans… Il ne s'indigne pas que les intouchables soient relégués à des besognes viles et humiliantes, mais regrette seulement qu'ils soient interdits d'accès aux temples ! Alexandra remet également en cause son fameux rouet, qu'il semble ne filer que devant des observateurs extérieurs… Les jeûnes de Gandhi, son ascétisme, ne sont pour elle que les éléments d'une mise en scène destinée à frapper les esprits crédules et impressionnables, en Inde comme à l'étranger.

Alexandra est à la fois inquiète et optimiste à propos du futur de l'Inde. Selon elle, un sectarisme ancré depuis des millénaires empêchera toujours ce pays de devenir une nation unifiée et laïque, rappelant à bon escient que son unité est une création des Britanniques. Les massacres se perpétueront et l'ahimsâ, la doctrine non violente de Gandhi, assassiné par un fanatique ultra-orthodoxe, deviendra une utopie. Le nouveau gouvernement interdit toute discrimination fondée sur le sexe ou les castes. Or les traditions ne changeront pas par la signature d'un décret, et les lois religieuses, surtout dans les régions centrales, resteront plus importantes que les lois modernes.

Alexandra rapporte néanmoins avec un certain optimisme les discours de Nehru, sa volonté de bousculer les anciennes valeurs, l'émancipation des femmes qui sera spectaculaire à l'échelle de l'histoire indienne. Celles-ci peuvent intégrer l'armée, poursuivre des études supérieures, occuper des postes à hautes responsabilités, devenir financièrement indépendantes — la clé de la liberté que préconisait la jeune Alexandra féministe ! C'est d'ailleurs la propre fille de Nehru qui lui succédera en 1966 comme Premier ministre : Indira Gandhi est la seconde femme à être élue démocratiquement à la tête d'un gouvernement, après Sirimavo Bandaranaike à Ceylan, en 1960. Enfin, l'Inde a toujours été persuadée de sa capacité à devenir l'une des premières puissances mondiales, à commencer par la première nation d'Asie — la Chine caressait le même rêve... Nul doute, pour Alexandra, qu'elle y parviendra, concluant par un enthousiaste « *Jai Hind !* » : « Vive l'Inde[25] ! »

Après avoir fait ses adieux à Darjeeling et à l'Himalaya, elle retrouve les flambées de violence entre Indiens et Britanniques. La guerre l'a cernée sans jamais l'atteindre, mais elle est lasse de ces pays à feu et à sang, elle aspire à la tranquillité, à retrouver ses manuscrits et à allonger encore un peu sa bibliographie. Il est temps de partir. Le 30 juin 1946, Yongden et Alexandra s'envolent pour de bon pour la France, toujours aux frais de l'État. Dans l'avion, la nostalgie l'étreint. Un autre défi l'attend, de taille celui-là : la sédentarité.

À Digne, l'aventure sédentaire

Après un été passé à Paris, Alexandra pose ses valises à Samten Dzong en octobre 1946. Elle a soixante-dix-huit ans. La maison n'a heureusement subi que peu de dégâts pendant l'Occupation, et les deux nomades peuvent commencer leur nouvelle vie d'étude, d'écriture et de jardinage. Les voyages sont terminés, pas ceux de l'esprit. Et l'esprit est vif : Alexandra écrira pas moins de neuf livres en dix ans.

Pour se délasser, les grands marcheurs qu'ils sont restés partent régulièrement pour de petites excursions dans l'arrière-pays, malgré l'arthrose qui fait souffrir Alexandra. Le reste du temps, quand il faut se déplacer, Yongden lui sert de chauffeur. Elle-même a horreur de conduire, elle a passé son permis en 1935 uniquement pour que son fils n'ait pas l'avantage sur elle !

À l'ouest barbare de la vaste Chine paraît en 1947. Alexandra se lance ensuite dans un récit détaillé de son voyage au Népal qui date de… 1912, comme si elle le décrivait au jour le jour. Elle publie *Au cœur des Himalayas, le Népal,* en 1949.

Suivront *Les Enseignements secrets des bouddhistes tibétains*, « fruit d'une enquête poursuivie pendant une vingtaine d'années en pays tibétain, enquête impossible à jamais renouveler[1] » où elle rapporte de façon objective les principales doctrines des intellectuels religieux. Impossible à renouveler car, selon Alexandra, les mouvements de l'histoire récente ont dressé un mur entre les ermites, les philosophes et les visiteurs venus de l'extérieur, aussi sincères soient-ils dans leur démarche. Obtenir la confiance des maîtres spirituels tibétains lui a demandé des années d'approche. Elle poursuit son travail avec un recueil de *Textes tibétains inédits*, pour rappeler que, malgré l'entrée récente de la Nouvelle Chine, au Tibet, la mentalité tibétaine reste identique à celle des siècles passés. Le Tibet du XXe siècle reste celui des dieux et des démons, et de la recherche spirituelle pour accéder à une vie meilleure. Elle y inclut des extraits de biographies de Tsong Khapa et du poète Ralopa, quelques récits et des poésies.

Au Tibet, justement, les choses changent dramatiquement. Un an après la proclamation de la République populaire de Chine en 1949, les militaires chinois envahissent le Tibet, sous couvert de libération pacifique. Ils sont venus, disent-ils, les libérer du joug de la féodalité. Un « Accord en 17 points » est signé sous la contrainte pour le Tibet, annexé *de facto* par la Chine. Le premier de cet accord donne le ton en assumant ses propres contradictions : « Le peuple tibétain doit s'unir et expulser du Tibet les forces impérialistes agressives. Le peuple tibétain rejoindra la grande famille de la patrie : la République populaire de Chine[2]. » De fait, certains Tibétains ont été touchés par la propagande communiste et ont pu espérer une amélioration de leurs conditions de vie ; sous l'impulsion de Mao, la construction de canaux, de routes, d'actions pacifiques leur ont inspiré confiance et espoir. Mais ils étaient bien peu comparés à la majorité de la population, très isolée du monde extérieur. Apprenant cela, Alexandra ne juge ni ne condamne. L'histoire ne fait que se répéter, annonce-t-elle en préambule de son nouveau livre, publié en 1953, *Le Vieux Tibet face à la Chine nouvelle*, où elle fait le point sur les relations sino-tibétaines et sur l'impact de la Chine sur d'autres pays voisins. Chine et Tibet semblent être indissociables depuis des temps immémoriaux. Par le passé, le dalaï-lama lui-même devait d'abord être reconnu par le gouvernement chinois avant de pouvoir être intronisé.

Les grandes provinces du Tibet où vivent les marchands et les pasteurs ne sont pas touchées par les intrigues politiques de l'étranger. Eux ne se plaignent pas de leurs conditions de vie, ils n'en connaissent pas de meilleures. Alexandra rappelle avec force détails colorés la vie simple, innocente et pourtant bien réglée de ces peuples. Leur rapport particulier aux repas, à la hiérarchie, à l'intimité, aux forces surnaturelles réveille sans cesse de nouvelles anecdotes. Les heurts entre les deux pays fournissent d'autres éclairages sur leurs différences fondamentales. Alexandra ne s'inquiète donc pas outre mesure lorsqu'elle rédige son ouvrage. Six ans plus tard, pourtant, le dalaï-lama sera contraint de s'enfuir du Tibet pour se réfugier en Inde. Dès lors, le Tibet plongera dans un chaos dont les répercussions s'intensifient de nos jours.

En 1954 paraît *La Puissance du néant*, un autre roman coécrit avec Yongden, signé de son seul nom à lui dans l'édition originale chez Plon. Le livre aurait pu offrir une belle légende tibétaine, mais les longueurs exagérées et la construction bancale en font un roman mineur dans le corpus d'Alexandra David-Néel. Tout commence lorsqu'un jeune pasteur un peu naïf, Munpa, découvre son gourou assassiné dans sa grotte. Le vénérable Gyalwai Odzér possédait une turquoise magique offerte autrefois par un naga (divinité des eaux) sorti du lac, transmise depuis à ses réincarnations successives. La turquoise est censée avoir des pouvoirs magiques ; enfermée dans un reliquaire d'argent, elle n'a jamais été vue et le gourou la portait constamment autour du cou. C'est ce précieux bijou qu'a volé l'assassin ; Lobzang, un laïque qui veut la vendre au prix fort ; il s'enfuit avec son butin et sa jeune maîtresse. Mais les remords le rattrapent et sa mauvaise conscience le rend presque fou. Munpa, parti à sa recherche, va connaître plusieurs détours dans sa quête, offrant autant de digressions à l'auteur sur la vie dans les Tchang Thangs (l'immense désert à l'ouest du Tibet), les croyances des pasteurs, l'organisation d'une gompa (ici, Kum Bum), les visions plus ou moins hallucinées des lamas, les oracles, l'importance d'avoir un estomac bien rempli, l'impossibilité de poursuivre un but sans être entravé ou redirigé par des puissances mystérieuses... et une visite sur le site des Mille Bouddhas, en Chine. Une longue route vaine, puisque tout est vide de sens, soluble dans l'esprit humain, rien n'existe qui ne soit né dans l'imagination de ces pantins que sont les hommes, mus par la seule « puissance du néant ».

Cette frénésie de travail aide Alexandra à oublier ses douleurs articulaires. Son caractère difficile empire avec l'âge, elle se montre tyrannique envers le pauvre Yongden qui a ses propres soucis de santé. Le 7 novembre 1955, en pleine nuit, on vient frapper à la porte d'Alexandra pour la prévenir que son fils va très mal. Le temps que le médecin arrive, il est trop tard : Yongden meurt d'une crise d'urémie. Il est incinéré, ses cendres sont placées dans une urne en attendant que celles de sa mère adoptive les rejoignent.

Alexandra la fière, la bouddhiste détachée des tendresses qui sont sources de souffrance, est dévastée par ce décès brutal. Elle voulait faire de ce compagnon de quarante ans son héritier et son exécuteur testamentaire. Elle ne se remettra jamais entièrement de cette disparition, bien qu'elle n'ait pas toujours eu des rapports évidents avec ce fils pas comme les autres. Ses livres suivants pâtiront de son absence ; il l'aidait dans ses recherches, mais c'est surtout le chagrin qui fait vaciller la dame de quatre-vingt-six ans. Il faut pourtant qu'elle continue à écrire, puisque c'est son seul moyen de subsistance, sa seule raison de vivre. L'arthrite lui déforme les mains et elle a parfois de la peine à tenir un stylo, mais son intellect est plus vif que jamais. Sa mémoire phénoménale est intacte, sa verve et son style n'ont rien perdu de leur énergie. Avec sa puissance de travail coutumière, elle produit de nouveaux ouvrages d'orientalisme pointus, comme une réédition augmentée des « Initiations lamaïques » et ses traductions de l'*Astavakra-Gita* et de l'*Avadhuta-Gita*, deux textes philosophiques hindous écrits entre le VIIIe et le IXe siècle.

Elle écrit en introduction à *La Connaissance transcendante*, son étude sur la *Prâjnâparamita* qu'elle a longuement étudiée avec Yongden pendant leurs trois années à Kum Bum, que ce livre sera « probablement le dernier que j'écrirai », sur le Tibet « qui, bientôt, va sombrer dans le domaine de la légende[3] ». Elle s'empresse de réunir les idées originelles du Tibet avant que les transformations qui changent le pays n'atteignent aussi son patrimoine spirituel, dont la *Prâjnâparamita* fait partie. Mais quelque chose s'est brisé en elle. La flamme vitale de Yongden, qui n'était pourtant plus un jeune homme, la portait. Elle devra retrouver cette source de jouvence ailleurs. Les dieux, peut-être honorés de son intérêt constant à leur égard, ont souvent fait en sorte de placer sur sa route des personnes qui lui ont été loyales et fidèles jusqu'à la mort. Ils ne vont pas la laisser longtemps dans la détresse.

Marie-Madeleine

Grande, svelte et énergique, Marie-Madeleine Peyronnet aurait fait une formidable exploratrice. Cette jeune femme de vingt-neuf ans, née en Algérie, aurait voulu voyager le plus loin possible si son père ne s'y était pas opposé. Indépendante et altruiste, elle a travaillé dans des colonies de vacances qui l'ont habituée à gérer des enfants capricieux, une qualité qui va bientôt lui être d'un grand secours...

En juin 1959, à Aix-en-Provence, une connaissance lui fait rencontrer Alexandra David-Néel. Elle n'a jamais entendu parler de cette toute petite dame de quatre-vingt-dix ans qui darde sur elle des yeux perçants. L'exploratrice avait quitté Samten Dzong pour s'installer à Monaco chez une certaine Mme Lloyd, chargée de dactylographier ses écrits, et a vécu depuis d'un hôtel à l'autre sur la Côte d'Azur. Maintenant qu'elle souhaite rentrer chez elle, Alexandra cherche quelqu'un pour l'aider dans ses affaires domestiques. Comme les événements en Algérie ne permettent pas à Marie-Madeleine de retourner dans son pays, elle accepte d'entrer à son service. Elles partent ensemble à Digne. Le sort de Marie-Madeleine est scellé. Dans l'émouvant livre de souvenirs qu'elle rédigera une décennie plus tard, elle avoue :

> Si ce jour-là, des petits génies tibétains étaient venus me prédire mon avenir, me dire quelles tâches seraient les miennes, me prévenir contre ce monument d'autoritarisme auquel je devrais faire face dix-huit heures sur vingt-quatre — et pendant plus de dix années ! — qu'aurais-je fait ? Fui ? Peut-être[1]...

Quand Marie-Madeleine arrive à Samten Dzong, deux personnes s'occupaient de l'intendance depuis un certain temps, une tante et sa nièce, toutes deux prénommées Fernande. L'absence de la maîtresse de maison a aggravé le délabrement du lieu. Dans la maison, tout est sale, noir et poussiéreux, tout tombe en ruine, murs et meubles. Le jardin est à l'abandon, un désordre indescriptible envahit les pièces, toutes les malles sont empilées n'importe où, certaines bloquent les portes ou les fenêtres, l'intérieur est sombre, oppressant ; les premiers jours de Marie-Madeleine sont pénibles et le désespoir l'envahit plus d'une fois. Les insectes grouillent jusque dans la cuisine, mais comme la propriétaire est bouddhiste, pas question de tuer le moindre être vivant, fût-il araignée ou cafard... Les souvenirs de voyage stupéfient la jeune femme, comme les tankas pleins de figures grimaçantes, ou ces masques tibétains effrayants qui la suivent du regard. Le comble est atteint quand elle tombe sur les cendres de Yongden.

Marie-Madeleine, qui ne s'intéresse ni au Tibet ni au bouddhisme, joue les naïves en découvrant les innombrables objets exotiques qui l'entourent. Alexandra rit de cette fraîcheur et lui dit cette phrase, ô combien prophétique, en la tutoyant pour la première fois : « Toi, tu seras ma consolation et ma joie[2]. » Elle voulait une compagnie solide et joyeuse, qui ne l'agacerait pas par une dévotion excessive, elle l'a trouvée. Alexandra mange, dort et travaille à tout moment du jour ou de la nuit, dans un fauteuil qu'elle ne quitte plus, même pour dormir. Marie-Madeleine doit se plier à son rythme, à ses cris d'impatience, à ses coups de sonnette, à ses brusques changements d'humeur. C'est une minuscule despote et, face à une forte personnalité comme Marie-Madeleine, les bras de fer sont intenses, les noms d'oiseaux volent, l'une criant en tibétain, l'autre en arabe... avant une prompte réconciliation. La jeune femme sait la remettre à sa place, poliment mais fermement. Son arme la plus efficace, celle contre laquelle Alexandra ne peut rien faire : l'humour ! Et son récit rétrospectif, *Dix ans avec Alexandra David-Néel*, en regorge.

Marie-Madeleine est parfois réquisitionnée pour chercher un livre précis : Alexandra continue d'écrire sans cesse mais elle n'a plus de jambes pour la porter, vaincue par les rhumatismes. Elle ne peut parcourir que quelques mètres appuyée sur ses cannes. Son excellente mémoire, elle, échappe toujours à l'âge. Alexandra sait où sont rangés ses ouvrages de référence parmi les milliers de volumes accumulés, mais il faut que quelqu'un aille les lui chercher et les déposer sur sa table de travail. Le premier livre que Marie-Madeleine voit naître est *Immortalité et Réincarnation*. Alexandra écrit à la main, serrant le stylo dans sa petite main déformée. Ce n'est qu'à quatre-vingt-dix-sept ans qu'elle sera contrainte de dicter ses textes. Elle traduit inlassablement des livres tibétains, imprimés sur des feuillets horizontaux recouverts d'une écriture qu'elle est seule à pouvoir lire, loupe à la main, et qu'elle range ensuite entre deux planches de bois et dans leur étui de tissu. Marie-Madeleine se souviendra :

> Les heures s'écoulent, les jours passent, tous identiques. Ils sont faits de colères délirantes, de conversations et de discussions passionnées, d'admiration, de travail intensif et aussi de profonde affection. Le rythme de notre vie est difficilement soutenable, mais Alexandra David-Néel me subjugue. Elle fera de moi son esclave. Une esclave, certes, pas toujours douce, mais j'ai consenti à le devenir ! J'ai accepté de vivre l'aventure et j'ai souhaité réussir là où quantité d'autres avant moi avaient échoué au bout de quelques mois, quand ce n'était pas quelques jours[3].

Elles ont cela en commun : Marie-Madeleine n'a jamais eu envie non plus d'une vie banale, elle ne rêvait pas de mariage et d'enfants, mais de voyages et de rencontres avec des personnes brillantes. Elle n'a pas besoin de lire les livres d'Alexandra puisque l'aventurière lui raconte volontiers ses souvenirs, avec une profusion de détails étonnante. Elle raconte à sa manière, vivante et amusante, tel ou tel épisode que Marie-Madeleine a l'impression de vivre à son tour.

La jeune femme jardine beaucoup, elle s'occupe du potager qui leur offre toutes sortes de légumes, entretient les rosiers et les arbres que Yongden a plantés autrefois. Les deux Fernande finiront par partir, et elle sera la seule intendante de la maison jusqu'à la mort d'Alexandra, qui la surnomme « Tortue » depuis le jour où elles ont pris un bas de coton entortillé pour une tortue égarée dans l'entrée mal éclairée.

Dans son fauteuil, Alexandra suit tous les jours les cours de la Bourse. Elle mange de bon appétit, dort peu et tempête beaucoup, fière de son mauvais caractère puisque, dit-elle, c'est grâce à lui qu'elle a réussi ses explorations ! Elle reçoit énormément de visites, impromptues ou non. Les premières l'incommodent, elle n'a pas son pareil pour envoyer au diable ceux qu'elle accuse de vouloir se repaître du spectacle de sa vieillesse. Vieillir lui fait horreur… En d'autres occasions, elle se montre au contraire charmante. Comme avec Christian Fouchet, ministre de l'Éducation nationale, qu'elle avait rencontré à Calcutta où il était alors consul. Ou avec d'autres visiteurs de marque comme l'écrivain Lawrence Durrell venu l'interviewer, ou quelques têtes couronnées comme la reine Élisabeth de Belgique et le prince Pierre de Grèce. Alexandra n'est certes pas une mondaine mais elle aime être reconnue et admirée.

Elle reçoit beaucoup de journalistes qui la questionnent sur l'invasion du Tibet par la Chine. Elle refuse de prendre parti, condamne évidemment l'usage de la force et les débordements violents. Oui, le Tibet a besoin de réformes, mais les armes n'y ont pas droit de cité. Elle continue à espérer une alliance amicale entre les deux pays, qui auraient beaucoup à s'apporter mutuellement. Elle a bien vu, par le passé, l'échec des colonisations. Elle a vu de ses yeux les Anglais chassés à coups de fusil par les Indiens en quête d'indépendance. L'histoire n'a pas eu de prise sur son humanisme et sa mentalité de bouddhiste, et elle ne peut qu'espérer la paix et le progrès.

La plupart de ceux qui osent sonner à sa porte sont des admirateurs de ses livres, des illuminés venus lui demander de faire des miracles, de jeter des sorts... Certains sont versés dans les pratiques spirituelles qu'elle décrit dans des ouvrages comme *Mystiques et magiciens du Tibet*, mais sans l'entraînement et le contexte adéquats, l'esprit ne tiendrait pas le choc. Nombreux sont ceux qui lui demandent d'être leur gourou. Alexandra, qui n'a jamais accepté d'autre guide qu'elle-même — à l'exception, peut-être, du gomchen de Lachen —, refuse d'être le gourou de qui que ce soit. On la prend pour une magicienne, un devin, une chiromancienne, alors qu'elle est ce qu'elle a toujours voulu être : la plus grande orientaliste de son siècle. Elle a tenté de faire partager sa philosophie individualiste à Marie-Madeleine : qu'il ne faut rien attendre d'autrui, qu'amour et amitié sont voués à la trahison, à l'échec, et que le seul moyen de ne pas souffrir est de ne s'ouvrir à personne. L'exemple d'affection absolue et désintéressée de feu Yongden et celui, bien vivant, de Marie-Madeleine, ne lui viennent alors pas à l'esprit.

Elle reçoit un abondant courrier, souvent plein de requêtes loufoques. Et de répondre, avec humour, à une dame qui lui demande de tuer à distance son mari infidèle : « Chère madame, si je dois tuer tous les maris qui trompent leur femme, d'ici peu de jours ! il n'y aura plus sur notre terre que des veuves[4]... »

Mais rien ne l'égaie plus que les visites de ses amis explorateurs Bertrand Flornoy et Gaétan Fouquet. Ils lui donnent envie de repartir en voyage, et la voilà qui demande à Marie-Madeleine de préparer un itinéraire pour aller en voiture à Berlin, à Moscou, à Vladivostok, à New York ! Sans oublier Tombouctou et Reykjavik, dont les seuls noms la font vibrer. Et il s'en faudrait de peu pour qu'elle veuille participer à la conquête spatiale : les Américains, qui se préparent à envoyer des hommes sur la Lune, vont ouvrir la voie. Comme ses analyses politiques sont souvent étonnantes mais justes, elle prédit que la Chine, alors en pleine Révolution culturelle, deviendra un jour la première puissance mondiale dans *Quarante Siècles d'expansion chinoise*. Alexandra écrit ce livre à quatre-vingt-quinze ans, en 1965, l'année de création de la « Région autonome du Tibet ». Autonomie toute relative puisqu'elle reste sous le contrôle de Pékin. Les dix dernières années ont fait basculer le destin du Tibet. Un an après la proclamation de la République populaire de Chine, en 1949, l'Armée populaire de libération a envahi le Tibet, soi-disant pour le libérer et l'amener vers le progrès. Or la Chine a toujours été persuadée que le Tibet lui appartenait. D'autant plus que le précieux Toit du monde possède 30 % de ses réserves hydrauliques… Tenzin Gyatso, le quinzième dalaï-lama, est intronisé le 17 novembre 1950 ; après s'être laissé séduire par Mao et par l'idéal communiste, il verra avec horreur se multiplier arrestations arbitraires et débordements. Les révoltes finissent dans le sang : le combat est inégal entre les soldats armés et les Tibétains connus pour leur caractère non violent.

Le 17 mars 1959, ces derniers rejettent un accord injuste et proclament leur indépendance. Les Chinois répliquent en bombardant le palais du dalaï-lama. Celui-ci obéit à un oracle qui lui commande de fuir en lui indiquant le chemin à suivre. Il quitte Lhassa comme Alexandra : déguisé, sans se faire remarquer. Il s'exile en Inde, tandis que le panchen-lama devient un chef d'État fantoche. Mais en 1962, celui-ci écrit une *Pétition de Sept mille caractères* pour dénoncer à son tour les violences chinoises. Mao le fait jeter en prison où il reste treize ans, avant d'être placé en résidence surveillée à Pékin jusqu'en 1982.

Depuis l'exil du dalaï-lama, la répression est sévère. Les militaires sont partout, ils construisent des routes démesurées pour faciliter leurs déplacements, de nombreux Tibétains meurent sur les chantiers. Les Chinois exploitent les multiples ressources minérales du Tibet en décimant des forêts entières. Ils imposent leur langue, leur mode de vie, leur politique en détruisant ou réprimant la culture tibétaine. La propagande chinoise n'a pas changé depuis ; elle se vante d'avoir apporté le progrès et la modernité au Tibet, et d'avoir libéré son peuple d'un mode de vie archaïque. La prophétie sinistre du treizième dalaï-lama dans son testament écrit en 1932 s'est accomplie : « Il ne faudra pas attendre longtemps avant que la menace rouge soit à notre porte. La confrontation directe n'est qu'une question de temps, que cela vienne de l'intérieur ou d'une nation étrangère. Quand cela arrivera, nous devrons être prêts à nous défendre, faute de quoi nos traditions spirituelles et notre façon d'être disparaîtront[5]. » C'est comme s'il avait vu, avec trente ans d'avance, les ravages de la Révolution culturelle : « Les monastères seront pillés et détruits, les moines et les nonnes tués ou chassés. Le grand œuvre de nos rois de l'enseignement sera défait et toutes nos institutions spirituelles et culturelles seront persécutées, détruites, oubliées[6]. » Six mille monastères seront rasés, des dizaines de milliers de Tibétains tués, torturés ou emprisonnés.

Tout cela, Alexandra l'apprend grâce aux médias, elle n'a jamais cessé de se passionner pour le sujet. Les deux pays ont beaucoup changé depuis son retour en France. Pourtant, elle n'a jamais pris position contre la Chine, elle aime trop sa culture et son histoire pour lui jeter l'opprobre. Elle regrette simplement que les Chinois n'aient jamais fait l'effort de connaître le Tibet ni la mentalité de ses habitants.

Le 24 octobre 1968, Alexandra David-Néel a cent ans. Commence alors une série d'hommages qu'elle juge exténuants et guère polis, puisqu'on lui rappelle sans arrêt son grand âge. Elle est heureuse toutefois d'apprendre que le futur lycée de Digne, alors en construction, portera son nom. Elle ne verra pas l'ouvrage achevé mais consulte avec grand intérêt les photos et les plans du chantier. Hormis cela, les honneurs, elle en a eu plus qu'il n'en faut. Quand la Monnaie de Paris décide de graver une médaille à son effigie au printemps 1969, elle refuse de poser. Le sculpteur devra se débrouiller avec un modèle indiscipliné. Elle consent à y faire graver sa devise, tirée de l'Ecclésiaste : « Marche comme ton cœur te mène et selon le regard de tes yeux. » Quand on lui remet la cravate de commandeur de la Légion d'honneur, elle déclare qu'elle aurait préféré recevoir le dalaï-lama à la place… Elle qui a connu le treizième dalaï-lama ne rencontrera pas sa quatorzième incarnation, qui ne se rendra à Samten Dzong qu'en 1982, puis en 1986, porteur de messages pleins d'humour et de reconnaissance. Le Tibet aussi lui rendra hommage en lui donnant le titre de « jetsunma », qui fait d'elle une réincarnation de saint tibétain.

Centenaire ou pas, Alexandra demande à renouveler son passeport, « au cas où ». Elle pense au fond d'elle-même retourner en Asie… et, pourquoi pas, découvrir enfin le continent américain juste après. Elle pense peu, en revanche, à sa succession. Quand elle demande à Marie-Madeleine quel genre d'image elle rapportera d'elle après sa mort, Marie-Madeleine lui répond : « Madame, je dirai au monde que vous étiez un Himalaya de despotisme[7] ! » À la grande joie de l'exploratrice rassurée, certaine que sa mémoire sera honorée avec fidélité.

Sa flamme intérieure commence à décliner doucement en juillet 1969. Le 23 août, elle confie à Marie-Madeleine : « Cette fois, Tortue, c'est bien la fin… Mon papa avait raison… Cela se sent[8]. » Elle s'enfonce peu à peu dans l'inconscience. Où part-elle, cette fois-ci ? Le *Bardo Thödol*, livre des morts tibétain, décrit le voyage des défunts dans ce qui s'apparente au purgatoire : « Au cours de ce voyage plein de péripéties fantastiques, l'esprit rencontre des dieux, des démons, traverse nombre de lieux d'aspect divers pour se trouver, finalement, en face du Juge des Morts, qui décrète le genre de re-naissance auquel ses œuvres passées l'ont préparé[9]. » Son séjour dans les limbes dure dix-sept jours, dans un silence parfois entrecoupé de râles, avec sa Tortue près d'elle. Alexandra s'éteint le 8 septembre 1969, un peu plus d'un mois avant son cent-unième anniversaire.

Des cendres vagabondes

Marie-Madeleine ne se doutait pas qu'après l'avoir fait voyager grâce à ses récits, Alexandra allait la faire voyager pour de bon après sa mort. Selon son testament, l'exploratrice souhaitait que ses cendres ainsi que celles de Yongden soient versées dans le Gange, à Bénarès.

L'incinération a lieu au cimetière Saint-Pierre, à Marseille, en présence de membres de la famille Néel, de Bertrand Flornoy et de Gaétan Fouquet. On permet à Marie-Madeleine de conserver un petit bout de crâne d'Alexandra resté intact après la crémation. Les cendres sont ensuite déposées près de celles de Yongden, dans la petite pièce tibétaine de Samten Dzong. Et un nouveau périple commence.

Les caisses sont emballées dans un morceau d'une ancienne tente d'Alexandra — tout un symbole ! — et expédiées en train à Paris au professeur Gabriel Monod-Herzen, son exécuteur testamentaire. En attendant d'être envoyées en Inde, on apprend que la Société Maha Bodhi de Calcutta souhaite accompagner l'immersion des cendres par toutes sortes de cérémonies, ce qu'Alexandra refusait absolument. Marie-Madeleine parvient à faire différer l'immersion et décide de se rendre sur place. Il faudra attendre le 28 février 1973 pour qu'elle arrive au temple de Sarnath. De longs discours ont finalement lieu, puis elle part pour Bénarès en bateau, accompagnée d'un ami, les caisses contenant les cendres sur leurs genoux. Bénarès, la ville aux bûchers funéraires qui ont si vivement frappé Alexandra un demi-siècle auparavant... Le moteur s'arrête. Les caisses sont jetées dans le Gange... pour réapparaître aussitôt, flottant à la surface. Il faudra les éventrer pour que l'eau s'y engouffre et que leur contenu suive enfin le courant du fleuve sacré.

La ville de Digne devient le légataire universel d'Alexandra. Marie-Madeleine, depuis, est repartie sur ses traces, dans les mots comme dans la géographie. L'exploratrice lui avait confié son énorme correspondance, dont trente-sept ans de lettres à Philippe qui constituent toujours ses écrits les plus précieux, les plus saisissants. En les lisant, Marie-Madeleine a découvert une Alexandra qu'elle ne connaissait pas. Bouleversée, il ne lui a pas fallu longtemps pour décider qu'une publication s'imposait. Il faudra des années de travail avant de réunir enfin l'intégralité de cette somme. C'est en parcourant ces lettres que Marie-Madeleine retrouve la promesse qu'Alexandra a faite de renvoyer dans son pays d'origine la statuette du Bouddha que Sidkéong Tulkou lui avait offerte en 1912. Et Marie-Madeleine de repartir à l'aventure...

Elle remet la précieuse statue au gompa de Phodang, à Gangtok, au printemps 1992. La réalisatrice Jeanne Mascolo de Filippis immortalise ce voyage dans un documentaire. Après une marche harassante, Marie-Madeleine arrive, exténuée et en pleurs, à l'entrée de la caverne où Alexandra a vécu le plus bel ermitage de sa vie. Avec l'accord des autorités indiennes, sa caverne ainsi que celle du gomchen ont été restaurées et peuvent être aujourd'hui visitées par les touristes endurants.

Comme c'est dans ce même monastère de Phodang qu'est conservé le reste du crâne de Sidkéong, Marie-Madeleine décide d'y déposer ce qui reste de celui d'Alexandra. Une grande cérémonie a lieu, offerte par les autorités du Sikkim ; Marie-Madeleine pense que cette relique sera ainsi pieusement conservée. Las, en 1996, elle apprend que la statuette a été volée. Retournant sur les lieux, elle découvre un monastère dans un état de délabrement total. Indignée, elle récupère presque par la force son coffret contenant le morceau de crâne d'Alexandra et le remporte avec elle à Samten Dzong, où il repose depuis.

Partez, puisque vous êtes en vie

Quelques semaines avant sa mort, une équipe de télévision vient filmer Alexandra David-Néel chez elle. Toute petite dans son grand fauteuil, elle répond avec aplomb et esprit aux questions du réalisateur, Arnaud Desjardins. Parmi celles-ci : pourquoi avoir choisi l'Asie ? La réponse d'Alexandra dévie vers l'énigme philosophique : aurait-elle pu choisir autre chose ? L'Asie s'est imposée, voilà tout. On n'imagine pas Alexandra David-Néel cartographier les océans comme Anita Conti, ou rouler en Ford de la Suisse à l'Afghanistan comme Ella Maillart, qu'elle a rencontrée une fois à Paris. Elle a entendu ce qu'on nomme, faute de mieux, l'appel. Les aventuriers sont bien incapables de l'expliquer. Alors ils se taisent, ils font leurs bagages et ils partent.

On part toujours aujourd'hui pour répondre à l'inconnu. Moins pour combler les blancs des cartes géographiques : il n'en reste plus, ou alors une large tache à l'extrême nord et une autre au sud qui fondent dramatiquement. Alexandra David-Néel conseillait aux explorateurs en herbe de creuser deux domaines vierges de toute présence humaine où tout reste à découvrir, encore plus grands et mystérieux que la terre : les abysses et l'espace. Elle qui est née sous le Second Empire a vu le premier homme marcher sur la Lune. Et de rêver devant les planètes, les étoiles, de tout ce qu'on pourrait y trouver, à condition de bien s'essuyer les pieds avant d'entrer et de ne rien abîmer en repartant.

Dans les années 1960, le Tibet et le bouddhisme sont devenus à la mode — comme elle aurait détesté l'image niaise et déformée qu'on colportait alors. Le Toit du monde attire les foules comme il l'a attirée jadis, alors qu'il n'était connu que de quelques amoureux de l'Asie. Des raisons de cœur, un élan de sympathie naturelle pour un peuple pacifique, porté par la personnalité lumineuse du dalaï-lama, l'expliquent. Mais comment ne pas être fasciné par celle qui apparaît souvent comme son envahisseur, la Chine du XXIe siècle, pays communiste qui grimpe l'escalier des premières puissances mondiales en sautant des marches ? On peut aimer la Chine *et* le Tibet. Bien qu'un séjour au Tibet ne s'improvise toujours pas, et que la compréhension profonde des mentalités orientales continue à échapper aux Occidentaux de passage.

De mars 2011 à novembre 2012, soixante-dix Tibétains se sont immolés par le feu pour protester contre l'occupation violente de la Chine. Des moines le plus souvent, devant des témoins impuissants. Qu'en aurait pensé Alexandra ? Elle aurait témoigné de sa compassion sans perdre sa lucidité. Elle aurait probablement appelé à la paix, non sans avoir dit aux dirigeants obtus tout le « bien » qu'elle pensait d'eux...

Sans aller jusqu'au Tibet, on peut avoir un aperçu de ces univers qu'elle aimait tant et qui n'existent plus, à Samten Dzong. Digne est toujours accueillante dans son écrin de montagnes et de verdure, qu'Alexandra appelait « Himalaya pour lilliputiens[1] ». La maison abrite depuis 1977 la Fondation Alexandra David-Néel, qui regroupe un joli musée et une association de parrainage d'enfants tibétains réfugiés en Inde. L'œuvre d'Alexandra y est protégée et diffusée, des journées culturelles sont organisées autour de ses livres, du Tibet, du bouddhisme... Marie-Madeleine Peyronnet, qui habite toujours les lieux, participe volontiers aux visites guidées. Avec son énergie un peu brusque, mais chaleureuse, et son humour pince-sans-rire, elle montre fièrement l'abat-jour en papier journal bricolé sur le chevet d'Alexandra. « C'est qu'on avait du goût, madame[2] ! » dit-elle, malicieuse. Avant de conduire au centre névralgique de la maison, le petit bureau où trône la table de travail de l'exploratrice, une humble table de camping... « Alexandra David-Néel ne voulait pas payer cher ce qui ne se mange pas. Et tout était comme elle le voulait. » Tout serait resté en l'état si des visiteurs un peu trop fétichistes n'avaient pas dérobé les stylos, crayons et loupes dont se servait quotidiennement la propriétaire.

Marie-Madeleine aime particulièrement voir les jeunes visiteurs, nombreux, venus s'étonner devant les photographies et objets du Tibet, anciens et modernes. Devant la bibliothèque, les livres sur la table de chevet, et le cardigan resté dans l'enveloppe en plastique du teinturier… Elle leur rappelle à quel point leur présence et leur intérêt étaient importants pour Alexandra, bien plus que les hommages des officiels. Pas forcément pour servir d'exemple, plutôt de source d'inspiration. « Alexandra David-Néel est née au XIXe siècle, et elle a bien rempli le XXe siècle avec un esprit du XXIe siècle », résume Marie-Madeleine. Elle-même se démène avec le directeur de la Fondation, Frank Tréguier, pour agrandir et enrichir Samten Dzong. L'été 2012, un permis de construire a été accordé pour permettre d'exposer les biens de l'illustre ancienne propriétaire entreposés dans une annexe, faute de place. Marie-Madeleine ouvre alors une porte et nous voilà dans la réserve inattendue d'un futur musée : manuscrits tibétains, statues, tankas, masques, archives patientent dans une pièce nue. Ces trésors viendront un jour occuper une extension du lieu, déjà classé monument historique.

Voir les objets utilisés par l'exploratrice donne soudain un côté brut et concret à ses récits extraordinaires. Tous ces voyages à pied insensés et ces courses harassantes dans les steppes et les cols enneigés se sont réellement produits voici presque un siècle. Ces bottes de feutre ont glissé sur les neiges éternelles, ce petit pistolet a été braqué vers le ciel pour faire fuir les brigands, ces appareils photo, si compacts, ont immortalisé des figures de bronze et d'or, ce bonnet en peau d'agneau, talisman nauséabond mais talisman tout de même, a protégé Alexandra David-Néel pendant tout le chemin vers Lhassa. Les objets n'ont rien de magique : leur réalité est à elle seule miraculeuse, comme les dieux hindous n'ont rien de divin sans la foi de leurs adorateurs. La petite voix qui s'en dégage pourrait être celle d'une jeune fille de cent ans qui nous murmure :

> Explorateurs, mes amis, continuez donc vos voyages, c'est bien la meilleure manière qui nous soit donnée de remplir notre vie[3].

ANNEXES

REPÈRES CHRONOLOGIQUES

1868. Naissance de Louise Eugénie Alexandrine Marie David, le 24 octobre, à Saint-Mandé.

1873. Première « fugue » au bois de Vincennes.

1883. Premier voyage en solitaire, improvisé, jusqu'en Angleterre.

1888. Entre en franc-maçonnerie.

1891. Premier voyage en Inde.

1893. Part à Londres pour un séjour au siège de la Gnose suprême.

1895-1897. Tournée en Indochine avec l'Opéra-Comique. Écrit le livret d'un opéra, *Lidia*, sur la musique de son compagnon, Jean Haustont.

1899. Chante à l'opéra d'Athènes.

1900. Rencontre Philippe Néel à Tunis.

1902. Abandonne sa carrière de chanteuse et assure brièvement la direction artistique du casino de Tunis. Écrit des articles pour différents journaux.

1904. Épouse Philippe Néel.

1911. Part en Inde pour un voyage d'études qui devait durer 18 mois. Il durera 14 ans.

1912. Au Sikkim, dans l'Himalaya. Rencontre le 13e dalaï-lama, alors en exil.

1914. Rencontre Aphur Yongden, qui deviendra son fils adoptif.

1916. Après un long ermitage à 3 900 mètres d'altitude, elle est expulsée du Sikkim par les autorités britanniques.

1918. Arrive au monastère de Kum Bum, au Tibet, où elle résidera jusqu'en 1921.

1924. Après plusieurs mois à parcourir le Tibet à pied, parvient à Lhassa incognito, déguisée en mendiante.
1925. Retour en France, après 14 ans de voyage.
1927. Publication de *Voyage d'une Parisienne à Lhassa*.
1928. Achète une maison à Digne (Alpes de Haute-Provence) et la baptise Samten Dzong, « forteresse de méditation ».
1937. Retourne en Chine à bord du Transsibérien. Elle y restera pendant toute la durée de la guerre sino-japonaise.
1941. Mort de Philippe Néel.
1946. Retour à Digne.
1955. Décès de Yongden.
1969. *8 septembre* : disparition d'Alexandra David-Néel, un mois avant son 101e anniversaire.
1973. Les cendres d'Alexandra David-Néel et de son fils adoptif sont versées dans le Gange.
1977. Création de la fondation Alexandra-David-Néel.
2011. Samten Dzong, déjà classée monument historique, reçoit le label « Maison des Illustres ».

RÉFÉRENCES BIBLIOGRAPHIQUES

ŒUVRES D'ALEXANDRA DAVID-NÉEL

(suivies de leur première date de publication
et de leur dernière édition disponible)

Ouvrages publiés de son vivant

Pour la vie (1898), réédition sous le titre *Pour la vie et autres textes libertaires inédits, 1895-1907*, Les Nuits Rouges, 1998.

Le Bouddhisme du Bouddha (1911), Pocket, 2004.

Voyage d'une Parisienne à Lhassa (1927), Pocket, 2008.

Mystiques et magiciens du Tibet (1929), Pocket, 2008.

Initiations lamaïques (1930, réédition augmentée en 1957), Adyar, 2000.

La Vie surhumaine de Guésar de Ling (1931), Pocket, 1995.

Au pays des brigands gentilshommes (1933), Pocket, 1991.

Le Lama aux cinq sagesses (1935), Pocket, 2002.

Magie d'amour et magie noire (1938), Pocket, 1990.

Sous des nuées d'orage (1940), Pocket, 1993.

À l'ouest barbare de la vaste Chine (1947), Plon, 1999.

Au cœur des Himalayas, le Népal (1949), Petite bibliothèque Payot, 2004.

L'Inde : hier-aujourd'hui-demain (1951), réédité sous le titre *L'Inde où j'ai vécu*, Pocket, 2003.

Astavakra-Gita — Avadhuta-Gita (1951), Éditions du Rocher, 1994.

Les Enseignements secrets des bouddhistes tibétains (1951), Adyar, 1996.

Textes tibétains inédits (1952), Pygmalion, 2010.
Le Vieux Tibet face à la Chine nouvelle (1953), Plon, 1981.
La Puissance du néant (1954), Pocket, 2000.
La Connaissance transcendante (1958), Adyar, 1996.
Immortalité et Réincarnation (1961). Éditions du Rocher, 2000.
Quarante siècles d'expansion chinoise (1964), La Palatine, épuisé.

Ouvrages posthumes

Correspondance avec son mari, édition intégrale, 1904-1941, « Volumes », Plon, 2000.
Dieux et démons des solitudes tibétaines, « Volumes », Plon, 2004.
En Chine, l'amour universel et l'individualisme intégral (1970), Albin Michel, 1989.
Grand Tibet et vaste Chine, « Volumes », Plon, 1999.
Le Sortilège du mystère (1972), Pocket, 1990.
Vivre au Tibet : cuisine, traditions et images (1975). Réédité sous le titre *Gargantua au pays des neiges*, Dharma, 1993.
Le Tibet d'Alexandra David-Néel (1979). Album de photographies d'Alexandra David-Néel, Plon, 1990.
La Lampe de sagesse (1986), Pocket, 1995.
Voyages et aventures de l'esprit, Albin Michel, 1994.
Journal de voyage, lettres à son mari (volume 1 : 11 août 1904 - 26 décembre 1917 ; volume 2 : 14 janvier 1918 - 31 décembre 1940), Pocket, 1987, 1988.

OUVRAGES SUR ALEXANDRA DAVID-NÉEL

Biographies

Jacques Brosse, *Alexandra David-Néel*, Albin Michel, 1991.
Jean Chalon, *Le Lumineux Destin d'Alexandra David-Néel*, Pocket, 2008.
Joëlle Désiré-Marchand, *Alexandra David-Néel, vie et voyages, itinéraires géographiques et spirituels*, Arthaud, 2009. La biographie de référence, remarquablement écrite et documentée, également disponible en poche dans une version légèrement abrégée chez Arthaud Poche/J'ai lu, 2011.

Gilles Van Grasdorff, *Alexandra David-Néel*, Pygmalion, 2011.
Gwenaëlle Abolivier et Gopal Dagnogo, *Alexandra David-Néel, une exploratrice sur le toit du monde*, À dos d'âne, 2012.

Essai

Marie-Madeleine Peyronnet, *Dix ans avec Alexandra David-Néel*, éditions Alexandra-David-Néel, 2005.

Albums

Joëlle Désiré-Marchand (textes) et Stefano Pensotti (photographies), *Tibet, voyage à Lhassa, sur les traces d'Alexandra David-Néel*, Arthaud, 2004.
Priscilla Telmon, *Himalayas, sur les pas d'Alexandra David-Néel*, Actes Sud, 2010.

AUTRES OUVRAGES CONSULTÉS

Sur le Tibet

Jean Boisselier, *La Sagesse du Bouddha*, Éditions Gallimard, « Découvertes Gallimard », 2010.
Laurent Deshayes, *Histoire du Tibet*, Fayard, 1997.
Michel Jan, *Le Voyage en Asie centrale et au Tibet*, Robert Laffont, « Bouquins », 1992.
Frédéric Lenoir, *Tibet, le moment de vérité*, Plon, 2008.
Françoise Pommaret, *Le Tibet, une civilisation blessée*, Éditions Gallimard, « Découvertes Gallimard », 2008.

Sur le bouddhisme

Peter Harvey, *Le Bouddhisme, enseignements, histoire, pratiques*, Le Seuil, « Points Sagesses », 2006.
Frédéric Lenoir, *La Rencontre du bouddhisme et de l'Occident*, Albin Michel, 2011.
Walpola Rahula, *L'Enseignement du Bouddha d'après les textes les plus anciens*, Le Seuil, « Points Sagesses », 2004.
Les Dits du Bouddha, le Dhammapada, Albin Michel, « Spiritualités vivantes », 2004.

Sur la Chine

Jacques Gernet, *Le Monde chinois, l'époque contemporaine, xxe siècle*, t. 3, Pocket, 2006.
René Grousset, *Histoire de la Chine*, Payot, 2004.
Claude Hudelot, *La Longue Marche vers la Chine moderne*, Éditions Gallimard, « Découvertes Gallimard », 2003.
Philip Short, *Mao Tsé-toung*, Fayard, 2005.

Sur l'Inde

Catherine Clémentin-Ojha (sous la dir. de), *Dictionnaire de l'Inde*, Larousse, 2009.
Claude Markovits, *Histoire de l'Inde moderne*, Fayard, 1994.
Louis Renou, *L'Hindouisme*, Puf, « Que sais-je ? », 2001.

Divers

Épictète, *Manuel*, Garnier Flammarion, 1999.
Michel Le Bris, *Dictionnaire amoureux des explorateurs*, Plon, 2010.
Laurent Maréchaux, *Écrivains voyageurs*, Arthaud, 2011.

DVD

Mao, une histoire chinoise, Arte Éditions.
La Foi du siècle, Arte Éditions.
Alexandra David-Néel, documentaire de Jeanne Mascolo de Filippis, MK2.
Alexandra David-Néel, mon Tibet, pièce de théâtre de Michel Lengliney, Arcadès Vidéo.

CD

Entretiens avec Alexandra David-Néel : Tibet, Inde, Chine (2 CD), Zoé éditions, 2006.

NOTES

EXERGUE

1. Lettre du 10 avril 1915, *Journal de voyage, lettres à son mari, 11 août 1904 - 26 décembre 1917*, vol. 1 (J1), Plon, 1984, p. 327-328.

FUGUES D'ENFANCE

1. *Le Sortilège du mystère*, Pocket, 1983, p. 11.
2. *L'Inde où j'ai vécu*, Pocket, 2003, p. 7.
3. Lettre du 27 septembre 1904, J1, *op. cit.*, p. 20.
4. L'Ecclésiaste, chap. 11, verset 9, La Bible, version Segond.
5. *Le Sortilège du mystère, op. cit.*, p. 10.
6. *Ibid.*, p. 14.
7. *Ibid.*, p. 41.
8. *La Lampe de sagesse*, Pocket, 1995, p. 28.
9. *L'Inde où j'ai vécu, op. cit.*, p. 10.
10. *Le Sortilège du mystère, op. cit.*, p. 54.
11. *La Lampe de sagesse, op. cit.*, p. 13.
12. *Ibid.*, p. 15-16.
13. *Ibid.*, p. 54.
14. *Ibid.*, p. 58.

PREMIER VOYAGE EN INDE

1. *L'Inde où j'ai vécu*, *op. cit.*, p. 24.
2. *Ibid.*, p. 27.
3. *Ibid.*, p. 38.
4. *Ibid.*, p. 44.
5. *Ibid.*, p. 241.
6. *Ibid.*, p. 324.

UNE CHANTEUSE ANARCHISTE

1. *Pour la vie*, Les Nuits Rouges, 1998, p. 11.
2. *Ibid.*, p. 15.
3. *Ibïd.*, p. 20.
4. *Ibid.*, p. 39.
5. *Ibid.*, p. 84.
6. *Ibid.*, p. 95.
7. *Ibid.*, postface, p. 150.

À TUNIS, UN CERTAIN PHILIPPE NÉEL

1. Lettre du 27 septembre 1904, J1, *op. cit.*, p. 20.
2. *Ibid.*, p. 21.
3. Lettre du 3 octobre 1904, J1, *op. cit.*, p. 22.
4. Lettre du 12 octobre 1904, J1, *op. cit.*, p. 26.
5. Lettre du 11 novembre 1904, *Journal de voyage, lettres à son mari, 14 janvier 1918 - 31 décembre 1940*, vol. 2 (J2), Plon, 2003, p. 30.
6. Lettre du 24 octobre, J1, *op. cit.*, p. 27.
7. Lettre du 10 décembre, J1, *op. cit.*, p. 31.
8. *Ibid.*, p. 32.
9. Lettre du 24 août 1905, J1, *op. cit.*, p. 32.
10. *Ibid.*, p. 33.
11. Lettre du 25 septembre 1906, J1, *op. cit.*, p. 43.
12. « Deux maîtres chinois », Plon, 1989, p. 16. Textes issus de

l'ouvrage *En Chine, l'amour universel et l'individualisme intégral*, Albin Michel, 1969.

13. *Ibid*, p. 196.
14. *Ibid.*
15. *Ibid.*, p. 203.
16. Lettre du 30 octobre 1907, J1, *op. cit.*, p. 49.

LE BOUDDHISME POUR TOUS

1. Lettre du 9 octobre 1908, J1, *op. cit.*, p. 52.
2. *Le Bouddhisme du Bouddha*, (1911), Pocket, 2004, p. 9.
3. *Ibid.*, p. 42.
4. *Ibid.*, p. 8.
5. *Ibid.*, p. 13.
6. *Ibid.*, p. 17.
7. *La Lampe de sagesse*, *op. cit.*, p. 102.

L'INDE, POUR NE PLUS EN REVENIR

1. Lettre du 25 mars 1913, J1, *op. cit.*, p. 239.
2. Lettre du 10 août 1911, J1, *op. cit.*, p. 58.
3. Lettre du 18 novembre 1911, J1, *op. cit.*, p. 59-60.
4. Lettre du 22 novembre 1911, J1, *op. cit.*, p. 63.
5. *Ibid.*
6. Lettre du 27 novembre 1911, J1, *op. cit.*, p. 67.
7. *Le Sortilège du mystère*, *op. cit.*, p. 176.
8. Lettre du 27 novembre 1911, J1, *op. cit.*, p. 68.
9. *Ibid.*, p. 69.
10. Lettre du 30 décembre 1911, J1, *op. cit.*, p. 79.
11. Lettre du 9 janvier 1912, J1, *op. cit.*, p. 84.
12. *Ibid.*, p. 85.
13. *L'Inde où j'ai vécu*, *op. cit.*, p. 274.
14. *Ibid.*, p. 196.
15. *Ibid.*, p. 87.
16. *Ibid.*, p. 256.
17. *Ibid.*, p. 257.

18. *Ibid.*, p. 236.
19. Lettre du 21 janvier 1912, J1, *op. cit.*, p. 97.

EN HIMALAYA

1. Lettre du 11 avril 1912, J1, *op. cit.*, p. 118.
2. Lettre du 15 avril 1912, J1, *op. cit.*, p. 122.
3. Lettre du 20 avril 1912, J1, *op. cit.*, p. 127.
4. Lettre du 23 avril 1912, J1, *op. cit.*, p. 131.
5. Lettre du 1er mai 1912, J1, *op. cit.*, p. 135.
6. Lettre du 4 mai 1912, J1, *op. cit.*, p. 137-138.
7. *Ibid.*, p. 139.
8. Lettre du 18 mai 1912, J1, *op. cit.*, p. 142.
9. Lettre du 23 mai 1912, J1, *op. cit.*, p. 144.
10. Lettre du 30 mai 1912, J1, *op. cit.*, p. 151.
11. Lettre du 10 juin 1912, J1, *op. cit.*, p. 158.
12. *Voyage d'une Parisienne à Lhassa*, Pocket, 2008, p. 6.
13. Lettre du 11 juin 1912, J1, *op. cit.*, p. 160-161.
14. Lettre du 23 juin 1912, J1, *op. cit.*, p. 165.
15. Lettre du 27 juillet 1912, J1, *op. cit.*, p. 180.
16. Lettre du 1er septembre 1912, J1, *op. cit.*, p. 198.
17. Lettre du 22 septembre 1912, J1, *op. cit.*, p. 207.

INTERMÈDE NÉPALAIS

1. *Au cœur des Himalayas, Le Népal*, (1949) Payot, « Petite Bibliothèque Payot, 2004, *op. cit.*, p. 86.
2. *Ibid.*, p. 13.
3. *Ibid.*, p. 19.
4. *Ibid.*, p. 135.
5. *Ibid.*, p. 139.
6. *Ibid.*, p. 148.
7. Lettre du 27 mars 1914, J1, *op. cit.*, p. 278.
8. Lettre du 5 mai 1914, J1, *op. cit.*, p. 282.

UNE CAVERNE À 3 900 MÈTRES D'ALTITUDE

1. Lettre du 6 octobre 1914, J1, *op. cit.*, p. 293.
2. Lettre de novembre 1914, J1, *op. cit.*, p. 297.
3. *Ibid.*, p. 298.
4. Lettre du 10 avril 1915, J1, *op. cit.*, p. 328.
5. Lettre du 6 mai 1915, J1, *op. cit.*, p. 331.
6. Lettre du 16 mai 1915, J1, *op. cit.*, p. 333.
7. Lettre du 25 mars 1913, J1, *op. cit.*, p. 239.
8. Lettre du 18 septembre 1915, J1, *op. cit.*, p. 356.
9. Lettre du 23 janvier 1916, J1, *op. cit.*, p. 368.
10. Lettre d'août 1916, J1, *op. cit.*, p. 381.
11. *Ibid.*
12. Lettre du 17 septembre 1916, J1, *op. cit.*, p. 384.

À L'AUTRE BOUT DE L'EXTRÊME-ORIENT

1. Lettre du 21 février 1917, J1, *op. cit.*, p. 389.
2. Lettre du 12 mars 1917, J1, *op. cit.*, p. 393.
3. Lettre du 8 juin 1917, J1, *op. cit.*, p. 409.

LA NAISSANCE D'UNE NOUVELLE CHINE

1. Lettre du 6 juillet 1917, J1, *op. cit.*, p. 411.
2. Lettre du 31 octobre 1917, J1, *op. cit.*, p. 429.
3. *Ibid.*
4. *Ibid.*
5. Lettre du 21 janvier 1918, *Journal de voyage, lettres à son mari, 14 janvier 1918-31 décembre 1940*, t. 2 (J2), Plon, 2003, p. 449.
6. Lettre du 9 décembre 1917, J1, *op. cit.*, p. 441.
7. *Mystiques et magiciens du Tibet*, Pocket, 2008, p. 97.
8. *Ibid.*, p. 98.
9. Lettre du 18 avril 1918, J2, *op. cit.*, p. 29.
10. *Ibid.*, p. 30.

11. Lettre du 17 mai 1918, J2, *op. cit.*, p. 32.
12. Lettre du 21 juin 1918, J2, *op. cit.*, p. 38.
13. *Ibid.*, p. 37.
14. Lettre du 12 octobre 1917, J1, *op. cit.*, p. 426.

KUM BUM

1. Lettre du 12 juillet 1918, J2, *op. cit.*, p. 38.
2. *Ibid.*, p. 40-41.
3. Lettre du 25 juillet 1918, J2, *op. cit.*, p. 45.
4. *Mystiques et magiciens du Tibet*, *op. cit.*, p. 100.
5. *Ibid.*, p. 104.
6. Lettre du 16 septembre 1918, J2, *op. cit.*, p. 50.
7. *Ibid.*, p. 52.
8. Lettre du 5 octobre 1918, J2, *op. cit.*, p. 54.
9. Lettre du 21 décembre 1918, J2, *op. cit.*, p. 65.
10. Lettre du 5 février 1919, J2, *op. cit.*, p. 71.
11. Lettre du 26 janvier 1919, J2, *op. cit.*, p. 69.
12. Lettre du 4 mai 1919, J2, *op. cit.*, p. 82.
13. Lettre de septembre 1919, J2, *op. cit.*, p. 95.
14. Lettre du 17 novembre 1919, J2, *op. cit.*, p. 96.
15. Lettre du 8 janvier 1920, J2, *op. cit.*, p. 100.
16. Lettre du 23 janvier 1920, J2, *op. cit.*, p. 104.
17. Lettre du 15 mars 1920, J2, *op. cit.*, p. 109.
18. Lettre du 25 mai 1920, J2, *op. cit.*, p. 114.
19. Lettre du 1er juin 1920, J2, *op. cit.*, p. 117.
20. Lettre du 30 septembre 1920, J2, *op. cit.*, p. 130.

LES FRONTIÈRES DU BOUT DU MONDE

1. *Au pays des brigands gentilshommes*, Plon, coll. « Volumes », p. 86.
2. *Ibid.*, p. 119.
3. Lettre du 4 juillet 1921, J2, *op. cit.*, p. 166.
4. *Au pays des brigands gentilshommes*, *op. cit.*, p. 174.
5. *Ibid.*, p. 171.

6. Lettre du 17 septembre 1921, J2, *op. cit.*, p. 199.
7. Lettre du 1er octobre 1921, J2, *op. cit.*, p. 201.
8. *Au pays des brigands gentilshommes*, *op. cit.*, p. 276.
9. Lettre du 22 mai 1922, J2, *op. cit.*, p. 208.
10. *Ibid.*
11. *Ibid.*, p. 211.
12. Lettre du 9 décembre 1922, J2, *op. cit.*, p. 216.
13. Lettre du 11 avril 1923, J2, *op. cit.*, p. 219.
14. Lettre du 28 septembre 1923, J2, *op. cit.*, p. 240.

LHASSA À L'HORIZON

1. Françoise Pommaret, *Le Tibet, une civilisation blessée*, Éditions Gallimard, « Découvertes Gallimard », 2008, p. 78.
2. Lettre du juillet 1918, J2, *op. cit.*, p. 39.
3. *Voyage d'une Parisienne à Lhassa*, *op. cit.*, p. 39.
4. *Ibid.*, p. 47.
5. *Ibid.*, p. 49.
6. *Ibid.*, p. 110.
7. *Ibid.*, p. 92.
8. *Ibid.*, p. 65.
9. *Ibid.*, p. 76.
10. *Ibid.*, p. 315.
11. *Ibid.*, p. 321.
12. *Ibid.*, p. 345.
13. Lettre du 28 février 1924, J2, *op. cit.*, p. 246.
14. *Ibid.*
15. *Voyage d'une Parisienne à Lhassa*, *op. cit.*, p. 367.
16. Lettre sans date, de Gyantzé, J2, *op. cit.*, p. 251.
17. *Voyage d'une Parisienne à Lhassa*, *op. cit.*, p. 368.
18. Lettre du 25 mai 1924, J2, *op. cit.*, p. 256.
19. Lettre du 13 octobre 1924, J2, *op. cit.*, p. 281.
20. Lettre du 21 mars 1925, J2, *op. cit.*, p. 296.

UNE ÉTRANGÈRE DANS SON PAYS

1. Lettre du 11 février 1927, de Toulon, J2, *op. cit.*, p. 303.
2. Lettre de mai 1927, J2, *op. cit.*, p. 309.
3. Lettre du 3 mars 1929, J2, *op. cit.*, p. 317.
4. Lettre du 18 mars 1929, J2, *op. cit.*, p. 328.
5. *Le Lama aux cinq sagesses*, vol. 2, Plon, 2004, p. 311.
6. *Ibid.*, p. 570.
7. *Sous des nuées d'orage* (1940), Pocket, 1993, p. 551.
8. *Ibid.*, p. 555.

À BORD DU TRANSSIBÉRIEN

1. *Sous des nuées d'orage, op. cit.*, p. 539.
2. *Ibid.*, p. 542.
3. *Ibid.*
4. *Ibid.*, p. 563.
5. *Ibid.*, p. 565.
6. *Ibid.*, p. 568.
7. *Ibid.*, p. 594.
8. *Ibid.*, p. 625.
9. *Ibid.*, p. 626.
10. *Ibid.*, p. 612.
11. *Ibid.*, p. 676.
12. *Ibid.*, p. 718.
13. *Ibid.*, p. 733.
14. *Ibid.*, p. 741.
15. Lettre du 29 décembre 1937, J2, *op. cit.*, p. 330.
16. *Ibid.*, p. 331.
17. Lettre du 18 juin 1938, J2, *op. cit.*, p. 341.
18. Lettre du 9 octobre 1938, J2, *op. cit.*, p. 347.
19. *Sous des nuées d'orage, op. cit.*, p. 742.
20. *À l'ouest barbare de la vaste Chine*, Plon, 1999, p. 960.
21. *Ibid.*, p. 747.
22. Lettre du 10 novembre 1938, J2, *op. cit.*, p. 353.
23. *Ibid.*, p. 359.

24. Marie-Madeleine Peyronnet, *Dix ans avec Alexandra David-Néel*, éditions Alexandra David-Néel, 2005, p. 125.

25. *L'Inde où j'ai vécu, op. cit.*, p. 399.

À DIGNE, L'AVENTURE SÉDENTAIRE

1. *Les Enseignements secrets des bouddhistes tibétains*, éditions Adyar, 1988, p. 9.

2. Traité publié en annexe de *Le Vieux Tibet face à la Chine nouvelle*, Plon, 1981, p. 109.

3. *La Connaissance transcendante*, éditions Adyar, 1977, p. 7.

MARIE-MADELEINE

1. Marie-Madeleine Peyronnet, *Dix ans avec Alexandra David-Néel, op. cit.*, p. 18.

2. *Ibid.*, p. 37.

3. *Ibid.*, p. 41.

4. *Ibid.*, p. 202.

5. Frédéric Lenoir, *Tibet, le moment de vérité*, Plon, 2008, p. 229.

6. *Ibid.*, p. 230.

7. *Voyages et aventures de l'esprit*, « Question de » n° 60, Albin Michel, 1985, p. 14.

8. *Dix ans avec Alexandra David-Néel, op. cit.*, p. 157.

9. *Le Sortilège du mystère, op. cit.*, p. 141.

PARTEZ, PUISQUE VOUS ÊTES EN VIE

1. Entretien de Marie-Madeleine Peyronnet avec l'auteur, août 2012.

2. *Ibid.*

3. « On demande des explorateurs », dans *Voyages et aventures de l'esprit, op. cit.*, p. 203.

REMERCIEMENTS

À Frédéric Lenoir pour ses éclaircissements sur ce paradoxe alexandrien : peut-on être un rien égocentrique et fervente bouddhiste à la fois ? À Davina Delor pour son accueil au centre monastique de Chökhor Ling. Et à Marie-Madeleine Peyronnet pour sa flamme généreuse qu'aucune montagne n'arrêterait, pas même un « Himalaya de despotisme ».

Fondation Alexandra David-Néel
27, avenue du Maréchal-Juin, 04000, Digne-les-Bains.
www.alexandra-david-neel.org.

ANNEXES

FOLIO BIOGRAPHIES

Alain-Fournier, par ARIANE CHARTON. Prix Roland de Jouvenel 2015.

Alexandre le Grand, par JOËL SCHMIDT

Mohamed Ali, par CLAUDE BOLI

Lou Andreas-Salomé, par DORIAN ASTOR

Attila, par ÉRIC DESCHODT. Prix « Coup de cœur en poche 2006 » décerné par *Le Point*.

Bach, par MARC LEBOUCHER

Joséphine Baker, par JACQUES PESSIS

Balzac, par FRANÇOIS TAILLANDIER

Baudelaire, par JEAN-BAPTISTE BARONIAN

Beaumarchais, par CHRISTIAN WASSELIN

Beethoven, par BERNARD FAUCONNIER

Sarah Bernhardt, par SOPHIE-AUDE PICON

Bouddha, par SOPHIE ROYER

Bougainville, par DOMINIQUE LE BRUN

James Brown, par STÉPHANE KOECHLIN

Buffalo Bill, par MICHEL FAUCHEUX

Lord Byron, par DANIEL SALVATORE SCHIFFER

Maria Callas, par RENÉ DE CECCATTY

Calvin, par JEAN-LUC MOUTON

Camus, par VIRGIL TANASE

Truman Capote, par LILIANE KERJAN

Le Caravage, par GÉRARD-JULIEN SALVY

Casanova, par MAXIME ROVERE

Céline, par YVES BUIN

Jules César, par JOËL SCHMIDT

Cézanne, par BERNARD FAUCONNIER. Prix de la biographie de la ville d'Hossegor 2007.

Chaplin, par MICHEL FAUCHEUX

Che Guevara, par ALAIN FOIX

Churchill, par SOPHIE DOUDET

Cléopâtre, par JOËL SCHMIDT

Albert Cohen, par FRANCK MÉDIONI

Colette, par MADELEINE LAZARD

Christophe Colomb, par MARIE-FRANCE SCHMIDT

Joseph Conrad, par MICHEL RENOUARD

Marie Curie, par JANINE TROTEREAU

Darwin, par JEAN-NOËL MOURET

Alexandra David-Néel, par JENNIFER LESIEUR

James Dean, par JEAN-PHILIPPE GUERAND

Debussy, par ARIANE CHARTON

Delacroix, par FRÉDÉRIC MARTINEZ

Charles Dickens, par JEAN-PIERRE OHL

Diderot, par RAYMOND TROUSSON

Marlene Dietrich, par JEAN PAVANS

Dostoïevski, par VIRGIL TANASE

Alexandre Dumas, par SYLVAIN LEDDA

Albert Einstein, par LAURENT SEKSIK

Fellini, par BENITO MERLINO

Flaubert, par BERNARD FAUCONNIER

Saint François d'Assise, par VIRGIL TANASE

Freud, par RENÉ MAJOR et CHANTAL TALAGRAND

Gandhi, par CHRISTINE JORDIS. Prix du livre d'histoire de la ville de Courbevoie 2008.

Federico García Lorca, par ALBERT BENSOUSSAN

De Gaulle, par ÉRIC ROUSSEL

Geronimo, par OLIVIER DELAVAULT

George Gershwin, par FRANCK MÉDIONI. Coup de cœur du Prix des Muses 2015.

Goethe, par JOËL SCHMIDT

Carlo Goldoni, par FRANCK MÉDIONI

Goya, par MARIE-FRANCE SCHMIDT

Jimi Hendrix, par FRANCK MÉDIONI

Billie Holiday, par SYLVIA FOL

Homère, par PIERRE JUDET DE LA COMBE

Victor Hugo, par SANDRINE FILLIPETTI
Ibsen, par JACQUES DE DECKER
Jésus, par CHRISTIANE RANCÉ
Janis Joplin, par JEAN-YVES REUZEAU
Kafka, par GÉRARD-GEORGES LEMAIRE
Gene Kelly, par ALAIN MASSON
Kennedy, par VINCENT MICHELOT
Kerouac, par YVES BUIN
Klimt, par SERGE SANCHEZ
Lafayette, par BERNARD VINCENT
Lapérouse, par ANNE PONS
Lawrence d'Arabie, par MICHEL RENOUARD
Abraham Lincoln, par LILIANE KERJAN
Franz Liszt, par FRÉDÉRIC MARTINEZ
Jack London, par BERNARD FAUCONNIER
Louis XIV, par ÉRIC DESCHODT
Louis XVI , par BERNARD VINCENT
Auguste et Louis Lumière, par MICHEL FAUCHEUX
Martin Luther King, par ALAIN FOIX
Machiavel, par HUBERT PROLONGEAU
Magritte, par MICHEL DRAGUET
Malraux, par SOPHIE DOUDET
Man Ray, par SERGE SANCHEZ
Bob Marley, par JEAN-PHILIPPE DE TONNAC
Maupassant, par FRÉDÉRIC MARTINEZ
Mermoz, par MICHEL FAUCHEUX
Michel-Ange, par NADINE SAUTEL
Mishima, par JENNIFER LESIEUR
Modigliani, par CHRISTIAN PARISOT
Moïse, par CHARLES SZLAKMANN
Molière, par CHRISTOPHE MORY
Marilyn Monroe, par ANNE PLANTAGENET
Montesquieu, par CATHERINE VOLPILHAC-AUGER
Thomas More, par MARIE-CLAIRE PHÉLIPPEAU

Jim Morrison, par JEAN-YVES REUZEAU

Mozart, par JEAN BLOT

Alfred de Musset, par ARIANE CHARTON

Napoléon, par PASCALE FAUTRIER

Gérard de Nerval, par GÉRARD COGEZ

Nietzsche, par DORIAN ASTOR

George Orwell, par STÉPHANE MALTÈRE

Pasolini, par RENÉ DE CECCATTY

Pasteur, par JANINE TROTEREAU

Édith Piaf, par ALBERT BENSOUSSAN

Picasso, par GILLES PLAZY

Marco Polo, par OLIVIER GERMAIN-THOMAS

Ravel, par SYLVAIN LEDDA

Louis Renault, par JEAN-NOËL MOURET

Richelieu, par SYLVIE TAUSSIG

Rimbaud, par JEAN-BAPTISTE BARONIAN. Prix littéraire 2011 du parlement de la Fédération Wallonie-Bruxelles.

Robespierre, par JOËL SCHMIDT

Rousseau, par RAYMOND TROUSSON

Saint-Exupéry, par VIRGIL TANASE. Prix de la biographie de la ville d'Hossegor 2013.

Saint-Simon, par MARC HERSANT. Prix de la biographie littéraire de l'Académie française 2017.

George Sand, par MARTINE REID. Prix Ernest Montusès 2013.

Madame de Sévigné, par STÉPHANE MALTÈRE

Shakespeare, par CLAUDE MOURTHÉ

Stendhal, par SANDRINE FILLIPETTI

Jacques Tati, par JEAN-PHILIPPE GUERAND

Tchekhov, par VIRGIL TANASE

Henry David Thoreau, par MARIE BERTHOUMIEU et LAURA EL MAKKI

Tocqueville, par BRIGITTE KRULIC

Toussaint Louverture, par ALAIN FOIX

Trotsky, par MICHEL RENOUARD

Jules Vallès, par CORINNE SAMINADAYAR-PERRIN

Van Gogh, par DAVID HAZIOT. Prix d'Académie 2008 décerné par l'Académie Française (fondation Le Métais-Larivière).

Verdi, par ALBERT BENSOUSSAN

Verlaine, par JEAN-BAPTISTE BARONIAN

Boris Vian, par CLAIRE JULLIARD

La reine Victoria, par PHILIPPE CHASSAIGNE

Léonard de Vinci, par SOPHIE CHAUVEAU

Voltaire, par FRANÇOIS JACOB

Wagner, par JACQUES DE DECKER

Andy Warhol, par MERIAM KORICHI

George Washington, par LILIANE KERJAN

H. G. Wells, par LAURA EL MAKKI

Oscar Wilde, par DANIEL SALVATORE SCHIFFER

Tennessee Williams, par LILIANE KERJAN. Prix du Grand Ouest 2011.

Virginia Woolf, par ALEXANDRA LEMASSON

Frank Zappa, par GUY DAROL

Stefan Zweig, par CATHERINE SAUVAT

COLLECTION FOLIO

Dernières parutions

6361. Virginia Woolf	*En compagnie de Mrs Dalloway*
6362. Fédor Dostoïevski	*Un petit héros. Extrait de mémoires anonymes*
6363. Léon Tolstoï	*Les Insurgés. Cinq récits sur le tsar et la révolution*
6364. Cioran	*Pensées étranglées* précédé du *Mauvais démiurge*
6365. Saint Augustin	*L'aventure de l'esprit et autres confessions*
6366. Simone Weil	*Pensées sans ordre concernant l'amour de Dieu et autres textes*
6367. Cicéron	*Comme il doit en être entre honnêtes hommes...*
6368. Victor Hugo	*Les Misérables*
6369. Patrick Autréaux	*Dans la vallée des larmes* suivi de *Soigner*
6370. Marcel Aymé	*Les contes du chat perché*
6371. Olivier Cadiot	*Histoire de la littérature récente (tome 1)*
6372. Albert Camus	*Conférences et discours 1936-1958*
6373. Pierre Raufast	*La variante chilienne*
6374. Philip Roth	*Laisser courir*
6375. Jérôme Garcin	*Nos dimanches soir*
6376. Alfred Hayes	*Une jolie fille comme ça*
6377. Hédi Kaddour	*Les Prépondérants*
6378. Jean-Marie Laclavetine	*Et j'ai su que ce trésor était pour moi*
6379. Patrick Lapeyre	*La Splendeur dans l'herbe*

6380. J.M.G. Le Clézio	*Tempête*
6381. Garance Meillon	*Une famille normale*
6382. Benjamin Constant	*Journaux intimes*
6383. Soledad Bravi	*Bart is back*
6384. Stephanie Blake	*Comment sauver son couple en 10 leçons (ou pas)*
6385. Tahar Ben Jelloun	*Le mariage de plaisir*
6386. Didier Blonde	*Leïlah Mahi 1932*
6387. Velibor Čolić	*Manuel d'exil. Comment réussir son exil en trente-cinq leçons*
6388. David Cronenberg	*Consumés*
6389. Éric Fottorino	*Trois jours avec Norman Jail*
6390. René Frégni	*Je me souviens de tous vos rêves*
6391. Jens Christian Grøndahl	*Les Portes de Fer*
6392. Philippe Le Guillou	*Géographies de la mémoire*
6393. Joydeep Roy-Bhattacharya	*Une Antigone à Kandahar*
6394. Jean-Noël Schifano	*Le corps de Naples. Nouvelles chroniques napolitaines*
6395. Truman Capote	*New York, Haïti, Tanger et autres lieux*
6396. Jim Harrison	*La fille du fermier*
6397. J.-K. Huysmans	*La Cathédrale*
6398. Simone de Beauvoir	*Idéalisme moral et réalisme politique*
6399. Paul Baldenberger	*À la place du mort*
6400. Yves Bonnefoy	*L'écharpe rouge* suivi de *Deux scènes et notes conjointes*
6401. Catherine Cusset	*L'autre qu'on adorait*
6402. Elena Ferrante	*Celle qui fuit et celle qui reste. L'amie prodigieuse III*
6403. David Foenkinos	*Le mystère Henri Pick*
6404. Philippe Forest	*Crue*
6405. Jack London	*Croc-Blanc*
6406. Luc Lang	*Au commencement du septième jour*

6407. Luc Lang — *L'autoroute*
6408. Jean Rolin — *Savannah*
6409. Robert Seethaler — *Une vie entière*
6410. François Sureau — *Le chemin des morts*
6411. Emmanuel Villin — *Sporting Club*
6412. Léon-Paul Fargue — *Mon quartier et autres lieux parisiens*
6413. Washington Irving — *La Légende de Sleepy Hollow*
6414. Henry James — *Le Motif dans le tapis*
6415. Marivaux — *Arlequin poli par l'amour et autres pièces en un acte*
6417. Vivant Denon — *Point de lendemain*
6418. Stefan Zweig — *Brûlant secret*
6419. Honoré de Balzac — *La Femme abandonnée*
6420. Jules Barbey d'Aurevilly — *Le Rideau cramoisi*
6421. Charles Baudelaire — *La Fanfarlo*
6422. Pierre Loti — *Les Désenchantées*
6423. Stendhal — *Mina de Vanghel*
6424. Virginia Woolf — *Rêves de femmes. Six nouvelles*
6425. Charles Dickens — *Bleak House*
6426. Julian Barnes — *Le fracas du temps*
6427. Tonino Benacquista — *Romanesque*
6428. Pierre Bergounioux — *La Toussaint*
6429. Alain Blottière — *Comment Baptiste est mort*
6430. Guy Boley — *Fils du feu*
6431. Italo Calvino — *Pourquoi lire les classiques*
6432. Françoise Frenkel — *Rien où poser sa tête*
6433. François Garde — *L'effroi*
6434. Franz-Olivier Giesbert — *L'arracheuse de dents*
6435. Scholastique Mukasonga — *Cœur tambour*
6436. Herta Müller — *Dépressions*
6437. Alexandre Postel — *Les deux pigeons*
6438. Patti Smith — *M Train*
6439. Marcel Proust — *Un amour de Swann*
6440. Stefan Zweig — *Lettre d'une inconnue*

Composition Nord Compo
Impression Maury Imprimeur
45330 Malesherbes
le 20 juin 2018.
Dépôt légal : juin 2018.
Numéro d'imprimeur : 228138.
1er dépôt légal dans la collection : septembre 2013.

ISBN 978-2-07-034897-8. / Imprimé en France.

337249